不同时期的个人照片及与校友合影

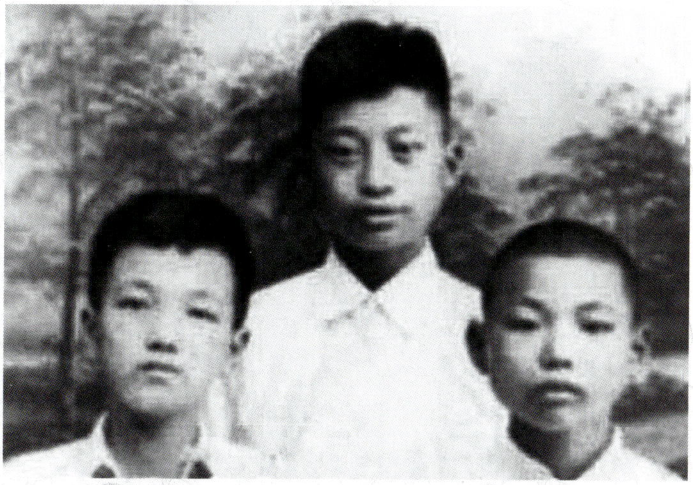

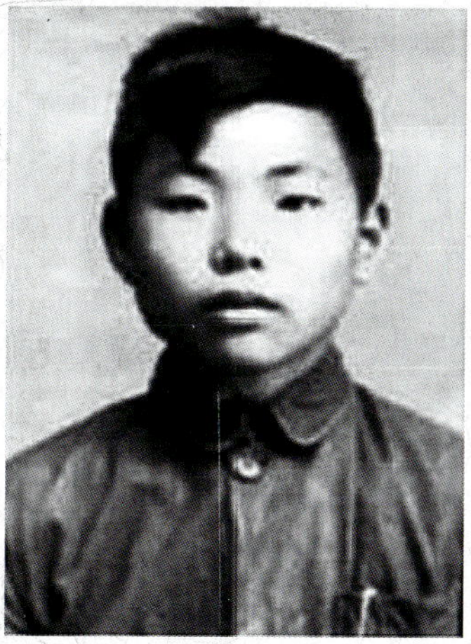

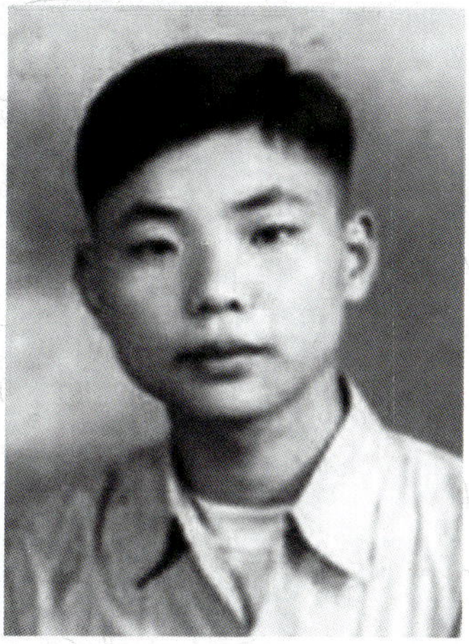

1
2 | 3

❶ 小学时期(1953 年，右一)
❷ 初中时期(1956 年)
❸ 高中时期(1959 年)

1 | 2 | 3
4

❶ 大学时期 (1964 年)
❷ 参加工作后 (1968 年)
❸ 1998 年摄于中谷集团广东茂名公司
❹ 2012 年 7 月 20 日在贵州黔西南

1

2

❶ 2016 年 9 月 4 日，在新疆塔城地区调研红花籽油料作物的生长情况

❷ 2019 年 10 月 4 日，王瑞元与老伴张瑜在家中看微信

1
2

❶ 2021 年 3 月 26 日，王瑞元在云南漾濞，千年古树“核桃神树”旁留影

❷ 2022 年春节，84 岁的王瑞元摄于家中

1
2

❶ 江南大学（原无锡轻工业学院）毕业留影（1959—1964 年，三排左六）

❷ 1996 年 10 月，在江苏常熟召开“中国粮油学会油脂分会第六届学术年会”期间，王瑞元与参加会议的大学同学合影留念（左起：徐志阳、马昌年、谢阶平、王瑞元、付敦智、承耀清、苏望懿）

1

2

3

❶ 1997年10月，王瑞元在山东济宁召开的“中国粮油学会第七届年会”上，与会的江南大学（原无锡轻工业学院）校友的合影留念（前排左起：丁福祺、谢阶平、宋载兒、朱元言、傅敦智、王瑞元、张根旺、肖国椿、吴文进、徐志阳等）

❷ 2018年5月7日，王瑞元在江苏无锡母校江南大学（原无锡轻工业学院），与59级同班同学聚会合影留念

❸ 2024年6月26日，白文良（右一）、汪沐（左一）、梁中华（左二）到王瑞元家，看望王瑞元和张瑜

三十年粮食行业机关工作留影

1
2
3

❶ 1987 年 11 月，王瑞元在陕西咸阳参观陕西省粮油机械厂

❷ 1989 年 3 月 25 日，王瑞元在广东东莞参加粮油工业座谈会（左一为甘肃省粮食局杜颖局长、右一为广东省粮食局张副局长）

❸ 1991 年 4 月，王瑞元率 120 多人的代表团，在马来西亚首都吉隆坡举办“首届中国商办工业产品展览会”，图为王瑞元陪同马来西亚矿产部部长及夫人参观展览会

1
2

❶ 1992 年 6 月 9 日，王瑞元在江苏昆山召开的“《中国油脂工业发展史》编写大纲研讨会”上与参会代表的合影（前排左起：陆业华、聂守德、温士谦、王瑞元、曲永洵、丁福祺、李志伟）

❷ 1993 年 7 月，王瑞元（左四）在“全国六号溶剂油 1993 年工作会议”上的留影

1

2

❶ 1994 年 1 月，王瑞元在江苏参观碟式离心机制造企业

❷ 1994 年 2 月，王瑞元在河南郑州召开的“全国粮油工业处长经理座谈会”上发言

在中谷粮油集团公司工作期间留影

1
2

❶ 1994 年 5 月，中谷粮油集团公司在北京人民大会堂成立，图为时任中谷粮油集团公司总裁的王瑞元在成立大会上致辞

❷ 1995 年 2 月 23 日，王瑞元在广东东莞新沙港考察建设中谷集团公司东莞油厂时，在现场商议工厂建设总平面布置（左五为中谷集团副总裁赵海建、左一为中谷集团总工程师李建）

1
2

❶ 1996 年 3 月，王瑞元在湖北汉川为新成立的中谷汉川包装袋工厂竣工剪彩后的场面

❷ 1996 年 8 月，在西藏自治区成立 31 周年之际，全国粮食部门组团赴西藏，对西藏自治区粮食部门进行对口支援时，王瑞元代表中谷粮油集团公司捐款支持，图为代表团成员在牧场休息时观赏西藏自然美景（第二排左一为原国家粮食局副局长许宗仁）

1
2

❶ 1997 年 7 月，王瑞元在天津召开“天津中谷植物油工贸有限公司第一次会议”

❷ 1999 年 4 月，王瑞元与赵海建等考察中谷粮油集团的江阴滨江粮库，滨江粮库总经理江汉忠（左一）陪同参观

出国、出境考察留影

1 | 2

3

❶ 1980 年 9 月，王瑞元率团赴美考察美国油脂加工业，图为中方考察成员与美方技术人员座谈交流（左起：谢锡怡、王瑞元、刘复光、窦龙源、丁福祺）

❷ 1983 年 1 月，王瑞元率团赴意大利考察油脂机械设备制造情况，图为 CMB 公司董事长与代表团成员合影

❸ 1983 年 5 月，王瑞元率团赴日本日清制油公司考察时，中日双方人员合影

1 | 2
3

❶ 1986 年 10 月，王瑞元在印度新德里郊外参观乡村油脂加工企业

❷ 1987 年 9 月，王瑞元率团赴巴西圣保罗考察油脂加工企业，图为代表团成员与企业负责人合影留念（左一为过祥鳌、右一为胡新标）

❸ 1992 年 9 月，考察马来西亚棕榈油产业，图为王瑞元在棕榈园采果

1
2
3

❶ 2010 年 3 月，王瑞元在中国台湾参观富味乡食品股份有限公司时，与公司领导合影留念
❷ 2015 年 4 月 15 日，王瑞元在土耳其“伊兹米尔国际橄榄油会议”上作报告
❸ 2017 年 10 月 12 日，王瑞元率团赴哈萨克斯坦访问期间，中方代表团成员与哈方人员的合影

与粮油工业、科技界有关领导、专家的合影

1
———
2

❶ 2019 年 11 月 17 日，王瑞元在海南海口参加“第六届全谷物食品与健康国际研讨会”时，与中国粮油学会领导的合影

❷ 2016 年 10 月 16 日，王瑞元与何东平在宁夏吴忠参加“亚麻籽油标准暨亚麻产业发展论坛会”时，与陈君石院士（左四）等专家合影

1	2
3	4
5	6

❶ 2025 年 3 月 16 日，瑞士布勒中国在广西南宁举办的“2025 年布勒中国谷物生产力 + 创新峰会”，王瑞元与中国工程院院士、江南大学教授金征宇的合影

❷ 2018 年 11 月 16 日，在江南大学食品学院举办的“姚惠源、胡钰琴爱心基金会”上，王瑞元与顾正彪副校长的合影

❸ 2019 年 4 月 12 日，王瑞元在山东菏泽参加“2019 首届世界牡丹大会”时，与何东平、王兴国合影

❹ 2018 年 9 月 18 日，王瑞元在四川成都参加“中国粮油学会浓香菜籽油团体标准制订研讨会”时，与何东平、潘坤合影

❺ 2024 年 11 月 20 日，王瑞元在浙江省粮食科学研究所，与厉秋岳专家的合影

❻ 2021 年 5 月 19 日，王瑞元在李庆龙家的花园里，与李庆龙教授的合影

1
2
3

❶ 2021 年 5 月 19 日，王瑞元在武汉，与武汉轻工大学李庆龙（右二）等专家在李教授家相聚

❷ 2021 年 10 月 1 日，王瑞元与参加中国油脂博物馆开馆仪式的部分代表合影（左起：董仕节、姚行权、印肇庆、王瑞元、王祚桥、黄凤洪、曾其林）

❸ 2020 年 4 月 22 日，王瑞元在北京，与中国农业机械化科学研究院相海、胡淑珍一起参加“中国粮油学会油脂分会常务理事视频会议”

1
2 | 3

❶ 2020 年 10 月 15 日，王瑞元在广东深圳参加“金龙鱼上市仪式”时，与孟素荷、何东平、王强的合影

❷ 2016 年 5 月 7 日，王瑞元在山东泰安参加“油料油脂标准研讨会”时，与张丽（左一）、王格平（右一）的合影

❸ 2016 年 3 月 22 日，王瑞元在湖北武汉与武汉轻工大学田华（右一）、严玲华（左一）的合影

与粮油加工企业家的合影

1
2
3

❶ 2018 年 4 月 21 日，王瑞元在山东泰安参加“油料油脂标准研讨会”时，与益海嘉里股份有限公司总裁穆彦魁的合影

❷ 2018 年 9 月 11 日，王瑞元在山东青岛参加“中国粮油学会油脂分会第八届会员代表大会”期间，与鲁花集团执行总裁宫旭洲的合影

❸ 2017 年 3 月 21 日，王瑞元在江苏扬州陪同中国粮油学会理事长张桂凤在迈安德集团有限公司调研时与董事长徐斌（中）等同志的合影

1
2
3
4

❶ 2016年7月16日，王瑞元在山东邹平与山东三星集团王明峰、王明星、王明亮三兄弟的合影

❷ 2016年7月26日，王瑞元在北京参加“河南华泰粮油机械股份有限公司新三板挂牌上市仪式”时，陪同张桂凤理事长（右）与董事长闫子鹏（中）的合影

❸ 2019年7月15日，王瑞元在山东济宁陪同张桂凤理事长参观凯斯达机械制造有限公司时，与董事长张明（右一）在车间的照片

❹ 2019年5月8日，在江阴福鑫机械有限公司乔迁典礼上，王瑞元、何东平（右五）、王兴国（右三）、相海（左四）等与董事长江汉忠（左七）的合影

1 | 2
3
4

❶ 2016年11月17日，王瑞元在北京参加“第七届中国国际食用油、粮食及高端食品饮品产业博览会”时，与山东西王食品有限公司董事长王辉的合影

❷ 2018年9月19日，福建厦门佳格集团厦门工厂举行的“佳格集团－武汉轻工大学校企合作揭牌仪式”上，王瑞元（右五）、何东平（右七）与佳格集团执行长曹博睿（右六）的合影

❸ 2019年7月17日，王瑞元在广西防城港参加“澳加创新驱动发展战略合作签约和揭牌仪式”时，与澳加粮油工业有限公司董事长张明（左三）、总经理张慧（右二）等的合影

❹ 2020年11月7日，上海丰尚商务中心（上海）开幕仪式上，王瑞元、相海（右二）与时任总经理钱胜峰（右一）和浙江三中粮油科技有限公司董事长高国祥（左一）的合影

1
2
3 4

❶ 2017 年 4 月 8 日，王瑞元、胡承淼（右一）在山东莒南参观山东金胜粮油集团有限公司时，与董事长高冠勇（左一）的合影

❷ 2013 年 11 月 23 日，王瑞元在安徽肥东参加“芝麻油国家标准制修订研讨会”时，与“燕庄芝麻油”品牌创始人刘燕董事长的合影

❸ 2020 年 1 月 8 日，王瑞元与湖北省现代农业有限公司副董事长姚行权的合影

❹ 2016 年 11 月 8 日，王瑞元、何东平、相海等在湖北十堰参加“中国油橄榄产业发展高峰论坛”时，与湖北鑫榄源油橄榄科技有限公司董事长朱瑾艳（左三）的合影

1
2
3
4

❶ 2016 年 11 月 17 日，王瑞元在北京参加“第七届中国国际食用油、粮食及高端食品饮品产业博览会”时，与仪征方顺粮油有限公司总裁周世勇的合影

❷ 2021 年 4 月 8 日，王瑞元在山东青岛平度参加“中国粮油学会油脂分会八届四次常务理事会”时，与青岛天祥食品集团有限公司总经理于强的合影

❸ 2020 年 1 月，王瑞元、何东平（右一）在江苏南通，与时任金太阳粮油股份有限公司董事长王志荣（左一）、总经理滕晓梅（右二）的合影

❹ 2016 年 11 月 22 日，王瑞元、何东平等在云南楚雄参观摩尔农庄核桃博物馆时，与云南摩尔农庄生物科技开发有限公司董事长张跃进（右二）的合影

1
2
3

❶ 2016 年 9 月 10 日，王瑞元在四川凉山州中泽新技术开发有限责任公司油橄榄种植基地，与董事长杨泽身的合影

❷ 2022 年 7 月 30 日，王瑞元、相海（左二）等在山东青岛参观考察青岛品品好粮油集团有限公司时，与王英俊总裁（右三）等公司领导的合影

❸ 2021 年 5 月 18 日，王瑞元在湖北十堰参加“2021 中国橄榄油加工与营养研讨会”期间，与长生集团董事长矫恒伟（左一）、中商华天青岛溶剂油公司总经理房军（右一）在千年橄榄树前合影

与中国油脂界三个著名创新团队的合影

1
2
3

❶ 2017 年 10 月 19 日，王瑞元在江苏无锡，与江南大学油脂营养与安全创新团队王兴国（前排左十二）、刘元法（前排左十）等合影

❷ 2017 年 7 月 18 日，王瑞元在湖北武汉，与武汉轻工大学油脂及植物蛋白科技创新团队何东平（前排右五）等合影

❸ 2017 年 9 月 27 日，王瑞元在河南郑州，与河南工业大学油脂科技创新团队刘玉兰（前排左六）、谷克仁（前排左八）等合影

参加会议、项目评价及参观企业留影

1
2 4
3

❶ 1998 年 5 月 28 日，湖北武汉，在“武汉食品工业学院董事会一届一次会议”上，王瑞元当选为董事长。武汉食品工业学院现为武汉轻工大学

❷ 2003 年 11 月，王瑞元在北京召开“中国油脂学会北京联络站 2003 年工作会议”（前排左起：李志伟、胡承淼、王瑞元、白美清、王俊子、张建明）

❸ 1992 年 6 月 8 日，王瑞元在江苏昆山主持召开了“中国粮油学会油脂专业分会第二次团体会员会议”（南方座谈会），并在会上作了《深化改革，拓宽经营，加速我国油脂工业发展》的报告（左一为李志伟）

❹ 1998 年 5 月 20—22 日，王瑞元在浙江德清新市油厂召开首次“中国粮油学会油脂学会理事长办公会议”（王瑞元与李志伟、丁福祺、刘大川、曲永洵、陆业华等参加会议）

1 | 2

3

4

❶ 2016年4月6日，于福建厦门，“中国粮油学会油脂分会2016年会长办公（扩大）会议”的现场照片，会议决定在武汉轻工大学建设中国油脂博物馆

❷ 2021年10月1日，于湖北武汉，王瑞元在“武汉轻工大学中国油脂博物馆开馆仪式”上致辞

❸ 2016年3月20日，于湖北武汉，王瑞元参加武汉轻工大学“中国油脂博物馆可行性研究专家评审会”的合影

❹ 2017年4月8日，于山东莒南，在金胜粮油集团召开的“中国粮油学会油脂分会2017年会长办公（扩大）会议”的合影

1
2
3
4

❶ 2016 年 7 月，王瑞元在重庆城口参加“核桃油系列标准制修订暨核桃产业发展研讨会”时的合影

❷ 2019 年 11 月，张桂凤、王瑞元等在广西防城港参加“《火锅用油》团体标准启动会暨研讨会”时的合影

❸ 2016 年 11 月 27 日，王瑞元、王兴国（右一）、谷克仁（左一）等在上海参加“芝麻油质量安全及营养功能研讨会”时，与有关专家、企业家的合影

❹ 2017 年 10 月 19 日，王瑞元在江苏无锡与王兴国、刘元法一起参加江南大学“江南食品大讲堂”的现场照片

1
2
3

❶ 2019 年 8 月 27 日，王瑞元在北京参加中粮营养研究院举办“首届中国‘瑞元杯’油脂科技青年论坛”时，与评审专家的合影

❷ 2007 年 7 月 26 日，王瑞元参加了中粮集团在北京世纪坛举办的“福临门”品牌新产品发布会，图为王瑞元在会上接受央视记者采访时的情景（右起：张振涛、王瑞元、杜政、宁高宁）

❸ 2018 年 6 月 22 日，王瑞元在江苏扬州参加“迈安德 E 型浸出器发布仪式”时的合影

1	2
3	4
5	

❶ 2011 年 6 月，王瑞元（左三）、胡承淼（左四）、何东平（左一）等在参观河南华泰粮油机械工程有限公司时与企业领导合影留念

❷ 2009年8月，王瑞元在山东参观油脂加工企业时，认真听取企业情况介绍的情景（徐斌、相海、王瑞元）

❸ 2014 年 10 月 17 日，王瑞元和于俊波（右一）在青岛参观粮油食品机械制造企业

❹ 2017 年 1 月 16 日，王瑞元、胡承淼（右二）等在黑龙江肇东参加“东龙新型 DSG 油料轧辊评价会”时考察生产现场

❺ 2020 年 10 月 23 日，张桂凤、王瑞元等赴山西吕梁红枣加工厂调研考察

参加主题教育、公益等活动及受表彰现场留影

1
2

❶ 2017 年 9 月 5 日，王瑞元在山东海阳，瞻仰海阳地雷战纪念碑

❷ 2021 年 8 月 24 日，王瑞元在北京参加国家粮食和物资储备局科学研究院百名科学家讲党史活动中，作《铭记百年党史，践行使命担当——奋力谱写粮油加工业高质量发展新篇章》报告

1
2 3
4 5

❶ 2021 年 7 月 15 日，王瑞元在武汉轻工大学参加食品学院研究生党支部“把党旗插在食品行业人才培养高地上”系列主题活动，并以《刻苦钻研，立志早日为中国粮油行业发展多做贡献》为题，向研究生讲党课
❷ 2021 年 4 月 27 日，王瑞元在河北蔚县参加扶贫植树活动
❸ 2018 年 10 月 16 日北京，王瑞元在“中国粮油学会第九次全国会员代表大会”上被授予“终身成就奖”，并与一同获奖者姚惠源（左一）、靳祖训（左三）、张根旺（左四）合影
❹ 2020 年 8 月 21 日，中国粮油协会粮油营销技术分会授予王瑞元“功勋奖”，图为张桂凤理事长（左一）为王瑞元颁发奖杯和证书
❺ 2025 年 3 月 16 日，布勒中国在广西南宁举办的“2025 年布勒中国谷物生产力 + 创新峰会”上，向王瑞元授予并颁发了“布勒杰出友人”荣誉证书和奖杯

1

2

❶ 2024 年 9 月 26 日，国家粮食和物资储备局原副局长张桂凤在武汉轻工大学中国油脂博物馆为王瑞元颁发“中国油脂博物馆终身荣誉馆长”证书

❷ 2025 年 3 月 5 日，在上海举办的“《粮食与油脂》第四届编委会会议”上，王瑞元同志与李培武院士（右二）一起被聘任为“《粮食与油脂》第四届编委会名誉主任”

出席粮油展与参会企业的合影

1 | 2
3

❶ 2022年7月28日，王瑞元、何东平、王兴国、相海、闫子鹏等在南京“第十二届国际粮油展”上参观中粮福临门食品营销有限公司的展位

❷ 2022年7月28日，王瑞元、何东平、王兴国、相海、闫子鹏等在南京“第十二届国际粮油展”上参观益海嘉里食品营销有限公司的展位，并与时任益海嘉里公共事业部总监涂长明（右四）合影

❸ 2018年12月6日，王瑞元、姚惠源、何东平、王兴国、刘玉兰等在北京粮油展上参观鲁花集团的展位

1
2
3
4

❶ 2018 年 12 月 6 日，王瑞元、姚惠源等在北京粮油展上参观京粮集团的展位

❷ 2018 年 12 月 6 日，王瑞元等在北京粮油展上参观九三粮油工业集团的展位

❸ 2018 年 12 月 6 日、王瑞元、何东平、王兴国等在北京粮油展上参观山东三星集团的展位

❹ 2018 年 12 月 6 日、王瑞元、何东平、王兴国等在北京粮油展上参观山东西王集团的展位

1
2
3
4

❶ 2022 年 7 月 28 日，王瑞元、何东平、王兴国、闫子鹏等在南京“第十二届国际粮油展”上参观山东金胜粮油食品有限公司的展位，图中左三为金胜粮油食品有限公司宋立里总经理，右三为益海嘉里公共事业部涂长明总监

❷ 2020 年 10 月 28 日，王瑞元等在北京粮油展上参观山东香驰粮油有限公司的展位

❸ 2018 年 12 月 6 日，王瑞元等在北京粮油展上参观山东渤海实业有限公司的展位

❹ 2024 年 5 月 10 日，原林业部副部长李育材（右三）、张桂凤、王瑞元、胡承淼等在南京“第十四届国际粮油展”上，参观海南奥斯卡国际粮油有限公司的展位，并与奥斯卡公司董事长张慧（右四）合影

1
2
3
4

❶ 2022 年 7 月 28 日，王瑞元、何东平、王兴国、谢健、相海等在南京"第十二届国际粮油展"上参观道道全粮油股份有限公司的展位

❷ 2019 年 11 月 4 日，王瑞元等在北京粮油展上参观俄罗斯展团展位并与俄罗斯展商交流

❸ 2022 年 7 月 28 日，王瑞元等在南京"第十二届国际粮油展"上参观苏粮集团的展位

❹ 2022 年 7 月 28 日，王瑞元、何东平、王兴国（左二）、闫子鹏（右二）等在南京"第十二届国际粮油展"上参观布勒（无锡）商业有限公司的展位，并与布勒大中华区副总裁张恒达（左三）合影

1
2
3

❶ 2024年5月10日，王瑞元、王兴国等在南京“第十四届国际粮油展”上参观正昌集团的展位

❷ 2024年5月10日，王瑞元、王兴国等在南京“第十四届国际粮油展”上参观迈安德集团的展位

❸ 2022年7月28日，王瑞元、姚惠源、何东平、王兴国、闫子鹏等在南京“第十二届国际粮油展”上参观安徽捷讯光电技术有限公司的展位

1	2
3	4
5	

❶ 2024 年 5 月 10 日，王瑞元、胡承淼、王兴国、闫子鹏等陪同张桂凤参观山东凯斯达机械制造有限公司的展位

❷ 2024 年 5 月 10 日，王瑞元陪同原林业部李育材副部长（左三）、张桂凤等领导在南京“第十四届国际粮油展”上参观河南华泰智能装备集团的展位

❸ 2020 年 10 月 28 日，王瑞元等在北京粮油展上参观江苏丰尚油脂工程技术有限公司的展位

❹ 2022 年 7 月 28 日，王瑞元、何东平、王兴国等在南京“第十二届国际粮油展”上参观江苏汤姆森智能装备有限公司的展位

❺ 2019 年 11 月 4 日，王瑞元在北京“第十届国际粮油精品展”上陪同张桂凤理事长与江阴福鑫机械有限公司董事长江汉忠的合影

1
2
3

❶ 2022 年 7 月 28 日，王瑞元、何东平、王兴国、闫子鹏等在南京“第十二届国际粮油展”上参观中国农机院油脂所的展位

❷ 2018 年 12 月 6 日，王瑞元、姚惠源等在北京粮油展上参观黑龙江肇东市东龙节能新技术有限公司的展位

❸ 2020 年 10 月 28 日，王瑞元、相海、闫子鹏等在北京粮油展上参观佳格投资（中国）有限公司的展位

1	2
3	
4	5

❶ 2018 年 12 月 6 日，王瑞元、王兴国（左一）、刘玉兰（左二）在北京粮油展上参观山东瑞福油脂股份有限公司的展位

❷ 2017 年 12 月 4 日，张桂凤、王瑞元、何东平等在北京粮油展上参观合肥燕庄食用油有限责任公司的展位

❸ 2020 年 10 月 28 日，王瑞元、相海等在北京粮油展会上参观上海富味乡油脂有限公司的展位

❹ 2020 年 10 月 28 日，王瑞元、相海、闫子鹏等在北京粮油展上参观山东兴泉油脂有限公司的展位

❺ 2020 年 10 月 28 日，王瑞元等在北京粮油展上参观山东龙大植物油有限公司的展位

1	2
3	
4	

❶ 2016 年 11 月 7 日，王瑞元在北京粮油展上参观内蒙古包头市金鹿油脂有限公司的展位

❷ 2022年7月28日，王瑞元、何东平、王兴国、相海、闫子鹏等在南京“第十二届国际粮油展”上，参观青岛天祥食品集团有限公司的展位

❸ 2022年7月28日，王瑞元、何东平、王兴国、相海、闫子鹏等在南京“第十二届国际粮油展”上，参观青岛品品好粮油集团有限公司的展位

❹ 2022年7月28日，王瑞元、何东平、王兴国、相海、闫子鹏等在南京“第十二届国际粮油展”上，参观成都市新兴粮油有限公司的展位

❶ 2016 年 11 月 17 日，张桂凤、王瑞元、王兴国、胡承淼等在北京粮油展上参观西藏特色产业股份有限公司的展位

❷ 2019 年 11 月 4 日，王瑞元、何东平等在北京粮油展上参观河北美临多维粮油贸易有限公司的展位

❸ 2018 年 12 月 6 日，王瑞元、何东平、王兴国等在北京粮油展上参观浙江三中粮油科技有限公司的展位

1
2
3

❶ 2019 年 11 月 4 日，王瑞元、何东平、徐斌（右一）等在北京粮油展上参观浙江得乐康食品股份有限公司的展位

❷ 2022 年 7 月 28 日，王瑞元、何东平、王兴国、谢健（右二）、闫子鹏、相海等在南京“第十二届国际粮油展”上参观广州永华特医营养科技有限公司甘油二酯油产品的展位

❸ 2022 年 7 月 28 日，王瑞元、何东平、王兴国、谢健、相海、闫子鹏等在南京“第十二届国际粮油展”上参观北京永丰数字科技有限公司的展位

1
2

❶ 2016 年 11 月 17 日，在北京粮油精品展上，中国粮油学会授予永红国际展览有限公司“粮油展会组织金奖”时，王瑞元、姚惠源等陪同张桂凤理事长与王永红总经理的合影

❷ 2017 年 5 月 21 日，王瑞元在福建厦门参加“第一届 ICC 亚太区粮食科技大会”时，陪同张桂凤理事长、原国家粮食局副局长曾丽瑛与广州市艺帆展览服务有限公司总经理陈粤的合影

Ruiyuan Wang's
Dream-fulfilling Life

王瑞元的圆梦人生

何东平
王兴国　　主编
刘玉兰

中国轻工业出版社

图书在版编目（CIP）数据

王瑞元的圆梦人生 / 何东平，王兴国，刘玉兰主编.
北京：中国轻工业出版社，2025.9. --ISBN 978-7
-5184-5623-9

I. K826.3

中国国家版本馆CIP数据核字第20251322R6号

责任编辑：刘逸飞　　责任终审：劳国强　　设计制作：锋尚设计
策划编辑：张　靓　　责任校对：朱　慧　朱燕春　　责任监印：张　可

出版发行：中国轻工业出版社（北京鲁谷东街5号，邮编：100040）
印　　刷：艺堂印刷（天津）有限公司
经　　销：各地新华书店
版　　次：2025年9月第1版第1次印刷
开　　本：787 × 1092　1/16　印张：16.25　插页：23
字　　数：240千字
书　　号：ISBN 978-7-5184-5623-9　定价：128.00元
邮购电话：010-85119873
发行电话：010-85119832　010-85119912
网　　址：http://www.chlip.com.cn
Email：club@chlip.com.cn

250643Z1X101ZBW

一生园梦
业绩卓著

为端之同志题

陈邦柱 2025.1.

陈邦柱，曾任全国政协常委、全国政协人口资源环境委员会主任、湖南省委副书记、湖南省省长、国内贸易部部长、党组书记。

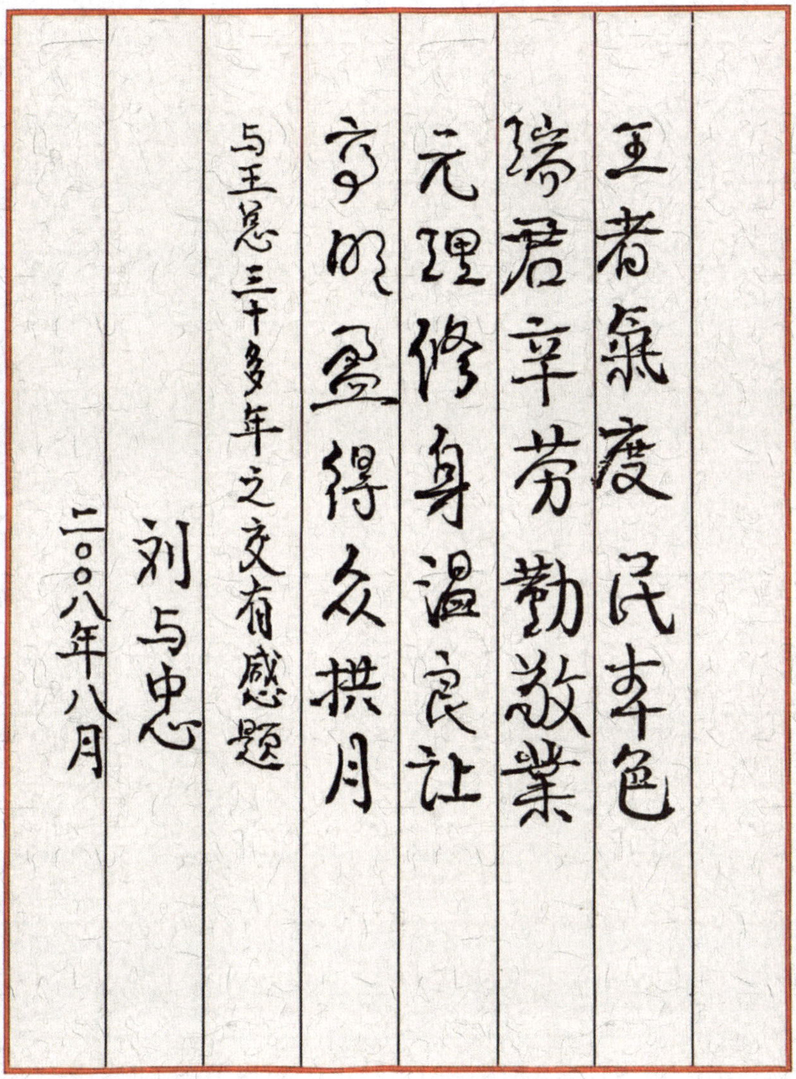
王者氣度民本色
瑞君辛劳勤敬業
元理修身温良让
宇明盈得众拱月
与王总三十多年之交有感题
刘与忠
二〇〇八年八月

2008年8月，正值王瑞元同志70岁生日时，原江西省粮食局局长、中国粮食行业协会副会长刘与忠同志为王瑞元题词。

颂 首席专家

王瑞元先生：

兼程风雨鬓雪飞、
沥血匠心铸精英。
圆梦金粮仓已满、
天下谁人不识君。

陈文麟
何东平 敬颂
乙巳年首日

本书编委会

序

在我国粮油科技、粮油工业战线，王瑞元的大名可谓如雷贯耳。他是我国现代粮油工业发展的开拓者，曾先后担任过原粮食部粮油工业局局长、原商业部商办工业司司长、原国内贸易部工业司司长、中谷粮油集团总裁、中国粮食行业协会常务副会长、中国粮油学会常务副理事长、首席专家和中国粮油学会油脂分会会长、中国粮食行业协会小麦分会会长、中国粮油学会营销技术分会会长及名誉会长，长期从事米、面、油行业的科学研究及领导工作，致力于我国粮油科技进步和粮油工业的科学发展，为粮油事业倾注了大量心血，做出了卓越贡献，是我国粮油科技、粮油工业界令人尊敬的泰斗级人物。

王瑞元同志生在旧社会，长在红旗下。在党和国家的教育培养下，他一步一个脚印，从一个穷苦的农家孩子成长为优秀的专家型领导干部，为我国粮油科技的进步和粮油工业发展做出骄人业绩，尤其是在我国现代粮油工业发展中提出的诸多主张，引领并推动了我国粮油工业的健康发展。他深入企业调查研究、勤于学习思考、善于总结经验并推广的工作作风；敢于担当、求实创新、勤勤恳恳、埋头苦干的工作态度；慧眼识才、甘当人梯、培养扶植后辈的领导艺术；艰苦朴素、勤俭节约的生活方式以及平易近人、和蔼可亲、乐于助人的待人风格等，都值得我们学习。在他身上发生的许多精彩故事，令人感动、感佩。

为了更好地激励后辈、让大家更多地了解王瑞元同志筑梦粮油、追梦粮油、圆梦粮油的精彩人生，我们曾多次建言，恳请他写一本自传，但都被他婉言谢绝。无奈之下，何东平等三位教授自愿担当，在众多同行帮助下，通过多次对王瑞元同志采访录音、收集有关资料、查阅他的著作等方式，整理编写了本书，讲述他献身粮油、圆梦人生的故事。

岁月不居，时光荏苒。王瑞元同志虽已87岁高龄，但仍然在为粮油事业高质量发展发光发热。王瑞元同志是江南大学的杰出校友，自从1964年大学毕业后被分配到原粮食部粮油工业局工作至今，六十余个春秋已悄然逝去，编者很难将他六十多年来风雨兼程的奋斗故事、丰富多彩的工作历程、卓越的工作业绩详尽记录。加之王瑞元同志一再强调，他提出的有些主张也是大家的主张，取得的一些成绩也是与大家支持和共同努力分不开的。即便如此，作为中国现代粮油工业的标志性人物，王瑞元同志圆梦粮油事业的点点滴滴，值得粮油行业后辈学习借鉴。

谨序。

中国工程院院士、江南大学教授　金征宇

前言

新时代，新质生产力已成为推动经济社会高质量发展的重要引擎，中国粮油工业的发展也正处在创新牵引和提质增效的新阶段。在技术创新、产品多样化、绿色生产、产业链整合延伸、政策引导叠加内生驱动、市场国际化和消费升级等大背景下，粮油工业正朝着高科技、高效能、高质量的更高级质态演进，通过推进产业科技化、绿色化、高端化、数字化，生产出更多安全、绿色、营养、健康的粮油食品以满足国内外市场的需求。

王瑞元同志在粮油战线奋战了六十多年，既是中国现代粮油工业的开拓者，也是行业内泰斗级的专家学者和重要的领导者。他在技术创新、产业升级、标准制定等领域做出了开拓性贡献，学术成果丰硕、工作业绩骄人、行业贡献卓著。编写本书的目的，在于通过讲好中国油脂故事、传播好粮油行业正能量，激励后来者继承油脂前辈艰苦奋斗、敢于创新创业的光荣传统，发扬油脂人敢于担当、团结协作、求实肯干、追求卓越的拼搏精神，切实肩负起时代赋予自己的历史使命，为中国油脂工业高质量发展再立新功。

本书由我国油脂学界权威专家何东平、王兴国、刘玉兰三位教授领衔，通过系统性整理王瑞元同志工作笔记、会议纪要、技术文件等珍贵史料，结合对多名行业从业者的深度访谈编纂而成。全书以严谨的治学态度和全景式叙事手法，完整呈现了我国粮油工业领军人物王瑞元同志从寒门学子成长为行业泰斗的奋斗历程。

本书既是一部个人奋斗史，更是一部浓缩的新中国粮油工业发展史，对理解我国粮食安全保障体系建设具有重要参考价值。这部凝聚行业集体智慧与记忆的著作，兼具文献价值与时代意义，不仅为粮油科技工作者提供了珍贵的研究资料，更为新时代从业者树立了精神标杆。本书既完整呈现了行业领军人物将个人理想融入国家粮食安全事业的毕生追求，又生动诠释了中国粮油人保障国家粮食安全的使命担当，为新时代建设高素质粮油人才队伍提供了历史参照与实践指引。

在本书的编写过程中，武汉轻工大学油脂及植物蛋白创新团队高盼、雷芬芬、钟武、殷娇娇、周力、洪坤强、陈东和张星河8位青年博士以及张四红副教授、田华高工给予了大力帮助，付出了辛勤劳动；韩玉博、段小禹、张天宇、周正林、孙波波、韩梅、张远鹏、钟秋、廖其清、欧丽香、赵思雅、聂雪娇、余哲、常凯锐、黄何、闫可、呙兴阳、郑美玉、闫丹丹、潘保辉、刘栋、高远、张研彦、李瑜、李明洁、廖秀莹、晏彩凤、李鑫峰、黄已平、赵芯涟、邹圆、陈昭羽、黄欣雅、陈惠敏、陈蕾、曾文彬、穆越和刘浩然38位研究生参与了本书相关材料的收集整理，在此一并致谢。

感谢中国工程院院士、江南大学金征宇教授为本书写序。

武汉轻工大学陈文麟教授、武汉轻工大学原党委副书记刘丰林教授和中国油脂博物馆执行馆长王丽英副教授对本书进行了认真审定，编者深表敬意和感谢。

感谢迈安德集团有限公司徐斌董事长、河南华泰粮油机械股份有限公司闫子鹏董事长和海南澳斯卡国际粮油有限公司张慧董事长对本书出版的资助。

感谢中粮油脂控股有限公司、中粮福临门食品营销有限公司、益海嘉里金龙鱼食品集团股份有限公司、山东鲁花集团有限公司、九三粮油工业集团有限公司、迈安德集团有限公司、山东三星玉米产业科技有限公司、山东西王食品有限公司、山东金胜粮油食品有限公司、山东兴泉油脂有限公司、云南滇雪粮油有限公司和湖北现代农业集团有限公司对本书出版的支持。

鉴于相关资料涉及的时间跨度较长，加之编者水平有限，书中恐多有疏漏，请各位读者批评指正。

编者

目录

附录 169

第一章

寒门砺志：
家国情怀的启蒙之路

第一节
和睦的大家庭

1938年农历七月十六，王瑞元出生于江苏省无锡县（现为无锡市）荡口乡六步大队东庄浜村一户农民家庭里。荡口乡是典型的“鱼米之乡”，位于无锡市锡山区，现与甘露镇合并为鹅湖镇，仍隶属于无锡市锡山区管辖。东庄浜村距无锡、苏州各约四十公里，距著名的江南古镇荡口约三公里，荡口古镇因位于鹅湖和南青荡而得名，是中国历史文化名镇。鹅湖水面辽阔，面积有一万余亩，享有“八湖福地”之美誉，王瑞元家就在鹅湖边上，与荡口一湖之隔，出门就能一眼望见鹅湖湖水清波荡漾。

王瑞元家世代务农。父亲王和生，从小喜爱烧饭做菜，练就了一手好厨艺，30岁前在无锡一家饭店做大师傅，后因饭店生意不景气而回乡务农。王和生20多岁时娶妻，并生有一子，时间不长，妻子因病早逝，随后与王瑞元的生母成亲，建立了后来的家。他父亲不太会种田，只能做些诸如翻地、脱粒、种菜、挑水、施肥、浇水等辅助农活，也承担了主要家务。在家烧饭做菜是他父亲的拿手好戏，虽然饭菜简单，但儿时的味道成为他一辈子都无法忘怀的美好记忆。在父亲的影响下，王瑞元和兄弟姐妹们都能做得一手好饭菜。1969年，王父因患食管癌去世，享年71岁。

王瑞元的母亲周小妹，是一位吃苦耐劳、勤俭持家的好母亲，她心善手巧，农活、家务、做鞋、制衣样样都会，在家境困难的情况下成为支撑王家的顶梁柱。母亲的言传身教和身上所展示的中华优秀传统女性美德影响了子女们的一生，一直是子女们学习的楷模。在母亲的影响和带领下，兄弟姐妹们从小就下田学干农活。为减轻母亲的劳动负担，王瑞元自6岁起就开始帮母亲种田，放学一回家，就放下书包去田里劳作，尤其是暑假和寒假，王瑞元无一例外地跟着母亲一起去生产队干活挣工分，直至大学毕业。翻地、平地、车水、育秧、插秧、除草、割稻子、脱粒等水稻生产活计他几乎样样都会，其聪慧能干得到了生产队的表扬和左邻右舍的夸赞。1992年，王母因病去世，享年84岁。

新中国成立前，王瑞元一家共有八口人。上有祖母（1955年去世）、父亲、母亲，同辈的兄弟姐妹共有四人。同父异母的哥哥王瑞根，在新中国成立后到上海一家纸品厂当了学徒，学徒期满后去安徽合肥艺术模型厂工作，后与唐小燕结婚并生育了二子一女。在生活并不富裕的情况下，王瑞根总是记挂着上大学的弟弟王瑞元，每隔一段时间，就会把省吃俭用积攒的一点钱寄给弟弟零花。此等兄弟情深，王瑞元终生难忘。2015年，王瑞根因年老去世。姐姐王瑞英，1955年与卢和生结婚，生育了一子三女。姐姐家住江苏省常熟县（现为常熟市）兴隆乡杨荡村，在家务农，姐夫卢和生是常熟人，在荡口至上海的轮船上工作，由于姐夫工作收入相对高一些，加之姐姐务农并持家有方，家庭经济状况尚可。姐姐对王瑞元关怀备至，经济上帮助最多，在他求学期间，常常为他解决生活上的困难，使他能够轻装上阵、潜心学习。2019年，王瑞英因病去世，享年84岁。王瑞元十分悲痛，他在唁电中写道："惊悉姐姐不幸仙逝，胞弟心痛万分，一夜未眠；为给王家和兄弟们争气，姐姐一生勤奋，省吃俭用，行善积德，堪为弟之楷模。望一路走好，安息吧！我的好姐姐。"弟弟王瑞龙，比王瑞元小两岁，学习成绩特别优秀，在上小学时，曾于二年级期末直接跳级至四年级，跳级后当年考试成绩还名列全班第四名。由于家庭经济困难，缺乏劳动力，王瑞龙即将小学毕业时，家里不得不做出艰难抉择。在商量王瑞龙毕业后是留在家里务农还是继续上学时，弟弟毫不犹豫地表态，让哥哥王瑞元继续上学念书，自己愿意小学毕业后回家务农，帮助母亲种田。对这样一个勇于牺牲自我、为家庭无私奉献的好弟弟，王瑞元终生难忘。后来，王瑞龙在农村务农干得也很出色，当了村里的生产队队长。弟弟与王祥亚结婚后生育有二子一女，1994年因患肝癌去世。王瑞元还有一个妹妹，名叫王瑞珍，但9岁时因患霍乱，无钱医治，不幸夭折。

王瑞元童年时期，尽管家境窘迫，但王家父慈子孝、母慈家和，一家人始终和睦相处，尤其是兄弟姐妹之间手足情深，长大后仍能互相关心，互相帮助，实为一个具有中华传统美德的和睦大家庭。

第二节
土地改革时期的生活状况

土地改革前，王瑞元家只有一亩多水稻田和半亩多旱地，为了生活下去，只能靠租种别人家的田地度日，租种了六亩多水稻田和一亩多旱地。若逢风调雨顺的好年景，粮食收成较好，全家尚可勉强维持生计。正常年景，粮食收成一般，全家生活就比较困难，时常发生青黄不接的窘况，用南瓜和野菜等充饥成为常态。若遇有自然灾害发生的年景，粮食歉收，全家生活就十分艰难，只能靠借贷过日子。据王瑞元回忆，他家在最困难时，曾向亲朋好友和乡邻借大米达6～7石（每石大米为100市斤），生活压力巨大，每到还期来临，父母总是心急如焚，常常在借主面前说好话，求延期，有时还不得不采取拆东墙补西墙的办法渡过难关。

土地改革时，王瑞元家受益良多，根据王家的人口状况，党和政府共分给王家八亩多水稻田和近两亩旱地，还分得了从地主家没收下来的部分小型农具和粮食。王瑞元家虽人口多，但子女尚未成年，劳动力少，生活仍然困难，政府多次给他家贷款，并减免了应交的公粮。随着他和姐姐、弟弟逐渐长大，能够帮助家里干一些农活，劳动力不足的困境得到缓解，王家生活开始有所好转，但解决温饱问题仍然是头等大事。

第三节
辛酸的记忆

王瑞元的童年是在家庭生活十分困难的情况下度过的，在访谈时，他含泪告诉我们，从他有记忆开始，有两件事让他终生难忘。

第一件事是：过年过节是孩子们最为高兴的事，但在王瑞元家，这样的日子，却总是让父母亲忧心犯难。尤其是春节，父母亲为了让儿女们欢欢喜喜过个年，总是千方百计筹集些钱，好买点鱼和肉类的东西，在春节期间改善家里的生活，给孩子们添件新衣服，使全家在欢乐中对新的一年生活会好起来充满期待。但由于家境实在困难，实现这一愿望十分不易，王瑞元常常看到父母因筹不到钱、心有余而力不足的那种焦虑神情。好在兄弟姐妹们都很懂事，从不攀比，有时能穿上一双母亲做的新鞋过年，就已心满意足。王瑞元还清晰地记得，有一年刚过正月十五，家里就快要断粮了，在快揭不开锅的时候，为了全家人不受饥饿，经熟人介绍，母亲去了上海当保姆，直至麦熟、农忙快开始时才回家。据王瑞元回忆，当时母亲每月得到的保姆费能购置80～90斤大米，解决了王家人饿肚子的大问题。

第二件事是：王家经常缺粮，以瓜和菜代饭是常有的事。王瑞元含泪谈到，有一年快麦熟的时候，家里一点儿粮也没有了，在走投无路之际，母亲只能将还未完全成熟的大麦先割下来，经脱粒和简单挤压后，直接煮成了大麦饭，让全家人充饥。由于他父亲饭量大，吃得多，摄入的麦皮也多，有一天半夜，他父亲因消化问题，造成严重便秘，痛得满头大汗、在地上打滚，急得他母亲用调羹和筷子往他父亲肛门里拨挖，折腾了大半夜，在快天亮的时候，终于成功帮他父亲排便，病症得到缓解。顿时，全家人都松了一口气，但他父亲已是筋疲力尽，躺了整整一天才有所恢复。

这两件儿时的辛酸往事，不仅让王瑞元终生难忘，而且使他从小就深切感受到粮食的极端重要性，在他幼小的心灵中播下了“献身粮油”的种子，也养成了他一生爱惜粮食、节约粮食的好习惯。

第二章

求知问道：科技报国的知识积淀

（1947—1964年）

第一节
基础教育阶段（1947—1959年）

一、小学时期的求知萌芽

随着兄弟姐妹的逐渐长大，村上及周围同龄孩子已纷纷上学。在周围环境的影响下，摆在王瑞元父母面前的一个棘手问题，就是该不该送孩子去上学。经父母亲商定，决定先让王瑞元上学。于是，在1947年9月，已年满9周岁的王瑞元开始到荡口中心小学上学，但世事难料，因王家着实困难，故而，王瑞元只念了一年小学就不得不失学在家，跟着父母亲干农活。

“钟山风雨起苍黄，百万雄师过大江”，在隆隆炮声中传来喜讯，1949年春，盘踞在南京的“蒋家王朝”被中国共产党领导的中国人民推翻，王瑞元的家乡很快就获得了解放。同年9月，王瑞元再次进入学堂，他高兴地到离家不远的六步桥小学上二年级，1950年9月，由六步桥小学转入荡口中心小学，直至1953年7月小学毕业。在小学学习期间，王瑞元读书非常用功，成绩十分优秀，一直名列全班前两名，连续三次获得学校的奖状和物质奖励。1951年，他作为优秀学生之一，在荡口中心小学第一批加入了中国少年先锋队，并担任学校少先队大队长，直至小学毕业。

王瑞元从小是一个懂事、爱劳动且十分孝顺的好孩子，为了能够帮助父母减轻家里的负担，他学习非常刻苦，上课专心听讲，常常在学校利用课间和午休时间，把老师布置的作业做完，放学回家后，就马不停蹄地到田间地头帮助父母干农活，这也为他形成艰苦奋斗、踏实肯干的工作作风打下了坚实基础。

二、中学阶段的能力塑造

1953年7月，王瑞元小学毕业后，顺利考入无锡市学海初级中学（现为无锡市荡口中学，先后历经鹅湖中学、学海中学、荡口中学三个发展时期，2005年被评为江苏省三星级中学）。在初中学习阶段，王瑞元学业成绩优秀，连续两次被评为“三好学生”。1954年6月，王瑞元光荣加入了中国新民主主义青年团（1957年更名为中国共产主义青年团），先后担任学校团支部宣传委员和分支部书记，直到1956年7月初中毕业。

1956年7月初中毕业后，王瑞元原本打算报考中等专业学校，以便早日参加工作，为家里分担经济困难。令他没有想到的是，学校领导和老师都希望他报考高中，将来能够到大学深造，学到更多知识以报效国家和人民。在学校领导、老师反复劝说和细致的思想工作下，王瑞元改变了原来的想法，同意报考高中。他没有辜负领导、老师的期望，以优异成绩考入江苏省的著名高中——江苏省苏州高级中学。在高中学习期间，王瑞元学业成绩优良，先后被学校评为“五好团员”“劳动积极分子”“体育积极分子”；连续三年担任学校团委委员。他积极参加各类活动，经历了“大跃进”“大办钢铁”“除‘四害’”等历史性事件的洗礼。1959年7月，王瑞元高中毕业。

第二节
高等教育阶段（1959—1964年）

1959年9月，王瑞元顺利考入位于无锡市社桥的无锡轻工业学院（现更名为江南大学）食品工程系。新生报到后，他被分配在制糖专业，班级名称为糖91班。全班27名同学，由于其中一名同学进校不久后因病退学，故而，糖91班实际人数为26名。全班同学团结友爱，亲如兄弟姐妹，是一个生动活泼、积极向上、奋发有为的先进集体，当时学习、生活的点点滴滴以及同学间建立的深厚情谊，王瑞元至今都记忆犹新。他担任该班团支部书记，积极要求进步、品学兼优、事事处处带头，在同学中号召力强、威信高。1960年12月10日，经时任食品工程系党总支副书记顾瑞生和食91班调干学生张梅英二人介绍，王瑞元光荣地加入了中国共产党，成为无锡轻工业学院1959级学生中首位入党的大学生，也是该院在油91班学生中发展的唯一学生共产党员。

为适应社会的需要，1962年年初，无锡轻工业学院决定对食品工程系的部分专业进行调整，制糖专业被撤销。于是，在1962年寒假开学后，学习完两年多基础课的糖91班26名同学一分为三，分别转入油91班、食91班和酵91班。王瑞元转入了油91班，成为油脂专业的学生。与王瑞元一起转入油91班的同学有马志铭、谢阶平、仰俊泉、杨怀栋、吴兆铮、王德培、苏望懿、梁玉屏、程月英、巫怡梅10人。

在五年的大学学习、生活期间，王瑞元先后担任过班团支部书记、食品工程系团总支委员、校团委委员、系学生会主席、校学生会副主席、食品工程系学生党支部宣传委员等职务。由于学习成绩优良、社会工作出色，王瑞元在五年大学期间曾连续四次被评为校“三好学生”，连续四次被校团委评为“先进团员”。

在专业学习期间，王瑞元先后到南京植物油厂、济宁油厂和扬州油化厂等企业进行实践锻炼、生产实习和毕业实习。在学完全部课程，圆满完成毕业设计和毕业答辩后，1964年7月，王瑞元顺利毕业于无锡轻工业学院食品工程系油脂专业。

在回忆中，王瑞元还着重谈到大学求学生涯的艰难。在五年的大学学习期间，正遇我国遭受严重的三年自然灾害，加之当时无锡轻工业学院建校不久，建设并扩大校区的任务很重，学生参加义务劳动频繁。在物质生活条件极其艰苦、同学们正在长身体的情况下，同学们与祖国同呼吸、共命运，仍能咬紧牙关，互相关心、相互帮助，齐心协力地渡过了难关，出色地完成了学业，这是很不容易的。

王瑞元还记得，在临近毕业时，班级还要“背靠背”对学生党员征求意见，写出评语。当时其他同学对王瑞元的评语是：“王瑞元同学在历次政治运动中表现积极、能够带头暴露思想，勇于自我革命，进步显著；能领导好班级各项活动的开展，能密切联系群众，群众关系好；工作主动，热情负责，任劳任怨；能发动群众，依靠群众，积极参加各种劳动，以身作则，带头肯干；能做到不怕脏、不怕累，关心周围同学的进步；学习认真，能妥善安排学习和工作，成绩优良，能帮助人，能够较好地处理红与专的关系，能够经常学习‘毛选’，关心时政；胸怀坦荡，易接近人，具有革命乐观主义精神；积极参加文娱体育活动，体育上有一定的成绩。”

以上评语由同班干部仰俊泉同学执笔整理后，交给了王瑞元，他一直珍藏至今。同学们对他的高度评价，一直激励着他积极进取、顽强拼搏，也是他不断取得优异业绩的原生动力。

第三节
求知路上的温暖

从上小学到大学毕业走出校门，王瑞元度过了17年的求学生涯，其间，王瑞元家的经济状况一直十分困难，但幸运的是，他得到了许多贵人相助，从而一次次走出困境，勇敢地奔赴未来。对这些人生旅程中遇到的贵人以及他们给予的那些无私帮助，王瑞元终生难忘并总是心存感激，这也使他始终保持着一颗感恩的心。通过查阅王瑞元的专著——《现代粮油工业发展》、讲话录音和访谈记录，有三件对他守望相助、令他动容的事情给笔者留下了深刻印象，这三个故事在王瑞元的一次讲话中有所提及，在此，特与读者分享。

2015年11月27日，江南大学召开“姚惠源教授百万爱心基金会第二次理事会暨爱心传承育人创新研讨会”，会上，王瑞元作为江南大学杰出校友代表作了精彩发言，他向在座的青年学子们讲述了他人生中几段难忘的经历。

“在我的记忆中，难以忘怀的事很多，其中三件事记得最为清楚。第一件事是，我虽出生在鱼米之乡，但由于家里贫困，买不起粮食，时常吃了上顿、没有下顿。在上小学时，因学校离家有六七里路，中午来不及回家吃饭，所以我和比自己小两岁的弟弟几乎每天都是带着稀饭上学，有时还用南瓜等替代。由于家里没有钱给我们买必需的学习用品，只好放学回家后与母亲一起去挖野菜（荠菜和马兰头等），第二天一大早去荡口镇卖了钱，给我们买铅笔、橡皮。另外，我还经常捡短铅笔和铅笔芯，插在野竹笋管里，当作铅笔用。初中毕业之前，我从来没有穿过袜子，下雨天我和弟弟都是赤脚上下学。在初中一二年级时，由于冬天做不起棉袄，我一直穿着姐姐穿过的旧花棉袄上学。每当排队上体育课时，因队伍颜色不一致，老师常叫我站在班级队伍的最后面（即女同学的后面）。

记得那是1952年5月初，我在小学读书，家里又遇到青黄不接的困境，一度断粮。有一天，我和弟弟上学时无法带上中午饭，只好空手去了学校，在中午放学吃中午饭时，有位带饭上学的同学告诉班主任刘宪忠老师说：‘王瑞元今天没有带饭，人不见了……’刘老师听到后，立即让学生跟他一起去寻找，最后发现我和弟弟在操场的墙角旁晒太阳。在了解了没有带饭的原因后，刘老师拉着我们兄弟俩的手直奔老师食堂。来到老师食堂后，刘老师让我们兄弟俩坐下，拿了饭菜票给我俩打饭买菜。饭后，我们兄弟俩眼含热泪，走到刘老师面前，低着头连声道谢。”

接着，他在发言中向同学们介绍了第二件难忘的事。“1956年7月，我初中毕业后打算报考中等专业学校，以便三年毕业后参加工作，早些为家分忧。当学校老师得知后，学校研究要做好我的工作，一定要让我报考普通高中，并决定保送我上全县著名的县办高中——无锡县梅村中学（现更名为无锡梅村高级中学，2004年被评为江苏省首批四星级中学），入学后会由学校出面做工作，争取做到学费全免，享受甲等助学金。经学校老师耐心细致的思想工作并征求家里的意见，我最后同意报考高中，但同时也向老师提出了我的想法，即不想被保送到梅村中学，想全力冲刺、报考江苏省的著名高中——江苏省苏州高级中学，学校老师当即表示同意。我不负众望，真考上了江苏省苏州高级中学。时间过得很快，眼看就要开学了，但由于经济拮据，究竟去不去上学成了家里的烦心事。经反复商议，最后父母亲下了决心，将我家后面的一棵参天大树（曾称之为王家的风水宝树）砍了卖掉，为我凑了路费和开学报到时必需的费用。没有想到的是，在开学前几天，学校团总支书记、班主任章公达老师把我叫到学校，一见面，就把他一个月的工资给了我（大约是29.8元钱），我从来没有见到过这么多钱，哪里敢要。最后，在老师的再三劝说下，我拿了5元，向老师磕了一个响头后，含泪告别了亲爱的老师。

几天后，我高兴地带着章老师给的5元、家里卖树的钱和一个小箱子、一条薄被子（没有垫被）来到江苏省苏州高级中学（以下简称苏高中）。

报到后，我走进宿舍并找到了一位睡双拼床的同学朱其安，与他合用一条垫被。直到高三勤工俭学时，我才用与同班同学陈海夫一起为新华书店售书所得的报酬买了一条垫被，这条垫被我一直用到大学毕业，并带它上了北京。尤其让我难忘的是，进苏高中后不久，初中母校以学校的名义，专门给苏高中写了一封信，介绍了我们家的有关情况，使我享受到了学费全免和乙等助学金（每月5.5元）的待遇。当时，学校丙等集体伙食费用每月5.5元，刚好够用。这些帮助激励着我努力上进，不久，我就担任了苏高中的校团委委员。"

最后，王瑞元饱含深情地向同学们讲述了第三件难忘的事。那是在高中二年级时，他为了购买一些必需的生活用品和学习用具，急需用钱，无奈之下，只好向姐姐求助。在一个星期六下午，王瑞元决定从位于苏州南门的苏高中步行去常熟农村的姐姐家，这样可以节省路费。他从苏高中出发，先步行约十五公里，到达苏州至常熟的公路，再沿公路步行五十多公里到达常熟南门汽车站，最后又步行了约二十公里终于到达了常熟兴隆乡杨荡村的姐姐家，此时，天已露白。王瑞元走了半天加一夜的时间，总路程约一百公里，虽然他从小爱劳动，平时勤于锻炼，身体素质好，但仍是累得浑身发软，当姐姐得知弟弟没有乘车而是步行来家的原因时，万分心痛，搂着弟弟失声痛哭。

据参加"研讨会"的同志们回忆，王瑞元当时讲述他在求学期间的这些人生经历时，常常哽咽流泪。在场的青年学生和校友听了十分感动，深受教育，最后报以长时间的热烈掌声，表达了对这位德高望重学长的崇高敬意。王瑞元不仅仅是把别人对他的帮助记在心上，而更重要的是，他把这种感激、感恩的情感化为前进的动力，不断提升能力、完善自我，全力推进中国粮油工业的现代化，以实实在在的工作业绩来回报帮助过他的人，回馈社会、报效国家和人民。

第三章

躬耕粮业：国家粮油体系建设实践

（1964—1994年）

第一节
粮食部履职初期（1964—1966年）

1964年7月，王瑞元大学毕业，即将踏上新征程。毕业临别之际，王瑞元的学弟好友——1960届油脂专业张瑞平同学（张瑞平：曾任江南大学副校长，1965年大学毕业后留校任教）送给他一本“文采”品牌的日记本，并在封页留言祝贺，王瑞元深受感动，一直把这个日记本保存至今。在张瑞平和众多老师、同学的激励下，王瑞元意气风发、豪情满怀，立志在工作岗位上做出成绩，并于1964年8月15日在张瑞平赠送的日记本首页上写下了一段自勉的话，全文如下：

在人生的道路上，我们已经有了一个良好的开端，愿我们永远朝着党指引的方向，更好地锻炼成长，更好地为人民服务。

要永远听党的话，读毛主席的书。在遇到每个重大问题需要决定自己的行动时，都要想一想党和毛主席是怎样说的。

我们这一代，是肯定要在阶级斗争中度过的，一定要坚持“兴无灭资”，以无产阶级思想武装自己，改造世界。

在我们的一生中，肯定会遇到各种各样的困难与挑战，甚至非常大的困难与挑战，在困难面前要勇于斗争、敢于斗争。

一个人的年龄是会逐渐大起来的，逐渐走向老年，但心境要永远充满革命朝气，生动活泼。

青年时代是人生精力最充沛的时期，千万要把握住这个“黄金时期”，更好地学习，更好地工作。“种瓜得瓜，种豆得豆”，任何收获都必须付出艰辛的劳动。

在任何情况下，都要防止骄傲自满、故步自封、夜郎自大，要牢记虚心使人进步，骄傲使人落后。

要有“坚定的革命意志，顽强的斗争精神，火热的阶级感情，严格的科学态度”等革命思想。

在走上工作岗位时，要善于拜人为师，善于不断取得新的进步，在为共产主义事业的奋斗中得到真正的幸福。

这份王瑞元在大学毕业、即将离开母校——无锡轻工业学院时写下的自勉书，真实地反映了他踏上新的人生旅程、筑梦启航的思想状况，也充分展示了20世纪50—60年代青年大学生积极投身社会主义建设、立志报国的精神风貌。回顾王瑞元同志为中国粮油工业现代化不懈奋斗60余年的人生经历，编者深切感受到，王瑞元正是按照他对自己的严格要求，不断进步、不断前进，做到了初心不改、言行一致、始终如一。

一、初入粮食部大院成为“粮食人”

大学毕业后，王瑞元被分配到中华人民共和国粮食部粮油工业管理局工作。根据通知要求（毕业分配通知书要求9月15日前报到），他于1964年9月12日带上大学期间使用的简单行李，在无锡火车站乘坐22次快车前往北京。经过约26小时的行程，9月13日上午8点多钟，火车到达北京火车站，他终于来到了心驰神往的伟大首都——北京，高兴、激动的心情无以言表。下火车后，王瑞元乘坐一辆三轮车，一路上看到了古老的城墙、前门、天安门、天安门广场、人民大会堂……雄伟的建筑、宽阔的街道、熙熙攘攘的人群等场景让他应接不暇，仿佛置身梦中，却又是那样的真实，他兴奋、自豪，忘记了时间和疲劳，在不知不觉中到达了位于广安门报国寺内的粮食部大院。

在访谈中，王瑞元深情地讲述了他入职粮食部、走上新岗位时的情景，虽然时隔60多年，但他对当时所发生的事仍然记忆清晰，对一些细节的介绍让编者如身临其境。

王瑞元走进粮食部大院后，很快就找到了粮油工业管理局，在办理完报到手续后，时任局办公室主任的康培心同志热情地接待了他，康主任告诉王瑞元，组织上对他的工作进行了精心安排，工作部门是局生产技术处，随后向他介绍了前来对接的生产技术处田广守处长。康主任对他说："小王同志，一路上辛苦了，今天先去宿舍整理、休息，明天开始上班。"局里的工作安排得非常细致、贴心，财务处一位同志将当月的工资发给了王瑞元；接着，办公室的刘瑞云大姐送他去单身集体宿舍。

粮食部大院面积较大，粮食部各机关处室都在此处办公。粮油工业管理局（以下简称粮油工业局）紧靠大院南门，而单身集体宿舍在大院北门外。在局办公楼门口，刘大姐推着一辆自行车，将王瑞元的行李绑在自行车上，二人由南向北穿过大院，向单身集体宿舍走去。刘瑞云是一位非常善良、热心的大姐，边走边向王瑞元介绍大院内的建筑及功能布局，刘大姐指着小院西边的几间屋子说："这是油脂局，与我们粮油工业局相邻"；推车北行，来到另一个小院，她指着位于东西两侧的建筑介绍道，"东边是基建司，西边是财会司"；继续往北走，他们进入到一个较大的院子，南面开阔的篮球场和北面的大礼堂映入眼帘，经刘大姐介绍，王瑞元得知，东边的一排房屋是粮油购销司和农管司的办公处，西边的一排房屋是储运司的办公处；再往北走，他们来到一个种满核桃树、枣树和柿子树的大院，刘大姐告诉王瑞元："北边的一排高一些的房屋是咱们部长沙千里、党组书记陈国栋副部长和其他副部长们办公的地方，东边的一排房屋是办公厅办公处，西边的一排房屋是政治部和人事司办公处"；最后，他们走进了最北边的一个院子，"紧靠北墙的几间房屋是刚成立不久的政策研究室办公处；东边的房舍中，有锅炉房、有洗澡的地方，外面可以打开水；西边一排大屋子是职工食堂"。一路走来，王瑞元头脑中立即就形成了粮食部大院整体布局的立体画面。

走出靠东北边的北门，一过马路，就是离粮食部最近的家属院，部里大多司局长都居住在这里，单身集体宿舍就建在紧靠家属院的北边，是一幢单排两层楼房。刘大姐带着王瑞元来到二楼紧靠楼梯的一间房，打开房门，把钥匙交给了王瑞元，并对他说道："这就是你的宿舍，今后生活上有什么事、遇到什么困难都可以找我。"送走了刘大姐，王瑞元回到宿舍，这房间约十五平方米，已打扫得干干净净，有两张单人床、两张桌子、两把椅子、两个小柜子等家具，可供两人使用。很巧的是，同时分配到粮食部粮油工业局生产技术处工作的同班同学也被安排在这间宿舍，他们合住了多年，感情深厚。初进粮食部大院，领导们的关心关爱和刘大姐的热心快肠，让王瑞元感到非常温暖，有一种回家的感觉，这也为他在后来的人生旅程中始终以粮油战线为家打下了坚实的感情基础。

天色已晚，两天一夜没有合过眼的王瑞元本应该早点休息，但从无锡出发来到北京以及到粮食部报到的一幅幅画面时时浮现在他的脑海，激动的心情久久难以平复。于是，他写下了长达一千多字的日记，遗憾的是那个日记本已丢失，但他还清楚地记得其主要内容，他在日记中写道："粮食部大院虽然没有高楼大厦，但占地空间宽广，环境优美，是工作、学习、生活的好地方……没有高楼大厦，体现了粮食部的勤俭朴素，艰苦奋斗……粮油工业局办公室的刘大姐待人热情，工作周到细致，让人感动，是我学习的榜样……从今天报到后起，我已正式踏上了工作征程，并已成为一名光荣的粮食工作者……粮食是百姓最关心、最重要的生活资源，是老百姓的命根子，为此，我要好好工作，努力为百姓吃饱饭多做工作，贡献力量……"

第二天清晨，王瑞元吃过早饭，没回宿舍就直接去了办公室，按粮油工业局的规定，职工8点上班，但他来到生产技术处时，才7点多钟，门还未开，于是他在院内边徒步锻炼边等待。十多分钟后，一位看上去快六十岁的长者（事后得知长者为张元舫，负责生产技术处俄语翻译和文件收发工作）打开了生产技术处的大门。王瑞元紧随其后，并向这位长者点头致意道："早上好！我是昨天刚来报到，分配在生产技术处工作的王瑞元。"张元舫热情地对他说："我们早就知道了，欢迎你来生产技术处工作。"简单寒暄后，张元舫带他来到一张办公桌旁（靠门边的油脂业务区域，摆放有六张办公桌椅）笑着说："你是搞油脂的，今后你就在这里办公了。"接着把事先准备好的笔记本及办公用具发给了王瑞元。不一会儿，生产技术处的二十多位同志陆续到达办公室，互道早安后，大家放下东西，一起忙着扫地、擦桌子、打开水……时间刚到8点，田广守处长指着王瑞元向处里的同志介绍道："这位是新来我处工作的，无锡轻工业学院油脂专业毕业生王瑞元同志。明天，他的两位同班同学谢阶平和沈则培也将来我处工作，我们对他们表示欢迎。"随即，掌声响起，场面热烈。

当天上午，蒋仲华副处长与王瑞元单独谈话，向他简要介绍了粮油工业局的业务范畴、运行机制及人员情况。通过介绍和了解，王瑞元得知：局长叶再元，湖北红安县人，曾与当时任国务院副总理的李先念同志一起参加革命，是走过二万五千里长征的老革命；副局长解景谦、赵希信都是早年参加革命工作的"三八式"干部（1937年7月7日—1938年12月31日参加革命并同时加入中国共产党的干部）。粮油工业局设有局长办公室、财务统计处、直属企业管理处、物资处、农村加工处（不久合并到生产技术处）、生产技术处六个处室。当时全局有93名工作人员，是粮食部业务部门中人员最多的一个司局，其中生产技术处有27名工作人员，是粮食部工作人员最多的处室，汇聚了全国多位懂技术、会管理的粮油工程技术人才。这些人才在面粉加工、大米加工、油脂加工和粮油机械制造等领域的管理和工程技术方面各有专长，是行家里手（生产技术处还设有一个化验室）。

以面粉加工为例，有全国面粉加工行业唯一的二级工程师——李凤夙，他是行业内受人尊敬的技术权威，也是部领导尊重的技术专家，享受小食堂（小灶）供应待遇；有四级工程师章学澄和何献芝（后来改为从事油脂加工）；有五级工程师张诚彬和八级工程师龚炳鑫（兼管化验室工作）；还有九级技术员、老江南大学毕业生陆锡华（1980年后任粮油工业局副局长）、胡尔仁（"文革"后调国家计委工作）以及祝锡中等同志，另外还配备有几位年轻技术员。在那个年代，这样的技术力量配备是许多行业中都不多见的。了解这些情况后，王瑞元深切感受到，粮油工业局是干部素质高、工作能力强、业务范围广、技术管理实力雄厚的权威机构，在这样的单位工作，是一生中最大的幸运，从此也坚定了他以这些老同志为榜样、勤于学习思考、努力工作、多做贡献，一辈子献身粮油事业的信心和决心。

二、良好的工作开端

忙碌的日子，时间总是过得很快，一转眼，王瑞元参加工作已近两个月，其间，他的主要任务是帮助老同志做些辅助性工作，同时，他充分利用好每一点空闲时间，收集与业务相关的各类资料，尽快熟悉业务，研读粮油技术书籍，不断提升专业能力。两个月后的一天，何献芝工程师给了他一份资料，并对王瑞元说："这是关于'利用硅胶管测定浸出车间空气中溶剂气体含量的方法'的资料，这种方法较为简便，国外有使用的先例，你好好阅读这份资料并作一些思考，然后我们再商量商量，是否也搞些试验。"几天后，王瑞元研读完资料向何献芝工程师汇报时，何工问王瑞元："小王，你觉得资料上关于利用硅胶管测定空气中溶剂气体含量的方法可行吗？你对搞这个试验感兴趣吗？"王瑞元回答说："从对资料的分析来看，该方法比较简单，制作硅胶管的方法也不是很难，我愿意在何工的指导下，参加试验。"何工非常高兴，坚定地说："太好了，我立即向蒋处长汇报，如果处里同意的话，我们就开始做准备，以你为主，首先要制作出一批硅胶管来，然后咱们一起去浸出油厂进行现场测定试验。"王瑞元心中暗喜，但同时也感到巨大压力，有些胆怯地向何工点了点头。

一周后，生产技术处的化验室收到了一小箱4毫米粗的空心玻璃管、与玻璃管相同规格的橡皮管、两大瓶硅胶土和一个抽气打气筒等做硅胶管的必备材料。在何工的精心指导下，王瑞元拟定了制作硅胶管的方案，经何工修改审定后，开始在化验室试做硅胶管。大约十天后，王瑞元就制成了

300多支16厘米长，中间装满硅胶，两头用橡皮管套封的玻璃硅胶管。何工仔细检查后，和王瑞元一起开始试验，他们用抽气管吸入含有汽油味的空气，然后缓慢地打入硅胶管，观察管内硅胶是否变色和变色长度等试验情况。试验结果令人满意，不仅能变色，而且随着吸入空气中汽油浓度的不同，硅胶管内硅胶的变色长度也明显不同。看到这样的结果，何工高兴地对王瑞元说："小王，从初试情况看，我们可以去工厂进行测定试验了。"

12月中旬，何献芝带着王瑞元先后去了辽宁省大连油脂工业总厂和吉林省四平植物油厂搞试验。一路上，王瑞元发现，各省粮油工业处和油脂加工企业对何献芝都十分尊敬，而何工每到一个企业，总是住在企业，自己买饭菜票在企业食堂吃饭，第一要务就是向接待人员说明来意并确定在该企业的工作时间安排。一到工厂，何工就换上工作服，带着王瑞元深入车间做试验，这种优良的工作作风，给刚参加工作的王瑞元留下了极为深刻的印象。在大连油脂工业总厂，王瑞元在何工的带领下，足足进行了半个月的试验。按照预先设计的试验方法、步骤，在油厂化验室人员的帮助下，每天深入浸出车间和其他相关车间的不同位置，按时定点地抽取空气，测定空气中溶剂的含量情况，通过多次重复测试，积累了大量数据，出色地完成了测定试验任务。与此同时，王瑞元与车间师傅和实验室的同志们建立了深厚的感情，尤其是结识了大连油脂工业总厂生产技术上的一把手——胡德滋工程师，成为忘年交。

结束了在大连油脂工业总厂的试验和工作后，12月31日下午，何献芝和王瑞元来到吉林省四平植物油厂，住在靠近生产车间的一间平房里，油厂专为他们安置了两张床和一些生活用具。第二天，正值1965年的元旦放假，但四平油厂生产车间仍然正常生产。下午三点左右，著名的全国劳动模范李川江同志来到了他们的住处，代表油厂职工看望何献芝工程师。从第三天开始，他们认真参观考察了油厂各生产车间并开展试验工作，王瑞元在油厂技术员胡庆贤（无锡轻工业学院1961届毕业生）的帮助下，顺利完成了利用硅胶管测定浸出车间空气中溶剂气体含量的试验测定任务。在四平期间，除了在油厂做试验测定工作外，他们与油厂领导、相关工程技术人员共同商议了四平植物油厂搬迁至打靶场的设想和初步方案，提出了许多建设性意见；还参观考察了四平周围的油脂加工企业（如八面城油厂等）、四平市的面粉加工企业和玉米粉加工企业等，历时18天，当他们回到北京时已临近春节。

回京后，王瑞元立即整理数据和试验情况，经过一周多的努力，撰写出了试验总结报告，经何工审阅修改后呈交给了局生产技术处。但遗憾的是，因王瑞元去劳动实习，一年多后调回北京参加“文化大革命”、去“五七”干校劳动，再去河北省赵县粮食局挂职锻炼等，待王瑞元回到部里工作已是1977年11月了，后续试验未能继续深化，定量试验也未能开展，但他们当时的方法，在定性测定油厂浸出车间溶剂气体含量方面仍具有重要意义。随着科学技术的突飞猛进，20世纪70年代末，国际上各类测定溶剂气体含量且精准度很高的仪器已不断涌现，测定溶剂气体含量的方法已经成熟。即便如此，这段刚参加工作时的科学试验经历仍让王瑞元受到了启迪、经受了磨砺，使他的工作有了一个良好开局。

三、粮食部无锡粮食机械厂生产实践

新中国成立后，党和国家高度重视年轻干部的培养，为了促进青年知识分子不断提高思想觉悟、丰富实践经验、增强体质、健康成长，1964年8月，中共中央、国务院专门出台了《高等学校毕业生劳动实习试行条例》，规定大学毕业生要结合专业劳动实习一年，体力劳动的时间不得少于8个月，其他时间应该适当安排政治学习、专业学习和参加必要的社会活动，劳动实习结束后再见习一年；还要求各部（委）安排开展劳动实习的大学毕业生人数占比，要达到本单位该届毕业生总数的50%。根据中央文件精神，粮油工业局决定，王瑞元在1965年春节假期结束后，立即去粮食部无锡粮食机械厂（以下简称无锡粮机厂）进行劳动实习和实践锻炼。

无锡粮机厂位于无锡市南门外，是由粮食部粮油工业局直接管理的中央部属粮食机械厂，其生产规模在全国著名的七大部属粮机厂中名列前茅。全厂职工800余人，主要设有铸工车间、冷铸车间、木工车间、金加工一车间、金加工二车间以及装配车间等，为正处级企业单位，党委书记严敏、厂长单芳德（后调任粮食部无锡粮食科学研究所党支部书记兼所长）为正处级干部。无锡粮机厂是以生产大型磨粉机、拉丝机和磨辊为主的大型粮食机械生产企业，全部产品由粮油工业局在全国范围内统一分配，以满足国内大中型面粉加工企业建设和更新改造的需要。

春节刚过，王瑞元就与粮食部北京粮食科学研究设计院陆光明、吴明、唐智（劳动实习期间调回家乡重庆工作）和冯国蕾等同志（1964届大学毕业生）来到无锡粮机厂，开展劳动实习和实践锻炼。报到后，人事科当即给他们安排好了住宿，住的地方是位于厂办公楼后面的单身职工宿舍，每间房约15平方米，放有4张双层床，可住8人，但一般情况下只安排5～6人住宿。王瑞元和陆光明、吴明被幸运地安排到铸工车间造型工许炳荣等师傅所住的宿舍。据王瑞元回忆，许炳荣等师傅思想觉悟高，勤劳、善良、朴实，他受益良多。劳动锻炼期间，王瑞元同宿舍的同志们结下了深厚的情谊，直至今天，还经常通过微信与许炳荣等联系并畅叙友情。

在简单收拾好行李后，人事科的同志告诉他们："你们都安排在铸工车间，除王瑞元在铸工车间大炉组外，其余都当造型工。一会儿你们可去劳保科领取工作服等劳保用具。今天先休息一下，熟悉一下环境，明天正式上班。"

第二天一大早，王瑞元吃过早饭，就身穿一套崭新的帆布工作服，脚穿一双厚皮鞋来到了铸工车间大炉组，没有想到的是，大炉组的工人师傅都已经早早来到了工作岗位，师傅们对王瑞元来大炉组锻炼表示了热烈欢迎。大炉组有5人，组长黄世龙，组员杜开安（铸工车间党支部书记，江苏省劳动模范）、马志伟、张锦文和高惠民，看上去每个人都身强力壮、英姿勃勃。铸工车间有65人，是全厂工作较脏较累的车间，而大炉组又是铸工车间最脏最累的工段。根据大炉组每隔一天开炉的实际情况，具体上班时间安排为第一天上早班，第二天上中班，早班要精心为第二天开炉做好全部准备工作，如清理炉渣，搪好并烘干冲天炉壁，敲碎生铁和废件，按比例配足生铁、焦炭等原料和辅料；中班即是大炉开炉之日，为提高铸件的质量和成品率，通过精心配料、严格上料加料、控制风压风速、确保铁水温度在1300℃左右。在当时的设备和技术条件下，这既是确保铸件质量的关键环节，也是确保磨粉机产品质量的重要一关。

在铸工车间工作，尤其是在大炉组工作，没有一个强壮的身体是无法胜任的，好在王瑞元从小就干农活，劳动锻炼多，且时年二十六岁、身体较为强壮，具备了在大炉组工作的基本条件。但他已有较长时间未参加过高强度的体力劳动了，两天下来，感觉全身酸痛。他深知，这是长时间不参加体力劳动的正常反应，只要咬紧牙关，坚持几天就能恢复正常。同组师傅们对他非常关心，在第三天早班的休息间隙，大家关心地问道："小王，两天下来你感觉身体吃得消吗?"王瑞元笑着回答："好长时间没有参加过这样强度的劳动了，全身肌肉感觉有些酸痛，但我能顶住，过几天就会好的，请师傅们放心！"杜开安书记还鼓励王瑞元说："好样的！只要再坚持几天，身体就能恢复正常，但这几天你可以少敲些生铁，注意腰部不要扭伤。"师傅们的关心、鼓励给王瑞元增添了信心和力量。

由于大炉组工作的劳动强度大，按照相关规定，国家对大炉工的粮食供应定量标准为每人每月40斤。在那个年代，每月40斤的定量已属不低，但因劳动锻炼时体力消耗大，王瑞元饭量大增，每月40斤的定量仍显不够，他只好在休息日赶回老家荡口（离无锡粮机厂约35公里），从家里取些大米回厂交给食堂，解决饭票不足、吃不饱的问题。

铸工车间的职工，平时都在一个大车间里工作，在休息和午餐时，大家来回走动，互相交往，亲如一家。经过一段时间的接触，王瑞元很快与铸工车间所有工种的师傅们熟悉起来，并逐步达到了亲密无间的程度。平时，王瑞元除了在大炉组工作外，还积极协助车间办好黑板报，积极参加车间党团组织举办的各项活动，没有任何大学生的架子，展示出较强的人格魅力，得到了大家的喜爱和夸赞。

劳动锻炼半年后，在老师傅的帮教下，王瑞元对大炉组的各项工作都较为熟悉，有些工作，如敲打生铁等重活、配料、开炉时的上料等，他甚至可以独当一面。

大炉组历来是铸工车间的先进班组，也是车间党支部书记杜开安所在的工作班组，开拓精神和创新能力都很强。班组经常围绕如何提高和保证铁水温度、节约焦炭、充分利用废品废铁替代部分生铁、提高涂料辅料的利用率、开发废热的利用等方面开展研讨并进行技术革新。在此过程中，王瑞元不仅从中学到了许多书本上学不到的知识，增长了才干，同时也能与师傅们一起动脑筋，帮班组出主意、想办法，提出一些好建议，这使他时常受到老师傅们的肯定和赞扬。也正因为如此，原定他在铸工车间大炉组劳动锻炼一段时间后，再去工厂其他车间轮换锻炼的计划安排被更改，主要原因是大炉组向厂领导提出要求，希望王瑞元继续留在铸工车间大炉组锻炼，有利于他们一起将大炉组一些技术革新的设想变为现实。就这样，王瑞元在铸工车间大炉组一直干到劳动实习和劳动锻炼结束。

1966年6月，厂里接到粮食部粮油工业局的通知，要求王瑞元结束劳动实习和实践锻炼，回京参加政治学习和“文化大革命”。命令如山，王瑞元眼含热泪，告别了大炉组和铸工车间的工人师傅们，告别了朝夕相处的许炳荣等同宿舍好友，依依不舍地离开了无锡粮机厂。

第二节
特殊历史时期的行业坚守（1966—1977年）

通过整理访谈记录并查阅相关资料，编者对王瑞元在“文化大革命”时期的工作经历以及参与并推动的一些重点工作有了比较全面的了解。

一、临危受命，稳定无锡粮机厂局势

1967年1月，元旦刚过，粮油工业局接到无锡粮机厂反映，厂内生产形势严峻，要求部里派人去厂里做工作。经研究，局里决定由叶再元局长带上王瑞元去无锡粮机厂稳定局势。元月中旬，叶再元局长和王瑞元先绕道武汉，再改乘轮船赶往无锡，经过四天的奔波，终于到达目的地。

来到厂里后，他们当即在厂里住下并了解情况。三天后，厂内举行大会，王瑞元代表叶再元局长上台讲话，遵照叶局长的指示，王瑞元走上讲台脱稿讲话道：“正值年初之际，这次叶局长来到无锡，是代表粮油工业局和叶老本人来看望大家的，同志们在过去的一年中辛苦了，祝大家新年好！粮食部无锡粮机厂是专为全国面粉行业提供重要装备的著名企业，产品供不应求，企业声誉极佳。三天来，一些干部、职工和群众组织的代表到叶老住处，介绍情况并阐述自己的观点和要求，得到局长的支持。这里，我们想表明一下态度，鉴于叶局长才来三天，了解的情况还很不全面，因此，我们不会先入为主、抱任何成见。”当王瑞元讲完话并走下讲台时，会场没有嘘声和相互争吵的声音。王瑞元在回忆这段经历时，对编者说，当时出现这种情况是不容易的，可能与他在无锡粮机厂劳动锻炼并结识了许多好朋友有一定的关系，大家都比较信任他，给了他很大的面子。

在厂里的日子里，叶局长带着王瑞元几乎走遍了全厂每个角落，看望大

家并与干部、职工谈心。半个多月过去了，他们理应返京过春节，但有些群众组织发声："不能放局长走，局长什么时候走要得到大家的许可……"鉴于这种情况，他们在无锡粮机厂一直工作了一个多月，帮助厂领导反复做好群众组织的思想工作，在全厂局面逐步趋稳后，才离开无锡返回北京。当他们回到粮食部大院时，已是2月中旬了。

二、留在"粮食组"抓业务工作

随着"文化大革命"运动的不断深入，积极开展业务工作也显得越来越迫切。为做到两不误，自1968年8月下旬赴中央各部委的大部分干部去了"五七"干校，粮食部留下50多名同志主抓粮食购、销、调、储、加等业务工作，这个业务班子统称为"粮食组"，原粮食部财会司司长许配厚同志担任粮食组负责人。根据业务分类和管理范围，粮食组下面又分设了几个具体的业务组。当时，粮油工业局留在业务班子的9位同志都分在了粮食组内的业务二组，人员组成情况为：副局长解景谦为业务二组负责人；生产技术处制粉工程师陆锡华、大米加工工程师宋俊泉和从事油脂加工的王瑞元分别负责米、面、油加工方面的业务工作；负责物资和直属粮机厂管理的有钱富康、高景晖和刘宝光；负责财会和统计工作的有马克辛和张子中。

1970年，原商业部、粮食部和全国供销合作总社合并为新的商业部，粮食组也随之搬至国务院机关事务管理局管辖的西单大楼办公。合并后的新商业部在1971年后，各项业务工作的分量开始不断加重，这为王瑞元积极参与推进粮油工业发展提供了施展才华的重要舞台。

留在粮食组抓业务工作期间，王瑞元积极推动、亲自参与并组织召开的两次全国油脂工作方面的会议，对推动中国现代油脂工业发展具有重要意义。

针对当时我国食用植物油供应紧缺的实际，王瑞元在解景谦的带领下，先后到湖南、江苏等省进行了深入细致的调查研究，发现推广应用浸出法制油、大力开展米糠和玉米胚芽榨油、推广应用大豆低温榨油后的饼生产豆制品等是油脂工业增效增产的有效途径。于是，决定在抓好典型、总结经验的基础上，适时召开“全国增产油脂经验交流会”。解景谦带领王瑞元等通过研究调查，发现湖南省在利用米糠榨油方面做得最好，湖南总结出了一套提高米糠榨油出油率的成功经验，很有推广应用价值。

经与湖南省粮食局商量，并报部领导批准，商业部于1972年5月26日—6月9日，在湖南长沙召开了具有里程碑意义的“全国增产油脂经验交流会”。会议商讨了在当时形势下如何为国家增产油脂等重要问题，效果好、影响大，闻名业内。参加会议的有各省、自治区、直辖市粮食部门负责粮油加工工作的同志和基层企业及科研单位的代表共195人，会议历时12天。会上，各地交流了自力更生增产油脂的典型经验，提出了增产油脂的计划，并制订了具体措施，明确了任务，鼓舞了干劲。代表们一致表示，要千方百计为国家多增产油脂，为社会主义建设做出新的贡献。

会议期间，经与各地协商，1972年全国增产油脂计划为87000吨（当时，这是一个不小的数字），其中米糠油40000吨，玉米油、低温压榨大豆油、野生油料油脂等其他油脂29500吨，浸出法制油增产油脂17500吨。为完成上述任务，会议要求各地必须做到统筹兼顾，全面安排，还提出了如下主要措施。

一，要积极开展米糠和玉米胚榨油。中国是一个产粮大国，大米和玉米加工厂的副产物米糠和玉米胚资源十分丰富，榨油潜力很大，特别是南方水稻集中产区，一方面有丰富的米糠资源，另一方面又缺油脂，立足本地区把米糠榨油积极地开展起来，可缓解油脂紧缺的局面，是一条投资少、见效快的捷径。北方是玉米的集中产区，玉米胚过去几乎没有被很好地利用，浪费很大，把玉米胚资源利用起来是一笔很大的财富。利用米糠和玉米胚所制得的油脂，都是亚油酸含量较高且富含维生素E的食用油。把生产出来的毛油要尽可能地通过精炼，直接用于食用，弥补食用油供应的严重不足。

二，所有棉产区都要提高棉籽用于榨油的利用率。除留下足够的种子外，无论是国营油厂加工的，还是留在农村加工的，棉籽都要被充分用于榨油。针对部分地区食用毛棉油出现烧热病和男性不育症等现象，会议要求，毛棉油必须经过精炼后才能食用。

三，各大中城市都要积极推广大豆低温榨油工艺，并利用其豆饼制作豆制品。已推广的地方要继续巩固提高，还没有推广的地方要积极试验，取得经验，逐步推广，同时，要切实保证豆制品的食用品质。

四，要采用先进生产技术增产油脂。要有计划、有步骤地发展浸出法制油。浸出制油是先进的制油方法，与压榨法相比，可增加2%～4%的出油率。根据国家财力和浸出技术水平的实际情况，新建浸出油厂（车间）要全面规划，统筹安排，经过试点，取得经验，逐步推广，防止一哄而上，不可把战线拉得太长。要采用“预榨–浸出”工艺；要坚持“自力更生”的方针，既要考虑建厂需要，又要根据国家资金和物资供应的可能，集中使用资金、材料、设备；做到建成一个，投产一个，巩固一个，见效一个。对于建成投产的浸出油厂（车间），必须保证油和粕的质量，降低粕中残油，减少溶剂消耗。工厂必须有安全措施，严格执行安全制度，严守安全操作规程，确保安全生产。

五，加强野生油料的收购和加工利用工作。各地都要把采集收购野生油料的工作提到议事日程上来，充分利用野生油料资源制油。还没有开展野生油料收购工作的地方，粮食部门要主动与有关部门协商，确定收购管理机构，收购价格不合理的要适当调整。没有规定价格的，经过调查，由省、自治区、直辖市确定合理的价格。收购的野生油料，要及时加工，防止其霉烂造成损失。已加工的野生植物油，原则上由各省、自治区、直辖市管理使用。如果因军工、出口需要，可临时与各地协商。

六，要充分发挥现有设备作用，提高出油率。所有油脂加工厂都要在保证质量的前提下，进一步提高出油率，把出油率作为重要考核指标来抓，为国家多出油，出好油。出油率没有达到本厂历史最高水平的，要积极采取措施，迅速使出油率达到和超过本厂历史上的最高水平；出油率一直停留在较低水平的，要发动群众找原因，提措施，尽快赶上先进水平。

七，大搞技术革新和科学试验。要广泛发动群众，发挥群众的智慧，充分挖掘现有生产设备潜力和物质资源，努力改进加工工艺和设备，不断利用新技术、新工艺和新设备，改善劳动条件，减轻劳动强度。要破除迷信，解放思想，积极开展专业技术人员和群众相结合的科学研究试验活动。对已试验成功或正在试验的一些科研项目，各地要及时组织总结交流。

针对油脂制取工作急需解决的一些重要技术问题，会议提出六个课题，要求油脂科技工作者和工程技术人员克难奋进、勇攀科技高峰，快出成果并推广应用。这六个课题分别是：①研发棉籽饼、菜籽饼（或粕）脱毒后用作饲料的技术；②小型浸出工艺及设备的选型、定型和配套；③改进200型榨油机；④研发野生油料制油技术；⑤研发油料、油脂的储藏保管技术；⑥研制适合于农村粮油加工的设备。

八，开展综合利用。综合利用大有文章可做。粮油加工企业凡有条件的，都要积极开展粮油副产品的综合利用，做到“本业为主，多种经营”。综合利用的重点要放在支援农业生产和节约粮油上。油厂的综合利用，着重是对油脚、皮壳和饼粕的利用。米糠制油以后，对糠饼（粕）的利用，要着重饲料的供应，不能浪费资源作为他用。开展副产品综合利用，要贯彻“自力更生”方针，原料要立足本厂、本地区资源；厂房、设备、动力和技术力量，要根据本厂现有条件；生产的产品须经有关部门鉴定合格后再扩大生产；要加强领导，全面规划，防止盲目性，防止单纯追求产值；要注重实效，要考虑到销路，避免造成浪费。

会议还对整顿和加强企业管理，积极支援农业等工作提出了要求。会后，发布了《全国增产油脂经验交流会纪要》（见附录一），经全国粮食工作会议讨论修改后，商业部向全国各地印发了《全国增产油脂经验交流会纪要》，全国油脂工业战线上的广大干部职工受到很大的鼓舞，精神振奋、干劲倍增。这次会议为20世纪70年代我国油脂工业的快速发展创造了一个良好开端。由于浸出法制油与机械压榨等传统制油方法相比，具有出油率高、生产效能高等明显优势，长沙会议后，各地对发展浸出法制油的热情很高。在国家计委支持下，全国浸出油厂（车间）的发展如雨后春笋。至1974年年底，仅两年多时间，全国粮食系统已有浸出油厂（车间）298个，在1960年以来的20多个基础上，新增加了270多个。虽然发展势头很好，但人才、技术和管理跟不上形势的发展，产品质量和安全生产形势严峻。

为进一步推动“增产油脂”工作和油厂安全生产工作，商业部于1974年9月10—21日在河南新乡召开了“全国粮油加工技术经验交流会”。

这次会议是继1972年长沙会议后，商业部再次召开的一次重要的全国粮油工作业务会议，主要针对当时浸出生产中存在的问题，着重围绕如何改善浸出油和粕的质量、改进工艺条件和提高技术经济指标、加强油厂（车间）的安全生产等方面的工作，进行了经验交流和深入研讨。会上特发了由王瑞元同志整理编写的浸出油厂（车间）事故实例五十二条。

会议组建了由王瑞元、曲永洵、李奕生、谢锡怡、窦龙源等人参加的“油脂浸出技术小组”。该小组针对当时混合油蒸发容易发生液泛、管壁结垢，成品油、粕中残溶高等问题，出台了《有关提高浸出油、粕质量的意见》。其中提出：①混合油需预先通过5%浓度的食盐水层（水层高度400～500毫米）过滤，以除去混合油中粒屑等杂质；②浸出油脱溶前要先经过水化脱磷处理；推荐真空脱溶工序的操作参数为真空度不小于8千帕，温度不低于140℃，脱溶时间不少于2.5小时（以油温达到140℃时开始计算时间），直接蒸汽压力为0.1兆帕左右（油温达到100℃时开始喷汽）；③豆粕脱溶需加强蒸炒设备以破坏尿素酶，并将豆粕蒸熟后方可出厂；④粕中残留溶剂的检查，采用引爆试验，无闪燃现象为合格。会议还颁发了“油脂浸出技术小组”起草的《浸出油厂（车间）安全注意事项》，从安全管理（22条）、电氧与防雷（6条）、安全操作（9条）、检修（5条）四个方面提出了具体要求。

事关中国现代粮油工业发展的长沙会议和新乡会议，是在“文化大革命”尚未结束的情况下召开的全国性粮油业务工作会议。当时留在业务班子中搞油脂加工的只有王瑞元一人，为开好这两个会议，王瑞元承担的工作量之大，遇到的困难之多不言而喻。但王瑞元从不害怕，敢于担当，无论是会前的调研、会议策划、会议组织协调工作，还是会议各类文字材料的收集整理和预审、重要报告和文件起草等工作，他都精益求精、力求做得最好，为会议取得成功倾注了大量心血，做出了重要贡献。尤其是王瑞元注重深入实际，调查研究，抓典型、树样板，通过学习和收集大量资料，用无数个不眠之夜并经过反复征求意见和修改，撰写了高水平的大会主旨报告和总结讲话稿等。

新乡会议后，按照国务院的批示，“四部一院”对“吉林省用浸出法生产的豆粕含有较多毒质”问题进行调查，调查结果报经国务院同意后转发全国，从而平息了当年那场涉及面较广的浸出法制油风波，使刚刚兴起的浸出法制油免于夭折。王瑞元积极参与此项工作并发挥了重要的作用。

20世纪70年代前期，粮油行业内新建成一批浸出油厂，受当时技术水平、物资供应的限制，有些油厂生产部分产品出现质量问题，反映较为集中的问题是食用浸出油溶剂残留偏高、豆粕夹生或残溶含量偏高等，这些问题给食用油风味和粕的饲养效果带来较大的负面影响，群众意见较大。出现问题的地区主要是吉林和辽宁两省，诸如饺子咬开有汽油味；饲养的鹿、马吃了生豆粕后出现消瘦、脱毛、拉稀等现象。这种现象导致一些人开始怀疑浸出油粕中含有有毒物质或致癌物质，把浸出法生产产品的技术及管理问题绝对化，归罪于浸出法制油，要求停止用浸出法生产食用油和粕。鉴于此，新乡会议之后，根据国务院的批示精神，商业部会同卫生部、农林部、石油化学工业部和中国科学院等单位，组织联合调查组，对“吉林省用浸出法生产的豆油含有较多毒质”问题进行了调查，根据当时的调查资料和化验结果，调查组于1976年1月22日向国务院呈送了调查报告，经国务院批复同意，同年3月1日由“四部一院”转发全国各地，报告结论如下。

用浸出法生产的豆油和豆粕，其中残留的苯类尚不至于引起中毒。但有的残留溶剂较高，有汽油味，群众有反映，可以通过改进工艺，增加部分设备，严格执行操作规程等措施加以解决。豆油异味、冒烟等质量问题，在精炼过程中，采用水化、高温负压脱溶处理，也是可以解决的。

对于豆粕残溶较高，豆粕夹生，牲畜吃了出现的脱毛、消瘦、流产、死亡等不正常现象，主要是由生豆粕中含胰蛋白酶抑制素、红细胞凝集素等有毒酶类造成的，经过蒸熟，毒素可以清除。

另外，“关于浸出法生产的豆油中含有致癌物质3,4–苯并芘”的问题，卫生部、商业部曾于1973年对土榨、机榨、浸出法生产的食用植物油分别进行了化验测定，结果都含3,4–苯并芘，而且含量都差不多。据资料报道，由于大气及水土的污染，很多食物中都含有不同程度的3,4–苯并芘。食品在加工过程中受到烟熏等污染，也能使3,4–苯并芘的含量增高。调查组认为：“目前存在的一些问题是由于设备不配套，操作未按要求的原因造成的，并不是浸出法工艺本身的问题。”调查组最后提出：“对浸出法生产的食用油，要尽快制定工艺标准；各省、自治区、直辖市对浸出油厂的生产情况进行审查，达到要求的可以继续生产；目前封存的浸出油，要经过主管部门严格检验，凡符合粮食部颁发的食用油质量标准且没有溶剂气味和酸败等异味的，可以继续供作食用；为保证浸出豆粕的质量，所有浸出油厂都要设有豆粕蒸熟设备。”

这次“吉林省用浸出法生产的豆油含有较多毒质”的风波，涉及面较广，几乎使刚刚兴起的油脂浸出工艺濒于夭折。“四部一院”的调查报告，实事求是地反映了当时的客观情况和问题，实际上是给浸出法制油平反正名，扭转了当时的被动局面。同时，也对油脂工业战线上的管理人员、科技人员和生产人员起到了警示作用，提出了新的更高要求。

三、处理辽宁开原浸出油厂安全生产事故

“文化大革命”时期，在粮油行业一些生产企业“政治挂帅”取代了专业管理，安全生产管理严重弱化，设备老化与维护缺失，工人安全教育

与培训荒废，安全生产形势严峻。作为安全风险高的浸出油厂如果安全管理跟不上，就很容易发生安全生产事故。1972年12月4日，辽宁省开原浸出油厂（生产并运行了多年的浸出油厂）发生了重大安全责任事故。当日下午交接班后，中班看泵青年工与装料青年工未经班长同意，擅自互换工作岗位。由于操作不熟悉，原看泵青年工将二号罐（该厂采用的是罐组式浸出器）的料坯装满后，未给信号就打开一号罐的阀门，将混合油压往二号罐，却忘记了打开二号罐的阀门，致使一号罐内的压力和通往二号罐的管道内压力增大，当考克（旋塞阀门）芯子脱出时，混合油大量喷出，瞬间，车间内就充满溶剂气体，两名青年工当即昏倒。消息传到全厂，工人们纷纷奔向浸出车间救人。抢救时，有人高喊："快停车"！在慌乱中，有位工人按错了电钮，由于负荷过量，配电盘闸刀开关保险丝被烧断，产生火花，而引起爆炸，造成58人伤亡的重大人身伤亡事故（全厂258人）。事故发生后当即传到商业部，根据部领导的指示，粮食组业务二组的解景谦副局长带着王瑞元，连夜乘运输飞机经天津再到沈阳，在辽宁省粮食局工业处处长的陪同下，当夜赶到了开原浸出油厂。来到厂里后，他们直奔现场，呈现在他们面前的是一片惨状，到处血迹斑斑，惨不忍睹。随后的六天里，解副局长和王瑞元协助当地政府做了大量的善后工作，例如，积极抢救受伤者、耐心安抚家属、妥善安葬死亡的同志、指导并督促厂里迅速整改等。六天后，解副局长和王瑞元回到了北京。回京后，王瑞元就病倒了。

王瑞元在回忆中谈到，此次安全生产责任事故给他留下刻骨铭心的印象，也使他深受教育，他也从此认识到，搞好安全生产是浸出油厂（车间）的头等大事，安全生产大于天。此后，他通过实地调研并收集资料，编写了五十二条事故实例，最后汇编成册《浸出油厂（车间）事故实例》（见附录二），发给全国各地浸出油厂（车间），以便大家作为前车之鉴，吸取血的教训，确保浸出油厂的安全生产。

四、开展国际油脂科技交流拓宽视野

20世纪70年代以前，受国际上发达国家对我国实施技术封锁的影响，加之我们一些同志存在极左思想，我国对外科学技术交流很少。1970年以后，随着国际关系缓和，中国逐步融入全球技术体系，技术封锁的坚冰最终被打破，我国对外技术交流等活动也逐渐得到恢复。为学习国外先进技术，经领导批准，王瑞元曾两次以北京市油脂公司科长的身份（对外用），在北京组织了由曲永洵等国内著名油脂专家参加的技术座谈，取得了良好的效果。

1973年4月，英国工业展览会在北京展览馆举行，其间，王瑞元组织专家与参展商英国罗斯唐斯公司进行了技术座谈。英方主要介绍了有关表面活性剂法炼油技术、螺旋压榨机技术、连续浸出技术、连续脱臭技术以及700系列轧坯机等技术。通过座谈，我方了解到利用二甲苯磺酸钠作为溶剂分离油中游离脂肪酸，是一种精炼得率高的方法，但其工艺复杂、较难推广；了解到了罗斯唐斯榨油机的性能及其进料、夹饼机构，很有参考价值；新的脱臭塔板结构，可使效率提高一倍；罗斯唐斯新的轧坯机轧辊材质优良，轧辊表面线速快，比我国同样规格的轧坯机产量高出4倍。

1974年4月，王瑞元组织国内专家在北京与日本丰年制油公司进行技术座谈。日方主要介绍了该公司于1971年建成的日处理1200吨的“清水工厂”的情况，详细介绍了原料入库、前后处理、浸出、精炼等工艺及设备，以及有关管理、安全生产等经验。通过座谈，在场的同志第一次了解到一个日处理1200吨浸出油厂的全面情况，每个工段都有详细的工艺流程和设备，对国内的油厂设计很有参考价值。同时，也让大家对一个大豆油厂的自动控制、安全生产管理、消防设施、废水处理等方面有了比较全面的了解，使大家对国际制油技术的先进水平有了清醒的认识。

这些技术交流和座谈，拓宽了同志们的视野，使王瑞元深刻认识到我国油脂工业与国外油脂工业在先进制油技术上的差距，增强了加快发展中国现代油脂工业的紧迫感和责任感，这也为他后来大力推进国外先进制油技术引进、消化吸收并结合实际自主创新奠定了坚实的思想基础。

五、到“五七”干校劳动锻炼

随着商业部机关工作日趋正常和部内机构设置的变化（商业部于1975年恢复了粮油工业局建制），在粮食部固安“五七”干校劳动锻炼的原粮油工业局干部分批调回商业部粮油工业局工作。

按照部里的要求，原留在业务班子工作的同志需下“五七”干校劳动锻炼。于是，王瑞元于1974年底来到商业部小汤山“五七”干校，开始了劳动锻炼生活。与王瑞元一同参加劳动锻炼的，有留在业务班子负责商业、粮食和供销等工作的干部30多人，他们分在同一连队，主要从事豆粉生产和养猪。连队分为三个班，即豆粉生产一班、豆粉生产二班和养猪班。林永清（曾任商业部核心小组成员）任连指导员，王瑞元任连长，重点抓豆粉厂工作。

豆粉生产主要在一个设有四台圆盘式粉碎机的豆粉车间内进行。豆粉厂每天下午2点上班，晚上10点左右下班，每天加工生产4吨大豆豆粉，并于第二天上午装车后分送到北京市内的各家用户，再从指定的粮库拉回大豆。当时，劳动强度还是比较大的，分送豆粉到各家用户以及装卸180斤重的一麻袋大豆，对一个机关干部来说也是一个很好的考验和锻炼，加之王瑞元在农村干过农活、在工厂抡过大锤，且经常锻炼，身体强健，对于这些工作，他完全能够胜任，总是抢着干，发挥了一个连长应有的带头作用。在豆粉厂劳动锻炼期间，王瑞元发现生产车间没有安全生产操作规程，且车间内噪声震耳，影响操作人员健康，为确保安全生产，王瑞元为豆粉生产车间制订了安全生产规程，该规程一直到“五七”干校豆粉厂不再生产豆粉时才废止，同时，他还对圆盘式粉碎机的减震装置作了改进，从而有效地降低了车间里的噪声。

在“五七”干校劳动锻炼期间，王瑞元在北京是单身一人，每逢休息日和节假日，他从不休息，总是带头值班。此外，只要有空，他就前往养猪场，帮助年长体弱的同志，特别是帮助女同志一起拌料喂猪，清理猪粪。其间，他还学会了杀猪，为干校食堂提供猪肉。他的朴实勤劳、乐于助人和善于钻研的品格，得到了同志们的高度赞扬。

光阴似箭，日月如梭。一转眼，在“五七”干校一年的劳动锻炼就要结束了。此时，部里传来了两个好消息，一是由于商业部内设机构做了较大的充实调整，为适应事业发展尤其是业务工作的需要，充实干部队伍被提到重要议事日程，特别是恢复设立的粮油工业局急需补充专业型党员领导干部；二是根据中央精神，为培养年轻干部，商业部决定让一些年轻干部下基层挂职锻炼。得益于党组织的培养，加之王瑞元十分勤奋努力、各方面表现优异且专业对口，领导上给了他人生中个人成长发展的两个重要机遇：10月下旬，王瑞元被商业部任命为商业部粮油工业局技术处副处长，同时，他也幸运地成为下基层挂职锻炼的年轻干部之一。从后来取得的业绩证明，王瑞元很好地把握住了这两个重要机遇。

六、到河北省赵县粮食局挂职锻炼

根据商业部的决定，王瑞元与田玉兰、王魁才等五位年轻干部被安排到河北省石家庄市的粮食、商业等相关县局，进行为期两年的挂职锻炼。五人中，王瑞元分配到赵县担任粮食局副局长，其他四位同志被分配到石家庄的县商业局担任副局长。

1975年11月5日下午1点左右，他们乘坐火车离开北京，下午3点左右火车到达石家庄站。下车后，赵县粮食局的孙福全局长十分热情地与王瑞元握手，并一起乘坐运货的大卡车直奔位于东南方向的赵县（直到两年后，王瑞元挂职锻炼结束时，赵县粮食局都没有配置过一辆小车），一个多小时后到达赵县粮食局。此时，许多员工纷纷走出办公室，孙局长对大家说：“这就是从北京来的王瑞元同志，大家欢迎。”随后，办公室主任张宪法领着王瑞元走进了院内一间与会议室相通的屋子，屋子里放有一张床、一张桌子、一把椅子、一个柜子、一个洗脸架、一个洗脸盆和一个热水瓶，张主任告诉王瑞元："这就是您的办公兼居住的房间"，接着指向会议室对面的一间屋子说道，"那是我办公兼居住的屋子，我们是邻居，有事随时可叫我。"王瑞元很快把行李打开并简单地收拾了一下，此时，天色已晚，张主任带着王瑞元来到职工食堂，买了饭菜票，食堂管理员给王瑞元配发了大小不同的两个碗、一双筷子和一把调羹，大碗可是真大，足可以装二斤米饭，这对饭量大的王瑞元来讲特别适用。不一会儿，员工们纷纷来到食堂就餐。王瑞元买了一两玉米糊、一碗烩菜（每餐只有一个菜品供应）和两个馒头，跟着大家一起走到院子里，蹲在地上吃晚饭。经了解，王瑞元得知，由于食堂没有用餐的地方，天气好时，员工们蹲在院内的地上边吃边聊天；天气差时，大家打饭后回到自己的宿舍或办公室用餐。

晚饭后，王瑞元当即开始工作，在会议室向张主任了解局里的人员配备情况。张主任告诉王瑞元："局里办公人员不多，按照编制要求，目前只有20人，即正副局长3人、办公室2人、计划调运股3人、购销股3人、储藏加工股3人、财会股3人、食堂及保安人员3人。粮食局在全县27个公社都设有粮站，其中城关粮库因设有面粉加工厂、杂粮加工车间和粮食运输车队，所以人员最多，有90人左右；另外，范庄公社的范庄粮站，也设有小型粮食加工车间，人数有50人左右，其余26个粮站以收购、代贮和保管粮食为主要业务，所以原则每个粮站只配备5人左右。"张主任还告诉王瑞元："局里工作的20人，除了我和另一位同志的家在城关外，其余18人的家都在农村。所以平时大家都不回家，住在局里的职工宿舍。我离家很近，只有一里多路，但平时大多时间也都住在局里。"听完张主任的情况介绍后，王瑞元被职工们这种以单位为家的精神所深深感动。

来到赵县粮食局的第二天，局里就召开了由各粮站站长、城关粮库主任和局里各业务股股长参加的工作会议。会上，孙福全局长向大家简要介绍了王瑞元副局长的基本情况，也把参会的同志向他一一作了介绍，同时，代表大家对王瑞元来赵县粮食局工作表示热烈欢迎，希望大家对王副局长的工作给予大力支持。接着，办公室主任张宪法向大家宣布了局领导班子关于王瑞元副局长工作分工的相关决定，王副局长的主要工作是配合孙福全局长主抓赵县粮食局的全面工作。从此，王瑞元同志在赵县粮食局挂职锻炼正式开始。

了解并熟悉情况、尽快进入角色，是王瑞元到赵县粮食局后思考的首要问题。经反复考虑，王瑞元理清了工作切入点的思路，即了解并加快熟悉赵县的人口、土地、主要产业、粮油作物和经济作物种植等基础情况，全县粮食生产、收购、销售等有关历史资料；学习并把握好近两年来赵县粮食局的年度工作总结报告；在此基础上，再听取各业务股有关工作情况的介绍，然后到各个粮站去看一看。

第三天一上班，王瑞元就向孙局长汇报了自己的想法，孙局长听后很高兴，对王瑞元说道："你的想法很好！全县有关情况的历史资料，我让宪法同志帮你去找，至于找各股股长了解有关业务情况，我让宪法同志马上通知各业务股做好准备，并让他们在汇报时，也报给你一份书面材料。"张宪法主任的工作效率很高，不到中午十二点，就把一摞资料送到了王瑞元手中。王瑞元花了三天时间，对这些资料进行学习消化，在认真查阅的同时，对重要内容和关键数据都做了摘录。接着，王瑞元又用整整一天的时间，认真听取了各股股长关于本单位业务工作开展情况的介绍。通过上述的初步调研，王瑞元对赵县的粮食工作有了初步了解，为开展下一步工作创造了条件。

一个星期过去了，此时正是全县粮食收购入库的高峰期。孙局长、王瑞元和购销股长，用了一个多月的时间，骑着自行车走完了全县27个粮站，与当地公社负责人见面并争取支持。在这段时间，他们吃住在粮站，和粮站的同志一起收购粮食并给送粮的农民端茶送水，当他们回到县局时已临近元旦，全县的粮食收购工作接近尾声，局里下基层帮助粮站收购粮食的几位同志也陆续回到县局。

粮食局的干部平时工作、吃住都在一起，亲如兄弟姐妹，大家分别已有一个多月，相见时分外亲热、互致问候，同志们对王瑞元道："王局长您晒黑了，辛苦了。"王瑞元倍感温暖，笑着回答："大家都一样，你们也辛苦了。"

赵县地处华北大平原，全县没有一处山地和丘陵，地势平坦，土地肥沃，水资源较为丰富，很适合发展粮棉油生产。当时，全县约有40万人口，拥有耕地50多万亩，粮食作物以每年一季的小麦和每年一季的玉米为主，经济作物以种植棉花为主。每年小麦收割完后，约有五分之一的耕地种植棉花，五分之四的耕地种植玉米，全县几乎没有种植油料作物，农民零星种植的花生、大豆只能作为食用，尚不能成为油脂生产的原料资源，只有棉籽才是全县唯一的榨油原料。20世纪70年代，赵县是粮食产量超过亿斤的粮食生产大县，每年上缴给国家的粮食为社会主义建设做出了贡献。赵县盛产雪花梨，还拥有国家重点文物保护单位赵州桥，这也是赵县享誉全国的两张靓丽名片。

俗话说："七九河开，八九雁来，九九加一九，耕牛遍地走。"1976年春节已过，天气渐暖，大地回春，麦苗开始返青。为了解麦苗长势，王瑞元在购销股长的陪同下，再次骑车走遍全县各粮站，与粮站的同志以及公社的粮管员一起，白天观察当地麦苗的生长情况，晚上与大家根据小麦长势，分析预测小麦收成。大家认为，1976年是个正常年景，在保持去年水平的基础上，全县小麦总产量会略有增长。听了大家的分析后，王瑞元感到很有道理，深受启发。

清明前后，麦苗开始拔节分蘖。五月中旬麦穗开始长出，五月下旬麦穗籽粒逐渐丰满，随即麦穗变黄，六月初，放眼望去，一株株金黄的麦穗颗粒饱满，麦浪随风摆动，一片丰收景象，分外喜人。芒种临近，农民兄弟们准备开镰收割，粮站腾出库房，清理、消毒，迎接农民兄弟们向国家缴纳爱国粮。芒种到了，开始收割麦田，粮食局和其他县直机关的干部纷纷下乡，帮助农民兄弟收割小麦。当年夏收，王瑞元与部分粮食局干部一起来到了离县城不远的新寨店粮站，帮助当地农民收割小麦，直到麦收基本结束。接下来，他就一心扑在夏粮的收购工作中，帮助粮站的同志们收购小麦，一直到小麦收购入库工作接近尾声才回县局。

当时，若能较为准确地预估粮食产量，对粮食部门在人、财、物方面提前做好粮食购销入库等准备工作有着重要意义。经实打实的统计，当年赵县小麦产量比1975年增产了150多万斤，与大家预测分析的全县小麦总产量十分吻合。王瑞元对基层粮食职工不辞辛劳、在实际工作中不断积累经验并做出准确预测的优异表现十分钦佩，他也从中学到了许多知识，同时，对“实践出真知”有了更深刻的理解。

夏去秋来，赵县全境棉花、玉米长势喜人。王瑞元和经验丰富的孙福全局长、购销股长、粮站的同志以及公社粮管员等，对秋收形势做了认真分析，大家认为当年全县棉花杀虫及时、受棉铃虫的危害影响较往年小；全县玉米比往年多浇了一次水，长势比较均衡，没有发现大面积苗情不好和倒伏的现象。鉴于以上情况，大家预测，只要后期没有大的风雨灾害，当年全县的玉米、棉花收成会好于上年。同时，粮食局也以此为依据做了相应的工作安排，不打无准备之仗。结果证明，当时分析预测相当准确，全县玉米产量较上年增长130多万斤，加上夏收增产的150多万斤小麦，全年粮食增产280多万斤。

赵县不仅是粮食生产大县，也是多年来为国家缴粮做贡献的大县。为完成地区粮食局下达给赵县的粮食征购任务，在县委领导下，县粮食局每年都要在秋粮收割结束后，组织干部到各个公社进一步核实当年粮食产量，在此基础上，调整确定当年各公社的粮食征购数量。王瑞元在他带领的工作组中，反复对同志们强调，要在精准落实产量的基础上，正确处理好国家需要与农民口粮必需之间的关系，既要完成国家的粮食征购任务，又要照顾好农民的利益，绝不能购过头粮，绝不能让生产粮食的农民吃不饱饭，要在产粮区杜绝春节期间就出现粮荒等现象的发生。王瑞元的主张得到了组内同志的一致拥护。

作为一个在基层工作的粮食干部，王瑞元大多数时间都会不辞辛苦地到粮站、到公社、到农村、到地头上去。冬天到了，粮食部门的工作重点就转移到做好粮食保管和调运以及粮食加工和销售、搞好年终工作总结，研究确定第二年的工作等方面，干部们在局里的时间相对就多了一些，这也给王瑞元深入到油厂提供了便利。一个星期日，王瑞元骑车来到了大石桥棉籽榨油厂。走进车间后，他先做了自我介绍，表明他是县粮食局的工作人员，打算来这里劳动一天，学点榨油技术。在得到厂长同意后，王瑞元马上脱掉衣服，与工人们一样只穿一条短裤，系上一块车间发的裙布，与大家一起干起活来。榨油车间内除设有四台手压式液压榨油机外，还有碾籽破碎、蒸料做饼等工段。

在劳动中，王瑞元发现生产中存在一些问题，不利于出油率的提高。例如：碾籽后料中含整籽较多；蒸料做饼后堆放在一旁，没有趁热上榨；做饼采用双圈厚饼；榨油后的饼边含油较高（只要用手一挤就能挤出油来）等。中午吃饭时（每人两个馒头和半碗咸萝卜），王瑞元耐心地与厂长和操作工人商量，要他们经常检查，保证棉籽碾压后能做到在料中不含（或少含）整粒棉籽；蒸料做饼要与液压榨油机紧密配合，立即趁热上榨，不要提前将饼做好放在一边，致使饼温下降；改双圈厚饼为单圈薄饼；将棉籽饼的饼边用菜刀等器具砍下来，经过捣碎或压碎后再放回到料中，再次蒸料、做饼、压榨。他还简要给工人师傅们讲述了这样做有利于提高出油率的道理。

下班临走时，王瑞元留下了县粮食局的电话号码，希望他们对上述建议做些试验，并尽快反馈试验后的结果。三四天后，王瑞元突然接到大石桥棉籽榨油厂一位同志的电话，对方高兴地说："王局长好！我是大石桥棉籽榨油厂的老李，我们按照您提出的方法进行了试验，并进行了三天的称量测定，每百斤棉籽能多榨出5～6两经过滤后的毛棉油，现在厂里已按您的建议开展榨油生产，有关削饼边等设备正在完善中，谢谢王局长。"（当天下班后，厂里得知王瑞元是从北京来赵县挂职锻炼的县粮食局副局长）听完电话后，王瑞元高兴地走到储藏加工股，并立即与相关同志一起骑车来到大石桥棉籽榨油厂，进一步了解核实，得知没有任何虚假，这让王瑞元放下心来。临走时，王瑞元感谢大家，希望他们进一步把试验做下去。回到局里，王瑞元和局里从事加工的同志向孙局长做了详细汇报，孙局长听了十分高兴，当即要求储藏加工股按王局长提出的榨油改进方法，整理成材料，发给全县各油厂认真推广应用。

忙碌中时光倏忽而逝，转眼已是1977年（虽十年“文化大革命”已结束，放在本段讲述是为了保持王瑞元挂职锻炼内容的连续性），新年伊始，回顾一年多来的挂职锻炼，王瑞元深感收获不小，学到了许多在书本上和坐在办公室里学不到的知识，增长了才干，同时，他也深切认识到挂职锻炼的机会非常难得，必须加倍珍惜。为了进一步提高自己的业务水平，他决定对有些业务工作进行补课，首要任务是，提高观察分析粮食作物苗情长势、对粮食产量做出较为准确的预测判断等方面的能力。他向孙局长报告了自己的想法并得到其赞同，孙局长笑着说：“你原来就有基础，已经不错了，当然，要想达到某些公社粮管员的判断水平还有提高的地方。在清明后和立秋后的两个时节，我介绍你去我老家的大安公社，那里有位姓孙的粮管员水平很高，他对产量的预测特别准。”王瑞元听完孙局长的这番话后很高兴，向孙局长表达了深深的谢意。按孙局长的意见，王瑞元在清明后和立秋后的两个时段，两次去大安公社请教孙粮管员，学到了很多预测判断粮食产量的方法，诸如：在观察小麦苗情时，要特别注意麦苗的密度情况和麦苗的分蘖情况；要了解当年的雨水和人工浇灌情况；还要了解施肥数量等。只有掌握了这些情况，才能综合判断，并进行分析预测。

在挂职锻炼两年间，王瑞元没有任何架子，能很快与当地干部群众打成一片，并能虚心向他人学习，这一点至关重要，也是王瑞元的优势之一。工作期间，尤其是在局里办公时，到王瑞元办公室的人总是络绎不绝，不仅有局里的干部，还有公社干部和粮站的同志。特别是有些公社书记和粮站站长，他们每到粮食局几乎都要到王瑞元的办公室坐一坐，喝杯茶，聊聊工作和家常，有时还要在局里喝口小酒，喝多了连鞋都不脱就躺在王瑞元的床上，王瑞元对此从不嫌弃。两年来，他在赵县结交了许多朋友，在县城里，不少人都认识或知道王瑞元，甚至连县电话局的接线员也知道王瑞元的名字。回京后，有一次王瑞元给赵县粮食局的王炳锁副局长打电话，赵县电话局的接线员一听到王瑞元的声音就问道："王局长，您的电话是从北京打来的吗？您什么时间再来赵县？"总之，两年在赵县的挂职锻炼，给王瑞元留下许多难以忘怀的故事。

1977年11月，王瑞元结束了两年的挂职锻炼生活，怀着依依不舍的心情，与赵县的同志们一一握手告别。在访谈中，王瑞元深情地说："谢谢赵县，谢谢赵县粮食局，谢谢孙老局长，谢谢所有关心帮助我的赵县同志们！"

第三节
改革开放时期的产业突破（1977—1994年）

1977年11月初，王瑞元结束了在河北省赵县粮食局为期两年的挂职锻炼工作，收获满满地返回北京，在商业部粮油工业局技术处任副处长，根据分工，由他主抓油脂加工。随着国际国内形势的发展变化，特别是党的十一届三中全会的胜利召开，开启了改革开放和社会主义现代化建设的伟大征程，我国油脂工业也迎来了快速发展的春天，这也为王瑞元追逐梦想、实现报国之志提供了大好的机遇。

一、迎来油脂工业快速发展的春天

1978年春，为了贯彻国务院及全国粮食工作会议有关扭亏为盈的批示精神，商业部就粮油工业如何增加盈利问题提出要求，除一般性地抓好粮油加工业生产管理和提高技术水平外，要在粮油工业副产品综合利用方面开展调查。同年3月，粮油工业局成立调查组，王瑞元作为粮油工业局主抓油脂加工的技术处副处长，自然也成为调查组重要成员，调查组先后赴江苏、上海等省（市）开展了实地调查，调查结果显示，粮油工业副产品综合利用的前景很好，大有可为。调查组向部领导做了全面汇报并呈送了《调查报告》，得到了姚依林同志（时任商业部部长、曾任第十三届中央政治局常委、国务院副总理）的充分肯定和赞扬，他认为，开展粮油加工副产品综合利用是粮食工作扭亏为盈的重要途径，同时，还对抓好该项工作提出了明确要求。

在粮油工业局领导和王瑞元等同志的具体谋划和组织推动下，1978年9月1—10日，商业部在辽宁省大连市召开了“全国粮油加工副产品综合利用经验交流会”。会议期间交流了各地开展粮油加工副产品综合利用的经验，参观了大连油脂工业总厂及各地综合利用的部分样品，研究了进一步开展粮油加工副产品综合利用的规划和有关方针、政策。会议期间展出的综合利用产品有40多种。这些产品，在支援农业生产、外贸出口、满足人们生活需要等方面，发挥了积极作用；同时，开展综合利用又为国家积累了资金，取得了较好的经济效益。据当时22个省、自治区、直辖市统计，1977年全国粮油加工副产品综合利用的产值达20100万元，利润达4800万元。

会议确定，粮油加工副产品综合利用的方针是：在搞好粮油加工的基础上，充分利用粮油加工副产品资源，挖掘企业潜力，变一用为多用，变小用为大用，变废物为宝物。为社会增加财富，为国家积累资金，为四个现代化建设做贡献。会议按照姚依林部长的批示精神：用米糠和棉油脚生产一部分产品，是我们在四个现代化过程中要解决的问题”“需要有一个规划，至少是三年的规划，或者五年、八年的规划。要多少投资，多少钢材，要有多少其他化工产品，可以向国家提出来。全国在哪些地方开展，国营粮油工业可以干些什么，社队工业可以干些什么，都要有个通盘考虑，要求各地要在搞好粮油加工的同时，制定好综合利用发展规划，进一步开展好综合利用工作；要摆正主业与副业的关系，做到以主带副，以副促主；开展综合利用，要做到原料、辅助材料和产品销路三落实，并严格把好产品质量关，特别是医药产品更应认真执行《药政管理条例（试行）》中的有关规定；要组织干部、工人和技术人员“三结合”的攻关小组，开展群众性的技术革新和科学实验活动，改进工艺，改进设备，以提高产品质量、产量，提高劳动生产率，降低生产成本，为社会创造更多的财富。

这次会议，推动了全国粮油加工副产品综合利用向广度和深度发展。会后，在北京举办了粮油加工副产品综合利用小型展览，扩大了影响，争取到了各方面的更多支持。

发展米糠、玉米胚榨油和浸出法制油、为国家增产油脂，是大家在1972年长沙会议上已达成的共识。几年来，通过广泛宣传和各地粮油加工部门干部职工的辛勤努力，长沙会议精神得到较好落实并取得了实实在在的成效，为缓解紧缺的食用油供给做出了重要贡献。这也引起了国家有关方面的高度重视，国家计委将米糠和玉米胚榨油列入了1977—1979年三年国家专项技措（技术措施）贷款；将浸出法制油技术列入了“七五”期间国家重点推广项目。国家相关部、委和地方政府的大力支持，不仅使米糠、玉米胚榨油在技术上取得了较大进步，而且榨油数量有了大幅增长。

为巩固这一成绩，进一步挖掘增产油脂的潜力，商业部粮油工业局决定分南北两片分别召开“全国米糠、玉米胚榨油工作会”。通过精心筹备和积极推进，北方片会议于1979年6月20—30日在黑龙江牡丹江召开；南方片会议于1980年7月10—17日在广西南宁召开。虽然两次会议的时间地点不同，但研究和交流的内容大致相同。会议回顾并检视了1977年以来，使用国家技措贷款增产米糠油和玉米胚油的实际效果；交流了提高油料资源利用率、出油率、精炼率，降低生产成本等方面的经验。统计结果表明，1977—1979年三年间，国家用于发展米糠油和玉米胚油的专项技措贷款6000万元，连同地方自筹资金共计8600万元，计划在1980年年底以前，新建2155个增产油脂点。

截至1980年6月，已建成1622个点，其中，榨油点1516个、精炼点80个、浸出点26个。由于技措项目逐步发挥作用，1977年，米糠油产量由1976年的30000多吨猛增到60000多吨，玉米胚油产量增至6300多吨；1978年，米糠油产量上升到70000多吨，玉米胚油的产量上升到10000多吨；到1979年，米糠油产量又稳步增长到76750吨，玉米胚油产量增长到12460吨。米糠油和玉米胚油产量呈现出空前的递增速度，1977—1979年的三年时间，共增产米糠油210000吨，玉米胚油29000吨，合计239000吨，其中的175000吨被纳入全国油脂购销计划（据1980年度粮食经济资料介绍，1979年粮食部门所属的1156家油脂企业，共生产各类食用植物油122万吨，扣除米糠油和玉米胚油后只有113万多吨），这在那个人民群众凭油票才能购买食用油的年代，真可谓雪中送炭。

会议对下一步的工作进行安排部署并提出要求，各地要不断提高思想认识，为增产米糠油和玉米胚油做出新贡献。要总结经验，发展浸出法制油，对米糠、大豆及各种油饼的制油加工都要积极推广并采用浸出法；要充分利用现有资源，继续挖掘增产油脂的潜力；要重视油品质量，不断提高精炼技术水平，为了解决米糠油和玉米胚油的食用问题，各地要把提高和改进精炼技术，作为油脂生产的一个主攻方向，抓出成效。

“全国粮油加工副产品综合利用经验交流会”和“全国米糠、玉米胚榨油工作会”，是商业部在党的十一届三中全会前后召开的有关粮油工作的两次专题会议，为20世纪80年代我国油脂工业的继续巩固和发展奠定了坚实的基础，同时，也拉开了加快推进我国油脂工业科技进步并逐步实现现代化的序幕。通过这几年主抓全国油脂加工工作的实践锻炼，王瑞元在日常管理、调查研究、组织召开会议、撰写报告等各类文字材料、收集整理分析资料并总结经验、结合实际提出建议和主张等各方面的能力都有了很大提升；对如何管理和指导油脂加工行业的业务工作、促进粮油工业的发展，有了较为深刻的认识。加之他不怕苦、不怕累，深入实际，刻苦学习，勤于思考，谦逊真诚，其管理才干和专业才干在工作中已初露锋芒，得到了业内同行和领导的充分信任和高度认可，这也让上级党组织为他提供更高平台和更广阔的工作空间创造了有利条件。王瑞元迎来了不断进取、加快自身发展、献身粮油事业并圆梦人生的春天。

二、积极推进国外先进油脂加工技术的引进吸收和国内的自主创新

20世纪70年代，国际政治格局发生了显著变化：1971年10月，中国恢复在联合国的合法席位；1972年2月，美国总统尼克松访华；同年9月，中日实现邦交正常化；1979年1月1日，中美建交。这一系列重大政治事件为中美、中日在政治、经济、文化等领域的广泛合作开辟了道路，也为国内

粮油行业引进吸收国外先进技术并结合实际开展自主创新创造了条件。1977年1月，商业部粮油工业局组织国内油脂专家赴日本进行了为期25天的考察；1980年9月，粮食部（1979年4月重新恢复）粮油工业局组团对美国油脂工业进行了为期40天的考察。两次考察取得了一系列重要成果，收获很大。

访谈记录和当时的一些原始材料显示，自1977年11月—1981年年底，王瑞元在总结推广赴日考察油脂加工技术并组织落实相关项目、率团赴美考察美国油脂工业、借鉴国际先进经验并根据实际推动国内油脂行业自主创新等方面做出了显著成绩，他撰写的三份政策性、技术性、指导性很强的总结报告（见附录三～五），对20世纪80年代我国油脂工业的科技进步和快速发展起到了十分重要的作用。

（一）总结推广赴日考察油脂加工技术并组织落实相关项目

为提高我国浸出制油技术水平，1977年1月18日—2月11日，商业部粮油工业局组织国内油脂专家对日本大豆、米糠制油技术和精炼技术进行了为期25天的考察，考察效果好，收获大。为把考察日本油脂加工技术的成果以及1977年以来与日本油脂工业界开展技术交流（含座谈会）所取得的成果引用推广好，商业部粮油工业局于当年5月在北京召开了“落实赴日考察大豆、米糠制油和精炼技术研试项目专题会议”。参加会议的有吉林、辽宁、江苏、湖北、陕西五省粮食局的工业处、科研所领导及考察组全体成员。经会议研究决定，大豆制油研试项目放在吉林省蛟河植物油厂和辽宁省大连油脂工业总厂；米糠制油及精炼技术研试项目放在江苏省常熟县徐市油厂。粮油工业局负责油脂加工的王瑞元责无旁贷，于是，抓好这些项目的组织实施和落实落地就成为王瑞元重要工作之一。

在国家科委的大力支持下，在吉林、辽宁、江苏三省粮食部门的直接领导和组织下，在原粮食部西安油脂科研所、无锡粮食科研设计所及三个厂的技术人员、职工的积极努力下，本着“洋为中用”和“先进可靠”的原则，结合我国油脂科技创新和老厂改造的实际，在认真学习研究、领会消化赴日考察报告以及历次对日技术座谈交流相关资料的基础上，相关部门和项目实施单位协同作战，对研试项目进行了认真细致的设计、设备制造安装、设备空运转、重车试验、试生产、生产测定，并在试生产中调整了工艺，改进了操作，经过两年的艰苦努力，研试项目达到了预期目标，取得了可喜的成绩，具备了研试项目鉴定并推广应用的条件。1980年5月，相关工作进入项目鉴定与推广应用阶段。

1．关于考察日本大豆浸出制油技术研试项目鉴定与推广应用

随着赴日考察研试项目相继取得成功，粮食部粮油工业局分别召开了研试项目鉴定和技术交流会。1980年5月21—31日，粮油工业局召开的“考察日本大豆浸出制油技术研试项目鉴定和技术交流会”，在吉林省蛟河县隆重开幕，在辽宁省大连市圆满结束。会议首先对蛟河植物油厂落实日本大豆浸出制油技术研试项目进行了鉴定，然后对辽宁省大连油脂工业总厂落实日本大豆浸出制油技术研试项目进行了鉴定；在两个工厂研试项目鉴定通过的基础上，又紧锣密鼓地召开了技术交流会，以推广应用研试项目所取得成果。参加会议的有全国21个省、自治区、直辖市粮食厅（局）、浸出油厂、赴日考察组成员、部属粮油科研所、粮机厂、粮食院校及有关方面的代表共110人，国家科委高度重视，也派员参加了会议。

会议期间，大家听取并讨论了蛟河植物油厂和大连油脂工业总厂关于落实“研试项目”的工作总结和生产试验情况的报告。根据有关要求，会议组织了技术鉴定小组，详细考察了这两个工厂的生产实际情况，进行了认真的现场测定、数据核实等。技术鉴定小组根据测定结果，对照国内外浸出油厂的技术水平，实事求是地对两厂“研试项目”取得的成果做出了评价。会议期间，代表们在考察学习蛟河、大连两个油厂经验的同时，还互相交流了经验，对学习推广应用两厂的经验以及进一步发展我国浸出制

油技术等方面的问题，进行了座谈和深入广泛地研讨。代表们一致认为："这次会议开得很好，研试成果显著，学到了经验、找到了差距、解放了思想，增强了赶超国外先进水平的信心。"会议对蛟河和大连两厂落实赴日考察研试项目所取得的成果进行了全面总结，主要成绩如下。

（1）加强了对原料的预处理

过去，我国的浸出油厂对原料的预处理不够重视，设备简陋，入浸料坯的质量一般达不到工艺要求，直接影响浸出效果。为改变这种状况，蛟河、大连两厂在研试项目中采用了日本的先进技术，加强了原料的清理，选用了大豆破碎机和液压轧坯机等新设备。蛟河植物油厂大豆清理后采用了先烘干去水，后破碎再软化轧坯的新工艺，使轧坯后的豆坯不再烘干去水，达到了直接浸出的要求。改变了过去先软化大豆，后轧坯，再烘干去水，造成豆坯粉末度大，不利于浸出的老工艺。由于这两厂加强了原料的清理，严格控制了入浸豆坯的厚度在0.3毫米左右，并保证豆坯结实而有弹性，为浸出豆粕残油达到0.5%的设计要求创造了先决条件。从测定的结果看，这两个厂采用的破碎机的破碎效果都接近或达到了日本的水平。蛟河植物油厂由于采用了先烘干去水→破碎→软化→轧坯→豆坯不经烘干直接浸出等新工艺后，其入浸豆坯的粉末度只有3%左右，接近了日本的水平。

（2）改进设计，制造了新型平转浸出器

过去，我国采用的平转浸出器，其格子的数量多少不一；格子的高度和料层高度较低（格子高度一般1.2米，料层高度不到1米），混合油循环采用连续喷淋，喷淋、浸泡、滴干不明显；浸出温度较低（一般为45℃左右），致使浸出效果较差，使用同样大小的浸出器与国外相比，浸出时间长、产量低、混合油浓度低、粕中残油高。这次试验，两厂根据日本经验，对国内原有的平转浸出器进行了改进设计，采用了18格和高料格（格子高度为

2.5米），料层高度为2米的浸出器结构形式；新鲜溶剂及混合油循环采用单泵循环和间歇大喷淋，使料坯在浸出时喷淋、浸泡、滴干的界限比较明显，浓混合油格设有帐篷式过滤器，代替了当时国内常用的混合油过滤器，在工艺操作上，将浸出温度保持在55℃左右。

由于平转浸出器的改进以及加强了原料的预处理，提高了浸出效果，浸出器的产量和浸出时间都优于国内同类型浸出器。大连油脂工业总厂的平转浸出器直径为7.6米，大豆一次浸出的日处理量达到320～350吨，而国内差不多大小的浸出器日处理量只有120～150吨，提高了一倍多。蛟河植物油厂的平转浸出器的直径约3.5米，日处理量达到55吨，比国内同样大小的浸出器产量提高了近一倍。在浸出时间上，国内平转浸出器每转一圈的时间约为120分钟，而蛟河、大连两厂的浸出器每转一圈的时间均为90分钟。在粕中残油方面，日本采用连续浸出的粕中残油为0.5%左右，大连油脂工业总厂1979年全年的平均粕残油为0.49%，蛟河植物油厂在本次项目鉴定时测定的平均粕残油亦为0.49%，都达到了日本的水平。为赶上日本的浸出时间和粕残油的水平，蛟河植物油厂在生产试验中，对浸出器每转一圈的时间缩短到60分钟进行了对比试验，取得了在产量、料坯质量不变的情况下，粕中残油达到0.52%～0.57%的良好指标，也接近日本的水平。

（3）采用了新设计制造的DT蒸脱机

研试项目实施前，国内浸出豆粕的脱溶，普遍使用的是卧式烘干机，脱溶效果较差，溶剂损耗较大，不少浸出油厂粕中残留溶剂的指标达不到要求；豆粕中的有害酶类不能很好地被破坏，影响了豆粕的营养功效。在一年多生产试验中，研试项目采用了新设计制造的DT蒸脱机，浸出豆粕的脱溶效果比较理想，粕中残留溶剂稳定在500毫克/千克以下，达到了国外先进水平；豆粕中的有害酶类完全失活，保证了豆粕的质量，提高了用作饲料的营养价值。

（4）采用了两段层碟式汽提塔

过去，国内混合油汽提设备大多使用的是填料汽提塔，这种汽提塔容易堵塞，需要定期清理，脱溶效果不够稳定，蛟河植物油厂在采用了两段层碟式汽提塔后，较好地解决了上述问题。浸出毛油中残留溶剂的含量稳定在50毫克/千克以内，其残留溶剂的含量，达到了当时食用植物油的国家卫生标准，保证了浸出毛油的质量。当时，浸出毛油中残留溶剂的含量，日本为300～500毫克/千克，进口的美国浸出毛油溶剂含量都在600毫克/千克以上。实测数据表明，蛟河、大连两厂浸出毛油中残留溶剂的含量已经低于日本和美国，在这方面，研试项目已达到国际领先水平。

（5）采用了液体石蜡吸收法回收自由气体中的溶剂气体

关于自由气体的回收方法，过去国内一般采用填料塔、油桶吸收法和冷冻吸收法等装置来回收自由气体中的部分溶剂，效果较差，导致大多浸出油厂排放到大气中的尾气，其溶剂含量达不到《油脂浸出工厂（车间）生产技术操作规程》中所规定的指标要求（体积比不超过0.1%），溶剂消耗高。有的浸出油厂由于回收效果差，就干脆不用，相关设备成了摆设。

蛟河、大连两厂在试验中采用了液体石蜡吸收自由气体中溶剂的回收装置，把浸出系统内的自由气体全部汇集到吸收塔内，经液体石蜡吸收后再排空，从而保证了浸出系统的负压操作，降低了溶剂消耗，有利于安全生产。从实测结果看，这两个厂排放到大气中的尾气，其溶剂含量都符合油脂浸出工厂（车间）生产技术操作规程的要求。由于这两个厂采用了自由气体回收装置、DT蒸脱机和层碟式汽提塔等装置，降低了排空尾气、粕和毛油中的溶剂残留，为溶剂消耗达到设计指标（吨料5千克）起到了重要作用。1979年，大连油脂工业总厂全年平均溶剂消耗为吨料3.07千克，1980年1—2月的平均溶剂消耗又降低到吨料（大豆）1.6千克，达到了日本的水平。

经过一年多的生产试验和反复测定，蛟河、大连两厂的研试项目，都达到了0.5%的设计要求，有些指标还优于原来的设想，接近或赶超了日本的水平，为缩小我国浸出制油技术与国外先进水平的差距迈出了一大步。尤其可喜的是，随着这些项目研试成功，在经济效益方面取得了显著的成效。1979年，大连油脂工业总厂共加工大豆46500多吨，平均溶剂消耗吨料3.07千克，平均粕残油为0.49%。与研试改造前（1977年）该厂使用罐组式浸出器时的平均溶剂消耗吨料5.6千克，平均粕残油为0.67%相比，全年节约溶剂63吨，增产大豆油84吨，两项合计经济价值达20余万元。蛟河植物油厂的各项经济技术指标也明显优于研试改造前的指标。1979年该厂加工大豆10400吨，平均溶剂消耗为吨料5.44千克，比改造前的11千克下降了5.56千克，节约溶剂59吨，仅这一项就节约开支5.9万元。改变了过去几年每年亏损3万～5万元的被动局面，1979年实现了扭亏为盈，上缴利润5.7万元，对国家做出了贡献。

本次会议对我国油脂工业积极推广和应用新技术、新成果，提高浸出制油工业的技术水平提出了指导性意见，要求各地积极推广应用蛟河植物油厂和大连油脂工业总厂在落实赴日考察研试项目方面所取得的成果，在加强对原料的预处理、采用新型平转浸出器、采用新设计制造的DT蒸脱机和采用两段层碟式汽提塔以及积极采用液体石蜡吸收法回收自由气体中的溶剂气体等方面，要加快推进、早见成效。会议还提出，对日处理油料在30吨以上的老厂改造，只要能做到符合浸出油厂（车间）安全防火规范的，都要逐步改造成浸出油厂，以尽快实现油料的浸出化制油。

2．关于考察日本米糠浸出、米糠油脱蜡技术研制项目鉴定与推广应用

1981年12月13日，粮食部粮油工业局在江苏省常熟县徐市油厂召开了“落实考察日本米糠浸出、米糠油脱蜡技术研制项目鉴定和技术交流会”。参加会议的有来自全国22个省、自治区、直辖市粮食厅（局）、浸出油厂、

赴日考察组部分人员、部属科研所、粮食院校和有关单位的代表共130多人，国家科委也派人参加了会议。为开好本次会议，粮食部粮油工业局组织了9省市20个单位的30余名科技人员，于1981年11月16—25日，对研制项目进行了认真的测定，为该研试项目的鉴定提供了可靠的技术数据。结合鉴定和会议总结，徐市油厂在落实考察日本米糠浸出和米糠油脱蜡技术研制方面取得的主要成果有以下三个方面。

一是加强了对米糠的预处理。1972年长沙会议后，各地对米糠资源的利用普遍重视，米糠制油得到了迅速发展。在米糠制油中，大多采用压榨法制油，只有少数工厂采用浸出法制取米糠油。由于原来米糠浸出制油的生产工艺和选用设备比较落后，许多经济技术指标与日本的先进水平相比，差距很大。尤其是过去我们对米糠的预处理不够重视，对米糠呈粉状、淀粉含量高等问题没有很好处理，造成浸出时溶剂渗透困难，从而存在浸出效率低、产量低、粕中残油高、溶剂消耗大等问题。为改变这种状况，徐市油厂在研试项目中采用了日本的先进工艺，加强了米糠的预处理，选用了平面回转筛分离米糠中的糠粞；新设计了两层立式封闭蒸锅和三节卧式烘干机，使米糠预处理车间的设备得以成龙配套。生产试验和测定结果证明，在选用了改进的SM80型三层平面回转筛后，不仅能实现糠粞分离，产量也能满足日处理50吨米糠浸出油厂的需求，经筛选后的米糠清除了杂质和米粞，不仅提高了米糠的纯度，还提高了米粞的利用价值；采用两层立式封闭蒸锅后，能使米糠进行高料层高水分快速焖蒸，在温度、水分和机械搅拌的作用下，使米糠中的淀粉糊化，再经三节卧式烘干机对焖蒸后的米糠进行快速烘干脱水，使米糠呈砂粒状，从而改变了米糠的物理性能，有利于米糠浸出时的溶剂渗透，提高了浸出效果；三节卧式烘干机，能使焖蒸过的高水分米糠，经过快速烘干脱水，达到米糠入浸水分的要求。由于烘干脱水的时间短，能最大限度地控制米糠在烘干脱水过程中色素的增加，从而保证了浸出毛油的质量。

二是改进设计了适合米糠浸出的新型平转浸出器。根据日本的经验，结合我国浸出工艺的具体情况，为在适合米糠浸出的同时，又能适合预榨饼浸出的需要，由粮食部无锡粮食科研设计所和徐市油厂对原有国内的平转浸出器进行了改进设计。改进后的平转浸出器采用了18个料格，新鲜溶剂采用间歇大喷淋、5个混合油喷管下设三角槽、混合油采用单泵循环、出粕料采用前开门并设有撬杠和出料装置、出料采用双绞龙等；在工艺操作上，将浸出温度保持在50℃以上。经过两年多的生产考核，米糠浸出的平均溶剂消耗为吨料5.28千克；糠粕残油率均为1.08%。与研试改造前的平均溶剂消耗吨料8.21千克、糠粕残油率2.57%相比，有较大幅度的降低。与此同时，对菜籽饼和棉籽饼为原料也进行了试验，菜籽饼浸出的平均溶剂消耗为（吨饼）3.72千克，粕中残油为0.72%；棉籽饼浸出的平均溶剂消耗为（吨饼）1.63千克，粕中残油为0.3%，效果十分理想。

三是米糠油精炼的脱蜡工序采用冷冻结晶、布袋吊滤脱蜡工艺。为使米糠油能供作食用，脱蜡是把好米糠油质量关的重要环节。过去国内脱蜡一般是在米糠油精炼冷却后用压滤机过滤，糠蜡结晶不稳定，加上压滤机的产量低，脱蜡效果较差，精炼米糠油的含蜡量仍在0.3%左右，导致冷冻试验不合格，影响了食用米糠油的质量。为提高食用米糠油的质量，研试项目从国情出发，参考日本米糠油冷冻养晶、布袋吊滤脱蜡的工艺和设备，设计制造了一套日处理5吨脱臭米糠油的脱蜡工艺。经过生产测试，食用米糠油的含蜡量为0.01%左右，冷冻试验（0℃，15分钟）透明，脱臭米糠油经脱蜡后的得率为80%～85%，这些指标接近和达到日本同类方法的水平，为当时我国生产高质量食用米糠油提供了技术支撑。

徐市油厂的研试项目，经过生产考核和实际测定，各项技术指标达到了设计要求。经过生产应用，取得了很好的效益。该厂自1979年下半年以来，共生产米糠油2000多吨、浸出菜籽饼近3万吨、浸出棉籽饼2.3万多吨，其溶剂消耗和粕中残油与研试改造前相比，节约溶剂37吨，增产油脂215吨，两项合计经济价值34.5万元，接近研试项目的全部投资金额。

徐市油厂米糠浸出制油设施建成投产时间已较长，在本次研试项目推进过程中，又消化吸收了日本的先进技术并根据实际进行了一些创新，成效显著。此时正是几次会议召开后、各地对发展米糠制油热情高涨的时期，许多地区的浸出油厂陆续来到徐市油厂参观学习，并把学到的经验带回本单位，结合自己的实际加以应用。据后来获得的信息，这些油厂同样也取得了良好效果。

会议期间，大家对今后油脂工业方面的工作进行了广泛座谈交流。在此基础上，粮食部粮油工业局要求各地：

①要继续结合老厂改造，有计划、有步骤地发展浸出法制油，以适应油脂需求量增长的需要，为国家增产油脂。

②要努力提高油脂精炼技术，加快开展油脂制品等的研试开发工作，积极发展起酥油、人造奶油等油脂制品，以满足生产高档饼干、高档糕点等食品工业发展的需要。

③要狠抓节能降耗工作，提高管理水平，进一步降低溶剂消耗，重视节煤、节气、节电和节水工作。要配备必要的能源计量、测试仪表仪器，建立各种能源消耗的原始记录和能源定额的管理制度。

④要重视油料植物蛋白资源的开发利用，要把油料蛋白的制取、利用作为油厂的主业，摆到与制油、炼油一样的重要位置。要抓好大豆、花生、葵花籽等油料蛋白的利用。

⑤要加快步伐搞好制油设备的选定型工作。试制单位要抓紧试制工作并及时提供样机。对承担试制湖北省广济县武穴油厂试验点的选定型设备和上海油脂二厂处理50吨连续炼油设备的粮油机械厂，一定要按规定时间提供样机，以免影响选定型设备的试验；承担样机生产考核的粮油加工厂，要提前做好准备，以便样机到厂后，立即安装进行生产试验；对个别进度较慢的试制设备，其主管部门要过问，及时研究解决存在的问题，以跟上整个制油设备选定型工作的步伐。

⑥要进一步统一有关检化验方法和计量口径。电耗、煤耗、水耗以原料

量的吨数为计量基数；溶剂消耗以入浸料（即进入浸出器的原料吨数，预榨饼浸出为入浸饼的吨数）为计算基数；加工成本以吨成品油计算。

本次会议，通过鉴定并交流推广徐市油厂米糠浸出和米糠油脱蜡的经验，为我国米糠制油技术水平的提高起到了积极作用。会议明确提出油脂科研单位的研发和生产企业要积极向油脂制品（人造奶油、起酥油等）和大豆、花生蛋白产品方向发展，以适应改革开放后国内食品工业蓬勃发展的形势要求。根据与会代表的要求，印发了总结报告（见附录四）给与会者。

（二）赴美国考察油脂工业

20世纪80年代初，随着改革开放的不断深入和中美关系的不断改善，我国面临的外部发展环境日趋向好，与一些国际组织的合作日益加强。根据联合国技术合作发展部（后并入联合国开发计划署）的安排，粮食部粮食工业局组团从1980年9月3日—10月14日，对美国的油脂工业进行了为期40天的考察。考察团团长由王瑞元同志担任；成员有刘复光（兼翻译）、窦龙源、谢锡怡、丁福祺。

为确保考察取得实效，考察前，联合国技术合作发展部会商美国劳工部并经中方同意，确立了美国法伦区油脂机械厂为主要接待单位。根据考察日程安排，考察团先后实地考察了11个油脂加工厂以及法伦区油脂机械厂，并与美国棉花协会、棉籽产品协会和美国大豆协会进行了技术座谈。在考察的11个油脂加工厂中，有7个是加工棉籽和大豆的浸出油厂，这7个厂都是采用法伦区油脂机械厂设计制造的设备进行油脂生产的企业；另外的4个油脂加工厂分别是：2个安迪逊·克莱顿食品厂（即油脂精炼厂）、密西西比州马克斯的凯斯特大豆油厂和伊利诺斯州迪凯特的ADM公司大豆蛋白制品厂。通过认真考察，考察团收获很大。

1．总体印象

①美国的油厂规模大，生产技术比较先进。尽管大多工厂比较老旧，国际上的最新技术应用得不多，但有许多做法对我国比较实用。例如，混合油精炼技术、冬化和间歇式氢化的工艺和设备以及榨油机的制造工艺等都易于在我国推广使用。在自动控制方面，除了炼油车间采用仪表自动控制外，在预处理车间、浸出车间等都只采用仪表显示、人工调节，没有实行自动控制。

②美国的油厂管理人员精干。一个日处理300吨的棉籽油厂，全厂只有60余人，其中管理人员只有5人；一个日处理1500吨的大豆浸出油厂，全厂只有125人，其中管理人员只有20人，而且有职有权，责权利共担。法伦区油脂机械厂的副经理说："东欧一些国家的工程技术人员对一个问题长期讨论却得不出结论，而在我们这里，我一个人签字就能解决问题。"

③产品不断更新和扩大其多种用途，特别重视产品质量，取得用户信任。这是法伦区油脂机械厂从小到大，坚持数十年不败且逐步得到发展、富有信誉的经验所在。他们拥有较大的技术队伍，且都是在生产厂工作过的，是富有实践经验的，他们经常在改进产品结构和性能上下功夫，致使该厂生产的设备日趋完善。同时扩大其产品的使用范围，诸如螺旋榨油机可用于榨油、人造橡胶的脱水、动物内脏物的挤压干燥和动物油脂的压榨等，当时他们还在考虑扩大其用途，作为大豆蛋白的挤压机等。这种强调产品质量，扩大产品用途，不断改进产品性能的做法，值得我国粮油机械企业学习。

④工厂领导都要经过实际工作的锻炼，当其从学校毕业后要先在车间实践。工厂从实际工作中发现人才并培养提拔。

⑤拉博克的平原合作棉籽油厂是一个农业机构组织起来的合作化企业，通过逐步发展，现在已拥有87个轧花厂、13个收购站，原料充沛，管理也比较科学，已成为世界上最大的棉籽浸出油厂，日处理棉籽1200吨。这种

合作经营的企业发展方式，对我国改变油厂小型分散的状况，积极推进联合发展有一定的借鉴意义。

2．主要收获

（1）在原料预处理方面

①罗脱斯振动筛。该筛采用两个支承平板在两块石墨承托上作往复运动，并采取了避震措施，或用钢索悬吊或用弹簧避震。这种筛选机震动小，运转平稳，筛选效果好。参照其结构形式，对改进我国类似筛选设备很有参考价值。

②液压轧坯机。采用了储压加弹簧作为缓冲硬物进入轧坯机时安全装置，以减少冲击，保护轧辊；用螺母代替螺杆调节辊间隙，以加大接触面，减少磨损；在轧坯机罩口上设有吸风口，以除去料坯中的部分水分；为减少安装在楼面上的轧坯机震动，采用了弹簧避震装置，用弹簧支撑轧坯机座和电机。这些措施，对改进我国的液压轧坯机，减轻轧辊磨损，减少震动很有帮助。轧辊磨光的磨头行走装置，采用双杆或较大的单杆支承这两种方法，对我们设计磨辊装置有参考价值。

③榨油机。法伦区油脂机械厂设计制造的预榨机结构合理，性能良好。为便于榨笼的装拆，采用了铰链式结构；设有水冷榨膛及调节出饼厚度的装置；榨螺的制造，以铸钢作基料，用堆焊硬质合金焊条的加工工艺，旧榨螺的修复同样可采用表面堆焊的方法。这样，一个榨螺可以修复3～4次，减少了油厂易损件的消耗费用。

（2）在油料浸出方面

①在法伦区油脂机械厂设计、制造的成套浸出设备中，对二次蒸汽的余热利用考虑得比较科学合理。例如，利用蒸脱机混合蒸汽作为第一蒸发器的热源；第一蒸发器后的冷凝器，用蒸汽喷射泵抽真空，其排汽有的引

入第一蒸发器作热源，有的引入蒸水罐作热源；汽提塔后的冷凝器，用蒸汽喷射泵抽真空，其排汽也引入蒸水罐作热源；有的浸出油厂，利用第二蒸发器的溶剂蒸气与新鲜溶剂直接接触，进行热交换；蒸水罐蒸出的蒸汽引入第一蒸发器作为热源等。这对当时我国浸出车间的余热利用很有参考价值。

②冷却水的使用上，采用了冷凝器冷却水串联使用，以增加水的流速，提高给热系数。例如，在日处理1200吨棉籽浸出设备中，采用了第一蒸发器的冷凝器和最后冷凝器串联；汽提塔冷凝器与第二蒸发器的冷凝器串联。在日处理300吨棉籽的浸出设备中，汽提塔冷凝器、最后冷凝器与第一蒸发器的冷凝器串联。这种合理串联使用冷却水的方法，对改进当时我国浸出车间内冷却水的使用方法也有参考意义。

③法伦区油脂机械厂制造的DT蒸脱机，经不断改进，最后设计采用了第一层用间接蒸汽加热，提高湿粕温度，除去部分溶剂；第二层采用喷直接干蒸汽除去粕中所含的溶剂，以防止粕在蒸脱过程中的结团现象。在结构上，采用自动料门控制各层的料层高度，并提出了粕在蒸脱过程中不需加压的论点，主张不用喇叭口来控制料层高度。这对当时研究和改进我国制造的DT蒸脱机很有帮助。

④一些棉籽浸出油厂采用了混合油精炼。在我们所看到的三个采用混合油精炼的浸出油厂中，其工艺流程与国内的混合油精炼大体相同，但有些地方对我们有很大启发。例如，对于皂脚的处理，有的采用列管加热器把皂脚加热后进行闪发脱除溶剂；有的将皂脚打入DT蒸脱机的第二层混入粕中（当时国内打到第一层），有着可以减少蒸脱机的负荷、减少泡沫产生等好处；皂脚的分离有的采用瑞典阿法拉伐SRC214碟式离心机分离，有的采用夏普耳密闭型管式离心机分离，这种离心机与我国的管式离心机结构基本相同，所不同的是他们将进油口、出油口和出皂口密闭起来。

（3）在油脂精炼方面

①关于碱炼工段。美国的绝大多数油厂都采用阿法拉伐碟式离心机，与我们国内掌握和使用的情况大体相同，所不同的是在油碱的比配上，美国是用仪表自动控制进行比配，其流程大体是，碱液和油采用管道混合器和浆板混合器两次充分混合。用比例控制仪自动控制油和碱的流量，调整好比例后，碱液流量自动跟随油脂流量的改变而改变，并始终按原定的比例供应。这次考察我们搜集到了两种自控系统图并了解到了所用仪器的型号。

②关于连续脱色工段。在考察的两个精炼油厂中，油厂根据生产的油脂产品需要，都采用了两次脱色工艺流程。第一次脱色称为预脱色，在碱炼之后进行，作为初脱色和吸附残皂，第二次脱色称为后脱色。脱色后的过滤采用叶片式或板框式压滤机交替使用。

漂白土由可变螺旋输送至给料器（用无级变速器控制）供料，经过预混合器后泵入脱色器。脱色器分两层，中间设有搅拌，上层除空气，下层进行脱色反应，罐外加热，油和漂白土的混合物采用列管热交换器进行热交换，热油、冷油都用翅管式加热器加热或冷却。考察中，还了解了脱色的工艺条件、漂白土定量装置、脱色器和热交换器的结构形式等。

③关于冬化工段。这一工段当时在国内还处于空白。在考察中，参观的两个油厂的冬化车间，都是在2.5～2.8℃的冬化室内，使油温从40℃在3天内冷却到7℃结晶，而后过滤。其中一个油厂采用真空过滤器过滤，另一家油厂配有6台板框式压滤机交替使用。通过考察，基本掌握了冬化工段的工艺条件和所需设备，总的感觉是工艺和设备都比较简单。

④关于脱臭工段。参观的炼油厂，都是采用双壳体半连续式的脱臭器，在脱臭中，当时都采用联苯作为载热体（与我国相似）。但在安全措施方面考虑得比较周到，在流程中设有一套联苯脱水装置，在联苯凝液的回流系统中设有一个分水器和冷凝装置，能及时处理联苯中的水分，保证安全运行。这在当时对我国改进联苯炉的安全设施，很有帮助。

（4）其他方面的考察收获

①详细了解了适合油厂中使用的各种泵类的结构形式和规格型号。例如：混合油循环泵，高压、低压供油泵，高压、低压碱液泵，皂脚泵，磷脂泵，脱臭塔真空系统下的抽出泵，脱色塔泵等，对今后合理选用泵类设备有一定的参考价值。

②搜集了部分油脂制品（如起酥油、大豆和玉米胚色拉油、片状起酥油和乳化油等）和大豆蛋白产品的规格和用途。

③了解了美国油厂在采用液相旋风分离法分离棉酚、提取棉籽蛋白的试验过程中存在的主要问题以及试验失败的经过。

④了解了美国试种无色腺体棉籽的经过以及目前推广种植中存在的问题。

⑤了解了美国浸出油厂有关浸出粕残油的测定方法及取样方法。美国大多数浸出油厂认为，浸出粕的残油控制在1%左右比较合适，过低则无太大意义，其结果是只能延长浸出时间，增加油脂在精炼时的损耗。他们测定粕残油都是在浸出器下料口取样，用石油醚抽提，根据查阅资料所得到的相关数据，这种取样和化验方法，比我国的取样和化验方法所测得的残油一般要低0.5%左右。

考察结束后，考察团成员们一致认为，这次考察收获很大，大家对美国油脂工业的发展状况、管理理念和管理模式、先进工艺和设备、油脂产品的功能拓展和新产品的开发等有了较为全面的了解，开阔了眼界、启迪了思维、找到了差距、理清了思路。考察所取得的成果对研究改进我国部分浸出制油工艺和设备，促进油脂行业科技进步和发展具有重要的参考价值。

根据考察的要求，考察团要撰写两份报告，一份为《赴美国考察油脂工业工作总结报告》，另一份为《赴美国考察油脂工业技术总结报告》，分别呈送部外事局和部粮油工业局。为完成这两份总结报告，考察团的同志们回国后没有回本单位，而是集中在一起，通力合作汇聚大家的智慧和力量，全力完成这两份报告。经商量分工，由王瑞元一人负责撰写《赴美国考察油脂工业工作总结报告》；由窦龙源牵头、其他四位同志负责撰写《赴美国考察油脂工业技术总结报告》。经过半个多月不分昼夜的辛勤工作，他们出色地完成了这两份报告，得到了领导的表扬。经审核后，约7万字的《赴美国考察油脂工业技术总结报告》发表在《中国油脂》杂志上；1万多字的《赴美国考察油脂工业工作总结报告》后来收录在由王瑞元著《现代油脂工业发展》一书中。当时，这两份报告对提升我国油脂行业的科技水平、促进我国油脂工业的现代化起到了强有力的推动作用。

三、不忘初心、肩负重任

从1964年9月王瑞元来到北京成为一名粮食工作者开始，到1980年年底他已成长为一名优秀的党员领导干部，他已在粮食战线工作了近十七年，当初走进粮食部大院时“好好工作、努力为老百姓吃饱饭多做贡献、献身粮油事业”的初心一直未变。十七年来，在党组织、各级领导和同志们的关心帮助下，他虚心好学、勤奋努力、踏实肯干，政治素质、思想品德素质、业务素质以及各方面的能力有了很大提升，在实际工作中经受了锻炼和考验，他的优异表现和工作成绩获得了上级党组织、各级领导和同志们的认可。

1980年12月，王瑞元被粮食部党组任命为粮食部粮油工业局副局长，成为当时商业、粮食、供销大院内最年轻的司局级干部。1982年3月，根据中央精神，一批老局长纷纷离休，退出领导岗位，经商业部党组（此时，商业部、粮食部和全国供销合作总社合并，组建成新的商业部）研究决定，王瑞元任粮油工业局副局长并主持局里的全面工作（局长空缺）；1985年6月，王瑞元被任命为商业部粮油工业局局长。随着机构的不断调整，1989年3月，商业部党组研究决定，将原商业、粮食和供销系统的工业部门合并，组建商业部商办工业司，王瑞元任司长，原商业系统主抓工业的田玉兰同志和原供销社系统主抓工业的罗梦传同志任副司长；1993年7月，国家物资部合并到商业部，新组建为国内贸易部，由此，原商业部商办工业司更名为国内贸易部工业司，王瑞元任司长，一直到1994年5月，因工作需要，王瑞元才被调离工业司。随着这些年职务上的提升和工作职能的不断变化，王瑞元的工作范围更广、任务更艰巨、肩上的担子更重、面临的挑战也更大。他不仅要继续抓好粮油工业方面的工作，还要关心支持并与两位副司长配合一起做好原商业、供销系统的工业发展工作。

几年来，王瑞元与两位副司长在一起工作的过程中，能按照民主集中制的原则，做到有事大家商量，工作相互配合，互相帮助，工作、生活十分融洽，从来没有发生过违背原则和不愉快的事情。与此同时，在王瑞元的表率作用下，各处室之间也能做到相互支持，相互学习借鉴，相互补台，使工业司成了一个团结战斗、凝聚力强的集体；司里从事商业、粮食、供销系统工业管理工作的同志真正融为一家人。

通过访谈并查阅相关资料，编者对王瑞元在1980年年底—1994年5月间，担任司局级领导时所做的一些重要工作以及提出的一些重要主张进行了归纳整理，这些工作和主张有力推动了行业的科技进步和快速发展，尤其是在促进中国粮油工业现代化发展方面发挥了重要作用。

（一）全力做好油脂设备的选定型工作

1976年10月之后，国家工作重心逐渐向经济建设方向转移，在工业现代化建设的过程中，中国机械设备型号杂乱、规格多、通用性差、技术落后等弊端很快显现出来，油脂专业设备也同样存在类似问题。为此，国家计委、国家标准总局提出，要大力推进对现有机械设备的标准化、系列化、通用化工作，要逐步淘汰落后的设备，遴选的机械设备要按标准化系列重新设计。

根据上述精神，油脂专业机械设备标准化工作于1978年完成前期准备工作，按商业部的统一规划，由科技司、粮油工业局、部商科院三个单位组成油脂设备选型、定型、标准化工作领导小组，由科技司牵头对上联系，立项申请国家项目经费；粮油工业局重点抓标准化的方案制订审定、组织设计、试制、试验和鉴定、协调工作进度等工作；商科院参与标准化方案的拟定、设计和试制等工作。从分工中可以看出，粮油工业局的工作开展好坏，是决定油脂设备选定型工作成败的关键。

在准备工作就绪的基础上，商业部于1979年2月18日—3月2日，在陕西省西安市召开了“全国制油设备选型、定型、标准化会议”。有关省、自治区、直辖市分管这方面工作的领导、技术干部和有经验的科技人员参加了会议；有关科研院所、大专院校及财经出版社等单位派员出席了会议；国家标准总局派员到会指导。会议讨论并通过了由王瑞元同志组织拟定的《制油设备选型、定型、标准化方案》《制油设备选型、定型、标准化工作计划》。会议期间，选定了食用植物油加工厂所需的清理设备、剥壳和分离设备、破碎和轧坯设备、蒸炒设备、压榨和浸出设备、过滤和精炼设备共56种，175台（套）。明确了工作分工，落实了设备的设计、制造和生产计划。

会议在总结时指出，制油设备选定型工作要根据我国油料生产收购政策，从实际出发，既要结合国内现有的实际，又要考虑将来的发展需要；既要体现以现有设备规格系列为基础，又要体现积极引导旧标准向国家标准过渡，做到在技术上先进、经济上合理，主要技术尽力缩小与世界先进水平的差距。油厂的生产规模，采取大、中、小相结合，以中型为主的方针，以利于贯彻“基本收油不收料”或“料油兼收”“产地加工”等原则。设备的选定，以大豆、油菜籽、花生、棉籽、米糠、油茶籽、葵花籽七种油料为依据。油厂的规模和制油设备所选用的参数，必须“最大限度地采用国家标准”。制油配套设备，如清理、输送等尽量采用制粉、碾米已定型的设备，通过试验选择合适的工作参数和附件。

会议强调，做好选定型工作，科研、设计、制造和生产使用单位要密切合作，从设计开始就要加强调查研究，广泛听取各方面的意见，既要考虑工艺效果，又要考虑制造工艺条件的可能性；既要考虑赶超世界先进水平，又要考虑从国内现状出发。会议要求选定型的设备，必须注意技术指标一定要先进，同类机型主要零部件，特别是易损件要做到最大限度的通用互换。外购件要采用易购的标准件。造价力求低廉，操作力求简便。基础型产品设计并定型后，要抓紧系列设计，使产品尽量配套，以满足各种类型油厂的需要。要把质量放在第一位，既要抓好设计质量，又要抓好制造质量。在时间上，要求高速度。制油设备选定型工作，除两个样板厂外，原则上要求1980年年底结束，有些设备要求在1981年正式批量生产。

会议认为，制油设备定型并批量生产之后，老产品要逐步淘汰，新建厂和更新设备的工厂，要采用选定型设备。要注意处理好“标准化、系列化、通用化”与技术发展的关系，既要注意到产品的创新，努力赶超世界先进水平，又要在生产上、使用上有一个相对稳定时期，不宜频繁变动。定了型的产品，确实需要改动的，也要按照图样管理办法，经过有关部门批准。为了客观地考核单机的技术性能和单机间的配套整体性能，会议决定：将选定型新设备装备两条生产线，并列入商业部科技计划项目，一条是建立日处理100吨油菜籽、棉籽浸出生产线，厂址选在湖北省武穴油厂；另一条是建立日处理50吨毛油的全精炼生产线，厂址选在上海油脂二厂。

为把油脂设备的选定型工作抓紧抓好，抓出成效，王瑞元同志为此付出了很多心血。他不仅组织制订了《制油设备选型、定型、标准化方案》和《制油设备选型、定型、标准化工作计划》，并为一系列会议撰写了数份总结报告。据了解，他曾为油脂设备的改进设计亲自撰写了技术性很强的50多份会议纪要；为建设好两条生产线，他多次深入现场，了解情况，及时处理存在的问题。尤其是为建设好日处理100吨油菜籽、棉籽浸出生产线，他曾12次到湖北省武穴油厂，与承担设计、设备制造和生产试验单位的技术人员以及邀请的著名专家一起在现场开会研究，解决存在的问题，从而保证了标准化生产线的建成并获得成功。

1985年3月29日—4月3日，王瑞元在湖北省武穴油厂组织专家，主持召开了标准化生产线的鉴定会。技术鉴定小组根据鉴定要求，考察了武穴油厂的实际生产情况，仔细审查了技术资料，认真进行了工艺性能测定。根据测定结果和生产试验报告，对照选定设备的设计要求，技术鉴定小组对在武穴油厂进行生产试验和考核的ZX18螺旋榨油机、JP320平转浸出器、ZHL高层料蒸脱机、QTJ双段层碟式汽提塔、ZFG长管蒸发器、SGF分水器、尾气回收装置、FLY·50圆打筛、CJZ-立式圆锥齿轮减速器和压滤机10种设备进行了生产测试和全方位鉴定，鉴定获得通过。与此同时，鉴定小组对早前已经通过鉴定的YPD-B60×60对辊轧坯机、GSS·12水平刮板输送机、GSZ·12刮板输送机、GSL·12刮板输送机和DTL链条式斗式提升机5种设备的运转情况表示满意。

尤其可喜的是，改造后的武穴油厂已经取得了显著的经济效益。3年来，尤其是浸出车间投产以来，经济效益逐步提高，到1984年为止，已经创造利润124.6万元，为改造总投资200万元的62%，预计1985年可以全部收回投资。另外，武穴油厂的溶剂消耗、粕残油、浸出毛油和成品油的质量等经济技术指标都达到了设计要求。

在生产线鉴定通过的基础上，为推广应用其新成果，王瑞元于4月4日在武穴油厂主持召开了由全国各省、市、自治区、粮食局工业处、有关科研院所、大专院校、粮油机械厂和油脂加工企业参加的现场经验交流会，王瑞元做了主题总结报告。报告中指出了油脂工业在发展中要注意的几个问题并介绍了粮油工业局1985年的主要工作目标。

湖北省武穴油厂生产线技术鉴定通过后，1987年7月，上海油脂二厂日加工50吨全精炼油生产线也通过了技术鉴定。这两条生产线的成功建立，意义重大！这标志着历经了8个春秋的我国制油设备的选型、定型、标准化工作成果丰硕、取得了胜利。这项工作的顺利完成，为中国油脂工业和油脂机械制造业向更快速度、更高水平发展奠定了坚实基础。

（二）做好引进技术装备的消化吸收工作

20世纪80年代中期，在商业部粮油工业局和各省市粮食局的规划下，全国有计划地引进了一批具有国际先进水平的制油、精炼、油脂深加工等方面的先进生产技术和设备，装备了一批油厂。据统计，1980—1995年，全国（含合资企业）共引进浸出成套设备12套，豆粕低温闪蒸脱溶设备4套，连续碱炼设备5套，全精炼成套设备50套，人造奶油、起酥油设备15套，代可可脂设备5套（带分提装置1套）。这些引进了先进技术装备的企业，很快就形成了生产力，发挥出先进技术设备的作用。他们的产品投放市场后，改变了国内油脂市场产品单一的状况，满足了群众对油脂品种、品质等不同层次的需要，同时也满足了食品工业对食品加工用油的需求。当时，市场上供应的高级烹调油、色拉油、人造奶油、起酥油、冰激凌等，大多是引进技术装备生产的。如何将引进技术装备进行消化吸收，逐步实现国产化，提高我国油脂工业和油脂机械制造水平，是摆在油脂行业面前的重要任务，这也引起了商业部和国家有关方面的高度重视。自1987年开始，这项工作被国家列入了“七五”攻关项目。

为开展引进技术装备的消化吸收，经商业部科技司和粮油工业局研究决定并报部领导批准同意，成立了商业部制油设备引进技术消化吸收领导小组（简称消化吸收领导小组），王瑞元任组长。消化吸收领导小组成立后不久，王瑞元在江苏无锡主持召开了“全国油脂引进技术消化吸收工作会议”。会议研究确定了《油脂设备消化吸收技术方案》；明确了消化吸收的具体内容、责任分工和工作进度计划。会议结束时，王瑞元做了《做好消化吸收工作，推动油脂工业技术进步》的主题报告（见附录五）。报告进一步强调了开展消化吸收工作的重要性，重点围绕树立三个观念，做好消化吸收工作；关于消化吸收工作的步骤和责任制；关于做好消化吸收工作的要求和原则等三个方面，对做好消化吸收工作做了具体部署。经会议研究决定，按照引进技术国产化的方案，进行消化吸收的有：浸出、精炼等工艺生产线21条，浸出器、自清式离心机、阿玛过滤机、脱色塔、脱臭塔等86台（套）设备。

开展引进技术装备的消化吸收工作，是在借鉴选定型工作经验的基础上，通过进一步协调各方、汇聚力量、集中优势兵力攻关来进行的。在引进技术装备油厂的大力支持下，经过测绘（在测绘时，王瑞元向引进设备的厂家承诺，万一因测绘造成设备损坏的，由商业部粮油工业局负责赔偿）、改进设计、图样审定、样机试制、安装调试、生产考核、专家鉴定等一系列艰苦细致的工作，历经七年，先后完成了自清式离心机、脱皂离心机、脱水离心机、阿玛过滤机、真空脱色塔、脱臭塔、液压轧坯机、环形浸出器等新一代油脂专业设备的设计试制任务，并在安徽省合肥油厂建成了一条采用消化吸收设备的日处理50吨连续精炼生产线。经过五年运转，各项指标达到设计要求并实现了预定目标，圆满完成了以消化吸收为主的“七五”攻关项目。日处理50吨连续精炼生产线的鉴定通过，宣告了油脂引进技术装备消化吸收工作胜利结束。油脂引进技术装备消化吸收工作所取得的成绩，得到了有关方面的高度认可，其中，日处理50吨油脂连续精炼成套设备获商业部科技进步奖一等奖、国家科技进步奖二等奖。

随着“七五”攻关项目顺利完成和引进技术设备消化吸收国产化的实现，我国油脂工业技术水平和油脂机械制造水平又上了一个台阶，进一步缩小了与国外先进水平的差距，为赶上和达到国外先进水平打下了坚实基础。

（三）制定规程、规范确保安全生产

王瑞元在原粮食部粮油工业局技术处工作期间，曾与李奕生、谢阶平同志共同撰写了《油脂浸出工厂（车间）生产技术操作规程（试行）》和《油脂浸出工厂（车间）建筑、安装、生产安全防火规范（试行）》，并由原粮食部粮油工业局在1979年7月正式颁发至各省、自治区、直辖市粮食局，成

为当时我国油脂浸出行业首批技术法规性文件，对我国浸出制油工厂的设计、设备制造、新建浸出油厂（车间）的选址、安全生产和健康发展起到极其重要的指导性作用。由于特定历史条件，上述规程和规范都未以个人名义署名，而是以粮食部粮油工业局的名义作为集体编写者。

王瑞元同志在原商业部商办工业司工作期间，为适应浸出油厂不断发展和确保安全生产的需要，在深入调研，参考类似行业制定防火安全规范和广泛征求意见的基础上，与李奕生、谢阶平同志一起，参与制定了《浸出制油工厂防火安全规范》，在该规范起草过程中，王瑞元提出了许多重要的指导性意见，鉴于当时王瑞元担任商办工业司司长，他执意不在规范主要起草人中署名。1991年9月，该规范经商业部、公安部联合批准，作为行业标准SBJ–04–91发布，成为浸出油厂保证安全生产的重要法规。

为学习领会和认真贯彻规范要求，原粮食部西安油脂科研所和各省、自治区、直辖市粮食局结合实际，多次举办由浸出油厂管理人员参加的培训班，以正确理解和贯彻执行规范精神，确保浸出油厂安全生产。

（四）提出“两个延伸”的重要主张

王瑞元在工作中，注重深入实际，严谨求实、勤奋认真，具有很强的判断力和前瞻意识。他曾组织制定了全国粮油加工“六五”“七五”“八五”等行业发展规划和技术进步规划，并下达到全国各省、自治区、直辖市粮油工业主管部门，对全国粮油工业的健康发展发挥了重要的指导作用。尤其是在制定《全国粮油加工行业“七五”发展规划》中，王瑞元提出，粮油加工业的发展要向两个方面延伸，即粮食加工要向食品方面延伸，植物油加工业要向油脂化工和综合利用方面延伸。对此，王瑞元在召开全国粮油工业会议时，多次强调粮油加工企业要把发展米面主食品工业化生产作为贯彻供给侧改革，优化产品结构的重要举措；要把发展米面主食品生产作为主业来抓，作为精深加工、延展产业链和产品链、提高企业经济效益的重要组成部分；作为粮油加工业服务社会，方便百姓生活是应尽的社会责任。与此同时，他多次强调植物油加工业要向油脂化工和综合利用方面延伸。为增强油厂发展后劲和竞争能力，要充分发挥油厂的优势，积极发展油脂化工产品，加大开发利用力度，尤其是以油料蛋白为代表的综合利用。

他当时认为，今后油厂的主产品应是油脂加蛋白，或者是油脂加蛋白再加油脂化工产品。他还强调，我国油料蛋白资源十分丰富，在开发利用时要各有侧重。当前，食用部分主要放在开发利用大豆蛋白、花生蛋白和葵花籽蛋白上；饲用部分主要放在对菜籽蛋白和棉籽蛋白的利用上，当然也不排斥油菜籽和棉籽蛋白可作食用，但目前应该把主要精力放在去毒后用作饲料。他指出，在蛋白资源的利用上，从“七五”开始到“八五”期间，食用级蛋白要在技术上、产品质量上、生产成本上和产品应用上多做工作，有所突破。从王瑞元提出“粮油加工业要走‘两个延伸’的道路”这一重要主张开始，一直到今天，时间已过去了近四十年，“两个延伸”的重要主张，在中国现代粮油工业发展史上具有重要地位，过去发挥了巨大作用、成效显著，至今仍在持续深化、不断创新。

（五）不遗余力地组织推广发展浸出制油

王瑞元十分重视粮油科学研究、技术开发和成果转化，对粮油工业先进技术的推广应用更是以身作则、身体力行。推广应用世界公认的先进制油技术——油脂浸出法、在油脂加工行业中组织实施相关项目并结合实际自主创新，是他一生不遗余力并取得卓越成绩的一项重要工作。对此，王瑞元仍保留着清晰的记忆。

1964年9月，他大学毕业后，被分配到粮食部粮油工业局工作，第一次出差，就是到大连油脂工业总厂和四平植物油厂开展“空气中溶剂的含量测定”试验，在长达一个多月的试验中，这两个著名企业采用先进的浸出法制油技术给他留下了深刻的印象。20世纪70年代初，我国食用油市场供应紧缺，为了给国家增产油脂，王瑞元在老领导的带领下，通过深入调查研究和充分准备，于1972年5月在湖南长沙召开了具有里程碑意义的“全国增产油脂经验交流会”。明确了大力开展米糠和玉米胚榨油，积极推广应用浸出法制油是增产油脂的最有效途径。在他的主持和积极推动下，1975年浸出法制油技术被国家列为42项重点推广的新技术之一，从而推动了我国油脂浸出技术的快速发展。

发展浸出法制油技术与其他新生事物的发展一样，在过程中总是会遇到这样那样的问题。由于受当时技术和物资供应的限制，有的浸出油厂（车间），尤其是20世纪70年代前期新建成的一批浸出油厂（车间），一度出现了油、粕质量差、溶剂消耗高、安全生产隐患大、溶剂油供应短缺等问题，社会反响强烈，有些问题甚至引起了党和国家领导人的关注，浸出制油一度面临夭折的危险。为改变这种局面，王瑞元想尽一切办法做了许多艰苦细致的工作。他积极组织国内著名专家，以问题为导向，结合实际，提出了提高油、粕质量的技术措施以及工艺设备改进方案；主持召开了一系列油脂浸出技术经验交流会；及时制修订并发布了《油脂浸出工厂（车间）生产技术操作规程》和《油脂浸出工厂（车间）建筑、安装、生产安全防火规范》；通过油脂设备选定型和引进技术装备消化吸收，提高我国浸出制油技术和制油设备制造水平；成功组织落实并推广应用赴日考察大豆、米糠浸出制油技术；组建青岛溶剂油公司，保障溶剂油供应……这一系列行之有效的工作，保证了我国浸出法制油技术的健康发展。

相关资料显示，1970年前，我国仅有浸出油厂（车间）23个，年处理油料量为16万吨左右。在国家计委的支持下，尤其是1975年浸出法制油技术被国家列为42项重点推广的新技术之一后，我国浸出法制油技术得到了突飞猛进的快速发展。据原商业部商办工业司1991年对全国浸出油厂（车间）生产能力等情况的调查结果，1990年全国拥有浸出油厂（车间）1383家，浸出能力达日处理油料78589吨，年实际加工油料量（含油饼）为1191.4万吨。另据统计和有关资料介绍，到2013年我国利用浸出法制油技术的年处理油料近1亿吨，占全国油料年处理量的90%以上，实现了我国油料加工浸出化的目标。与此同时，以浸出法制油为代表的我国油脂工业技术水平和油脂机械制造水平达到了国际先进水平。

（六）以商机工业发展策动商办加工业发展

1989年3月—1994年5月，王瑞元先后任商业部商办工业司司长和国内贸易部工业司司长。作为一司之长，科学谋划在进一步推动粮油加工业发展的同时，也要抓好商业和供销社的加工业发展，这是摆在王瑞元面前必须解决的重要课题。经过一段时间的反复思考和对商业、供销机械企业的参观考察和调研，他深切感受到，商业机械、供销机械与粮油机械一样，是随着商业和供销加工业的发展应运而生的；商业和供销加工业的发展促进了商业和供销机械工业的发展，反之，商业和供销机械工业的发展，又保证了商业和供销加工业的快速健康发展，商业和供销机械工业是为商业和供销加工业提供装备的，是集中体现商业和供销加工业水平的行业。

有了这样的认识，立即就行动，一段时间内，王瑞元每次出差几乎都要带上机械处处长，每到一地，只要有商业和供销机械厂的，他一定去参观学习。经过不到半年的参观学习，王瑞元对商业和供销机械工业的情况有了进一步的了解。在调研基础上，通过召开商办机械工业工作会议加快推进工作的思路在他的脑海中渐趋成熟，在司务会议上，他谈了自己的想法，得到了两位副司长和与会处长们的一致赞同。于是，在不到三年的时间里，工业司相继召开了三次商办机械工业工作会议。

1. 湖北武汉会议

1989年9月24日，“首届全国商业机械工业工作座谈会”在湖北省武汉市召开，参加会议的有全国部分省市商业、粮食和供销三家主管机械工业工作的负责同志，还有一些商业机械的大中型企业、国家重点和骨干企业的负责同志，商业部副部长傅立民到会致辞并与代表们合影留念。会议研究了商办机械工业"八五"发展规划设想，讨论修订了粮油机械行业、饮食服务机械行业、商用制冷机械行业的国家二级企业标准；讨论修订了1990—1992年商办机械企业创国家、部优产品的三年滚动计划和企业全面质量管理评比细则；讨论修订了1990—1992年商办机械工业产品国家标准、行业标准制修订工作的三年滚动计划；讨论修订了商办机械工业企业设备管理先进单位评比细则和能源管理定级、升级评比细则等。会议还邀请了武汉市商委、湖北省粮食局、江苏省供销社以及工作做得比较好并取得了一定成绩的几家商办机械企业做大会经验交流，内容十分丰富。会议结束时，王瑞元做了总结讲话（见王瑞元编著《现代粮食工业发展》第523页），就商办机械工业的发展现状、取得的成绩以及存在的差距等方面做了分析总结，对商办机械工业今后发展提出了针对性较强的指导意见，具体如下所述。

一是要进一步提高对商办机械工业重要性的认识，认真处理好商办机械工业与商办加工业的关系。王瑞元认为，商办机械工业的发展是商办加工业发展的基础。商办机械工业能够为商办加工业提供技术先进、质量高、性能好的技术装备，对商办加工业的发展将会产生直接影响。如果没有商办机械工业的现代化，商办加工业的现代化就只能是空中楼阁。为此，他希望各地要重视抓好商办机械工业的发展，要以商办机械工业的技术进步推动商办加工业的现代化。

二是要继续深化改革，扎扎实实抓好企业科学管理水平的提高。对商办机械企业来说，抓企业科学管理的工作起步较晚，与其他工业部门相比差距较大。"七五"以来，随着改革的不断深入，企业的配套改革措施相继出台，厂长负责制、厂长任期目标责任制和承包经营责任制等改革措施，有力推动了企业向现代化科学管理迈进，同时将一大批政治素质好、熟悉业务、懂管理、有开拓创新精神、年富力强的中青年同志推上了企业领导岗位。这些同志上任之后首先从抓管理开始，下大力在企业建立起科学、严谨和适合本企业特点的管理制度和管理机制，取得了明显成效，商办加工业企业也不例外。对此，要积极支持并注意认真总结经验，及时推广。在强调把先进的技术成果应用到企业管理中时，王瑞元根据当时的实际特别指出，随着科学技术的不断发展，现代化的企业管理已不只局限于建立一套严格的管理制度，同时还要将计算机等先进的技术成果尽快应用到管理中，使科学的管理内容与现代化的管理手段有机结合，提高现代化管理水平。这是今后的努力方向。

三是要努力提高产品质量，继续抓好产品创优工作。鉴于商办机械工业原来的基础条件差，致使生产的产品有的质量不稳定，技术性能较差，用户有意见。以外表质量为例，商机产品比较粗糙，设备的表面光洁度、油漆、焊接等质量问题较多，离精细、精美的要求相差甚远。对上述质量问题，一定要引起高度重视。所有商机企业，全员都要提高对产品质量重要性的认识，在产品质量问题上，一定要有紧迫感和危机感，牢固树立产品质量是企业生命的思想，形成人人关心质量、人人了解质量、人人控制质量、人人管理质量的群众质量意识。要在开展全面质量管理和大力依靠技术进步的基础上，对产品的生产工艺和生产设备不断进行革新提高，生产出更多优质合格的产品，满足用户的需要。积极开展产品创优是提高企业产品质量的重要举措。1989年，商机行业又有24个产品获得部优质产品奖。另外，还有装配式冷库的部优评比正在进行之中，软冰激凌机和日处理50吨成套油脂浸出设备参与了当年的国优评比。以后商机产品创优的要求更高了，经研究决定，从1990年起，商机产品部优评比将统一实行产品质量与企业质量管理一起评，两者都优才能成为部优产品。各地要按照这个要求来争创部优产品，更好地推动商机产品的质量提高。

四是要积极推动技术进步，继续做好消化吸收和新产品开发、研制工作。今后发展商机企业和进行技术改造时，要树立以内涵为主、外延为辅，扩大再生产的思想。一般不要再铺新摊子、建新厂了。应该把重点放在充分发挥现有企业的作用上，依靠技术进步，加快对现有企业进行技术改造，并在改进企业的生产设备、工艺技术设备和产品结构上下功夫。要通过引进技术并消化吸收，推进商机产品更新换代；要在搞好消化吸收的同时，继续积极开发新产品；要努力把数控技术、传感技术和计算机技术等一批先进科学技术成果应用到商机产品上来；要积极配合部里搞好有关国家标准和行业标准的制修订工作。

五是要发挥行业群体优势，大力组织成套生产。1985年，王瑞元曾在全国粮油机械排产订货会上提出，要把发展成套设备生产作为粮油机械的发展方向，经过几年的实践，取得了初步成效。组织成套设备生产，就是要将一批技术先进、性能良好、配套优化的单机产品同先进的工艺技术结合起来，形成成套设备的整体优势。发展成套设备生产，不只是为了方便用户，更重要的是通过这一举措，更好地发挥每台单机设备的作用，最终使成套设备达到最佳的工艺效果。王瑞元认为，发展成套设备生产是科学技术进步给我们提出的新课题，是整个商机行业的发展方向。在组织成套设备生产中，希望一些商机发展较好的省市要找准自己的优势，以拳头产品即主机设备牵头组织成套生产；要打破企业界限、地区界限和部门界限，择优选用单机设备；各地要积极支持组织成套设备生产，有条件的地区要精心谋划、加快落实，逐步实现成套设备的专业化生产；要重视科研单位的作用，注意发挥他们的技术优势，提高成套设备的总体水平；要通过组织成套设备生产，将商机产品进一步打入国际市场，为国家多创外汇。

六是要强化党组织在企业中的政治核心地位，认真抓好企业的思想政治工作。要加强基层党组织建设，更好发挥企业党组织的政治保证作用和党员的先锋模范作用，监督党和国家方针、政策在企业的贯彻执行，要坚持企业的社会主义方向，要在全体职工中努力开展爱国主义、社会主义、独立自主、艰苦奋斗的教育；要坚定政治立场，时刻与党中央保持一致。

2．四川乐山会议

1991年11月12—16日，王瑞元在四川省乐山市主持召开了“第二届全国商办机械工业工作座谈会”，参加会议的有各省、自治区、直辖市商务或商业局、粮食局和供销社主管商办机械工业工作的处长（经理），有关企事业单位的负责同志100余人。商业部顾问黄凉尘副部长亲临会议并做重要讲话，国务院机电产品出口办公室周燕处长、四川省乐山市何一心副市长、四川省供销社黄忠鑫主任、四川省粮食局唐昌南副局长、四川省商业厅杨世泉副厅长、山东省粮食局吕金聚副局长、中国商业对外经济技术合作公司杨世杰副总经理等领导也出席了会议。会议传达学习了1991年全国机电产品出口计划工作会议精神，讨论了进一步加强商业部机电产品出口工作的意见和办法，总结交流了1991年全国商办机械工业工作经验，研究分析了存在的主要问题，安排布置了1992年商办机械工业工作，讨论修改了商业部商办工业司拟定的《商业部机电产品出口工作管理细则》等。会议期间，江苏省粮食局、江苏省供销社、哈尔滨市商委和部分企事业单位，围绕会议主题，就加强商办机械工业工作的领导、深化改革、强化经营管理、推进科技进步、开发新产品、开拓国际市场、搞好全面质量管理、艰苦创业、振兴商机等方面的工作介绍了经验。

王瑞元做了会议总结报告，首先，他回顾了“首届全国商业机械工业工作座谈会”以来商业机械工业工作所取得的成绩，主要表现在：出口创汇迅速增长；引进技术消化吸收取得明显成效；产品结构得到调整改善；企业管理水平普遍提高；产品质量有所提高。其次，他从建立机构，明确职责；调查研究，摸清家底；列入计划，重点支撑；开拓市场，扩大出口；积极宣传，搞好服务；制订办法，规范管理六个方面介绍了商业部系统机电产品出口工作情况。最后，王瑞元围绕如何进一步提高产品质量，开发新产品，发展新品种和提高经济效益等重要问题，对接下来两年商办机械工业要着重抓好的七项重点工作做了部署并提出要求。一要强化市场观念，建立健全销售机制；二要继续调整产品结构，积极开发新产品；三要进一步增强质量意识，提高产品质量；四要发展外向型经济，搞好商机出口工作；五要依靠科技进步，抓好技术改造和消化吸收；六要强化现场管理，提高行业管理水平（他提出的“内抓现场，外抓市场，是企业生存与发展不可缺少的两个基本环节”引起了与会代表的强烈共鸣）；七要加强领导，进一步推动商办机械工业的发展。

3．河北承德会议

1992年4月12—15日，王瑞元在河北省承德市主持召开了“第三届全国商办机械工业工作座谈会”。从四川乐山会议到承德会议，两会之间相隔只有半年时间。本次会议的主要任务是：认真贯彻邓小平同志的重要讲话精神，按照部领导近期对商办工业工作的指示和全国机电产品出口工作会议的要求，重点研究如何抓紧有利时机，大胆进行改革、提高经济效益、加速商办机械工业发展等问题。在讨论研究和经验交流的基础上，王瑞元做了《深化改革、提高效益、加速商办机械工业发展》的会议主题报告（见王瑞元著《现代粮食工业发展》第545页）。

首先，他对1991年商办机械工业取得的成绩和主要经验做了总结。取得的成绩主要表现在：生产销售增长，经济效益提高（指出商办机械工业已走出低谷，呈现稳定发展的良好势头）；出口创汇，创历史最高水平，1991年商业部系统机电产品出口总额达到了3426万美元（比上年增长了38.14%）；强化企业管理，质量明显提高（1991年商机企业有28个产品获得优质产品称号，有两个产品分别获国家金质奖和银质奖，有一家企业产品获国际尤里卡金奖，两家企业获部质量管理奖，四家企业获全国商业系统优秀质量管理小组称号）；调整产品结构，品种增多，档次提高；转换经营机制工作开始起步。主要经验是：不断开发新产品，大力促进企业发展；努力抓好营销工作，提高企业经济效益；积极扩大出口，发展外向型经济；转变思想观念，增强竞争意识；各级领导重视，推动了商机发展。

接着，王瑞元对1992年的主要工作进行安排部署并提出具体要求。1992年商办机械工业的工作重点是：深化改革，转换机制；调整结构，科技兴企；提高质量，抓好销售；拓宽市场，扩大出口；强化管理，提高素质；发展联合，提高效益，加快商办机械工业发展。具体要求是：一要外增“动力”、内破“三铁”，转换企业经营机制，增强企业活力；二要继续调整产品结构，依靠科技振兴企业；三要狠下功夫，提高产品质量；四要进一步开拓市场，强化营销工作；五要扩大商机出口，积极利用外资。他特别强调：扩大对外开放，胆子要更大一点。

为促进商办机械工业的健康发展，自1989年3月—1993年8月，王瑞元在担任商业部商办工业司司长的四年多时间里，相继召开了三次全国商业机械工业工作座谈会。参加会议的代表一致反映，三次会议内容都很丰富；研究讨论问题务实；经验交流内容具有学习参考价值；商粮供三家企业一起开会具有互补性；三次会议的总结报告内容丰富、举措务实，针对性、指导性强，对加快商机工业发展具有很强的促进作用。在三次会议的推动下，我国商机工业取得了明显进步，这些工作成效让王瑞元深感欣慰。

（七）撰写会议报告，发表高质量论文，助推行业发展

为贯彻中央精神，推动我国粮油工业的健康发展，自1980年12月—1994年5月，王瑞元在担任司长、局长（含副局长）的十四年多的时间里，先后主持召开了数十次对行业发展有影响的全国性会议，撰写了数十篇对行业发展具有指导意义的会议总结或主题报告。其中给王瑞元留下印象最深，行业内反响好，收获大的会议有：1986—1994年，王瑞元先后在江西省九江市、四川省乐山市、黑龙江省哈尔滨市、云南省昆明市、江苏省苏州市、甘肃省兰州市和河南省郑州市主持召开的七次“全国粮油工业处长（经理）座谈会”；1982年8月，在江苏省无锡市主持召开的“商业部直属粮机厂工作座谈会”；1982年10月，在江苏省昆山市主持召开的“提高菜籽油质量技

术座谈会”；1982年11月，在江西省九江市主持召开的“全国粮油工业节约能源工作座谈会”；1988年9月，在陕西省西安市主持召开的“全国粮油机械排产订货和粮食部门物资计划会议”；1989年8月，在吉林省吉林市主持召开的“全国商业粮食部门饲料公司经理会议”；1989年9月，在湖北省应城市主持召开的“全国稻谷加工座谈会”；1990年6月，在黑龙江省哈尔滨市主持召开的“全国玉米加工座谈会”；1990年10月，在江苏省无锡市主持召开的“全国粮食系统包装工作座谈会”等（王瑞元为每次会议撰写的总结或主题报告分别收录在他的专著《现代粮食工业发展》和《现代油脂工业发展》中）。

在履行好领导职责、抓好管理工作的同时，王瑞元注重学习和思考，他结合工作实际，积极开展学术研究，先后撰写了几十篇具有较高水平的文章，分别发表在《中国油脂》《科研与设计》《粮食流通体制改革》《粮食与饲料工业》《粮食加工与食品机械》《江苏粮食研究》《安徽粮食》《北京粮食》《浙江粮食》《中国商论》《中国粮油食品》《中国粮油学报》《江苏粮食经济》等学术刊物上。推荐以下21篇具有代表性的文章。

（1）《在葵花籽加工技术交流会上的总结报告》，1981年12月24日发表于《中国油脂》月刊。

本文在重视葵花籽加工利用，适应葵花籽生产发展需要；采用合理工艺，提高葵花籽的加工技术水平；搞好葵花籽饼（粕）、壳等副产品综合利用，提高经济效益；加强科学研究，进一步提高葵花籽的加工技术水平和利用价值等方面进行了论述。全文约7200字。

（2）《在提高菜籽油质量技术座谈会的小结发言》，1982年10月13日发表于《中国油脂》月刊。

针对当时有些地区生产的菜籽油色深、浑浊、烟点低和焦煳味重，群众有意见，反映强烈等问题，文章就树立质量第一的观念，正确处理质量、出油率和产量的关系；改进生产工艺，严格操作规程，把好毛油质量关；提高炼油技术水平，搞好油脂精炼；认真搞好产品的检验工作，把好质量关；加强职工技术培训，提高职工队伍素质等方面进行了论述。全文约有14000字。

（3）《试谈我国油脂工业的发展前景》，1984年11月11日发表于《中国油脂》月刊。

为到20世纪末实现我国粮油工业的现代化，文章就我国油脂工业的现状、我国油脂工业的发展前景以及实现油脂工业现代化的措施等方面进行了论述。全文约有15000字。

（4）《谈谈"七五"期间我国油脂工业的发展设想》，1986年11月8日发表于《中国油脂》月刊。

文章就"六五"期间我国油脂工业的发展情况"七五"期间我国油脂工业发展的重点和主要奋斗目标任务以及"七五"期间我国油脂工业需要注意做好的几项工作等方面进行了论述。全文约12000字。

（5）《谈谈发展我国粮油工业的主要措施》，1992年发表于《科研与设计》月刊第3期。

文章就我国面粉、大米和油脂工业现状，发展粮油工业的主要措施等进行了论述。全文有4000多字。

（6）《深化改革，拓宽经营，加快我国油脂工业发展》，1992年7月发表于《中国油脂》月刊。

文章就要树立市场观念；要树立竞争策略；要有超前意识；要有科技质量意识；要有营销策略；要转换企业内部经营机制；要以市场为导向，搞好产品结构的调整；要继续发展精深加工；要积极推进粮油加工业的“两个延伸”，要坚持本业为主，多种经营的方针等诸多方面进行了论述。全文约15000字。

（7）《抓住机遇，奋力开拓，加速粮油工业的发展》（见附录六）。收录于中国商业出版社1992年10月出版的《粮食流通体制改革》一书中。

文章围绕着进一步认清形势，转变观念；深化改革，转换企业内部经营机制；以市场为导向，继续搞好产品结构调整；积极推进粮油工业的“两个延伸”；坚持“本业为主，多种经营”的方针；依靠科技进步，加速粮油工业的技术改造；发展横向联合，组建企业集团；继续做好技术引进的工作，发展外向型经济；继续抓好“市场”和“现场”；进一步加强对粮油工业的领导十个方面进行了论述。全文约11000字。

（8）《新世纪我国油脂工业的发展和当前值得注意的几个问题》——在中国粮油学会油脂分会第十一届年会与学术交流会上的发言，2001年11月发表于《中国油脂》月刊，全文约10000字。

（9）《浸出法是先进的制油工艺，浸出油是优质安全的食用油》，2004年发表于《粮食与饲料工业》杂志第1期，全文约2000字。

（10）《特殊油脂的营养价值》，2004年发表于《粮食加工与食品机械》杂志，全文约1500字。

（11）《稻米加工副产品综合利用大有可为》，2005年发表于《粮食加工与食品机械》杂志，全文约3000字。

（12）《2004年中国油脂工业的回顾》，2005年发表于《中国油脂》杂志第7期，全文约6000字。

（13）《突飞猛进的中国油脂工业》，2005年10月发表于《粮食加工与食品机械》杂志第10期。

文章从我国油料油脂生产与消费的快速增长、油脂工业的总体发展水平、市场上琳琅满目的食用油脂产品、大型化油脂工厂的建设、油料资源综合利用、油脂机械装备水平、油脂科研和教育七个方面进行回顾和总结，阐明了我国油脂工业取得了突飞猛进的发展。全文约10000字。

（14）《谈谈我国粮油工业的发展趋势》，2005年发表于《江苏粮食研究》杂志第6期，全文约2000字。

（15）《坚持走粮食购销企业与粮食加工企业联合经营的路子》，2003年发表于《安徽粮食》杂志第4期，全文约2500字。

（16）《粮油工业深化改革的几点意见》，1992年发表于《浙江粮食》杂志第6期，全文约4000字。

（17）《进一步振兴北京市的粮食工业》，1991年发表于《北京粮食》杂志第4期，全文2000多字。

（18）《粮油工业要进一步发展》，1985年发表于《中国粮油食品》杂志第2期，全文约2200字。

（19）《努力做好商办工业工作》，1992年9月发表于由商业部主办的《中国商论》杂志，全文约3000字。

（20）《“八五”期间我国油脂工业要努力做好的几项工作》，1991年发表于《中国粮油学报》杂志第2期。

文章关于油厂的技术改造；调整产品结构，增新产品；油厂要逐步向油脂化工和综合利用方向延伸；关于油料蛋白的利用；进一步搞好引进工艺设备消化吸收的验收工作；关于引进技术与外商合资合作问题；强化油厂管理；关于油厂的自动化；关于新标准的制定和进一步重视粮油机械工业的发展十个方面进行了论述。全文约3000字。

（21）《进一步振兴我国的粮油工业》，1991年发表于《江苏粮食经济》杂志第7期、第8期，全文约15000字。

四、成立溶剂油公司，保障溶剂油供应

在1972年长沙召开的“全国增产油脂经验交流会”和“七五”期间，国家将浸出法制油技术列入了重点技术推广项目的推动下，我国浸出法制油技术得到了飞速发展。但在发展的同时，也遇到了一些问题，其中溶剂油供应紧缺，造成了部分浸出油厂（车间）不能正常生产，制约了浸出油技术的发展，而成为一个非常突出的问题。

20世纪80年代，由于国内原油供应不足，并受国际环境影响无法进口原油等原因，我国石化行业的发展速度较为缓慢，有限的原油资源主要侧重于成品油的保障，浸出制油生产用的溶剂油数量有限。加上溶剂油不仅用于浸出法制油工艺，还广泛应用于化工、制革、胶黏剂、清洗等多个方面，且能够生产溶剂油的石化厂家少，溶剂油产品产能和产量低，造成当时浸出溶剂油资源短缺，制约了浸出法制油工艺的推广应用。与此同时，各地浸出法制油工艺的发展水平不平衡，浸出装备水平不高，企业生产管理粗放，造成浸出溶剂油消耗大，不少企业的溶剂消耗甚至高达10公斤（吨料），加重了溶剂油供应的紧缺。

面对溶剂供应紧缺，影响浸出油厂的正常生产等问题，时任商业部粮油工业局局长的王瑞元及时向主管部领导请示汇报，得到了部领导的重视和支持，并亲自打电话给中国石油化工集团的领导，希望其下属企业增加6号溶剂油的生产量，在年度的排产计划中增加对粮油加工部门的供应，并能根据粮油企业的需求，提高浸出用溶剂油产品的品质，确保食用植物油的质量与安全。

基于上述情况，为保障军需民食，合理使用和分配有限资源，增加浸出溶剂油供应，提高质量，保障安全。王瑞元建议召开全国溶剂油供应工作会议，研究安排相关工作，得到了部里的批准。于是，1987年在云南大理召开了“第一次全国溶剂油供应工作会议”，全国各省、自治区、直辖市粮食部门主管该项工作的领导参加了此次会议。会上介绍了浸出溶剂油的发

展现状以及对行业发展的重要性，分析研究了溶剂油供应工作中的问题及解决方法，通过认真的讨论和协商，决定成立专业公司，负责全国各石化企业生产的浸出溶剂油计划调拨、储运和产品的国家标准制修订等方面的工作。会后，在各省、自治区、直辖市粮油工业部门的大力支持下，共筹措资金870万元，于1988年成立了青岛粮食溶剂油公司（以下简称溶剂油公司）。溶剂油公司成立后，为保障浸出溶剂油的供应，促进我国浸出法制油的健康发展做出了贡献。

（一）努力解决溶剂油供应紧缺问题

溶剂油公司成立后，面临的首要任务是如何解决浸出溶剂油供应的紧缺问题。为了更好地平衡资源、合理分配、杜绝囤积溶剂油的现象等，公司对全国浸出溶剂油产品实行了统一计划、统一调拨、统一结算，合理利用现有资源；同时，积极协调石化厂家增加产能，通过先期的深入调研，选取了生产稳定、产品质量过关的大庆石化、锦州石化石油分厂、辽阳石化、天津石化、齐鲁石化、扬子石化、金陵石化、长岭石化、茂名石化、兰州石化、乌鲁木齐石化和独山子石化12家石化厂生产溶剂油。通过沟通协商，提供资金支持等方式，扩大浸出溶剂油的产能，最大限度地满足油厂的需求。同时利用筹措的有限资金，在湖北武汉黄陂、河南开封兰考、山东济南章丘、江苏苏州白洋湾、浙江杭州临平、辽宁大连普兰店等地，增加了符合要求的浸出溶剂油接卸专用线和储罐，购置了铁路专用运输槽车等，以解决运力紧张等问题。在溶剂油供应方面，增加了对溶剂消耗低于5公斤（吨料）企业的溶剂油供应，以这样的引导方式，通过计划调控，推广先进浸出装备和工艺，促进油厂提升管理水平，降低溶剂消耗，提高资源的使用效率。经过多方面的努力，全国浸出溶剂油的供应量从不足3万吨/年增加到6万吨/年（峰值），缓解了浸出溶剂油供应的紧张局面，最大限度地保证了油厂的实际需求。其间，每年都举行全国溶剂油供应工作会议，安排当年的浸出溶剂油供应计划。王瑞元每次都亲临会议，并在会上做主题报告，会下与各地代表沟通协商，解决相关问题，可谓不遗余力、费尽心思，令人敬佩！

（二）积极组织标准的制修订工作

在努力实现溶剂油增产保供的同时，随着我国食用油加工业的快速发展和食用油品质的提升，对浸出溶剂油的品质需求也逐渐提高。在20世纪90年代前，我国浸出溶剂油产品没有相关国家标准，各溶剂油生产厂家是按企业标准或石油化工行业标准SH 0003《6号溶剂油》生产的。为提高溶剂油的质量，溶剂油公司在调查研究的基础上，将油脂行业的相关需求转达给了中国石油化工总公司下属的石油化工科学研究院和兰州化工总厂。由这两家企业作为标准起草单位，起草了GB 16629—1996《6号抽提溶剂油》草案，经国家技术监督局评审后，于1996年12月2日发布，1997年5月1日起实施，成为我国第一个浸出溶剂油产品的国家标准，促进了浸出溶剂油的健康发展。

进入21世纪后，我国石化行业发展迅猛，在满足成品油需求后，发展精细化的油品与化工产品成为石油企业提高效益的重要举措。因前期6号溶剂油在市场上供不应求，产品利润率相对较高，石化企业因而具有很高的生产积极性，加上以山东为代表的地方炼油厂如雨后春笋般地涌现，6号溶剂油的产能大幅提升，但同时也带来了产品质量良莠不齐、低劣产品充斥市场等问题，加之原有国家标准是以保供应为前提，质量标准等相对宽松，导致市场上的产品品质与用户实际需求产生了越来越明显的差异，同时也给食品安全带来了风险隐患。王瑞元很快意识到上述出现的新情况、新问题，必须尽快研究解决。

于是王瑞元安排溶剂油公司（现已改制为南京中商华天石化有限公司）深入市场，走访了国内主要的浸出溶剂油生产企业和应用浸出溶剂油的食用植物油生产企业，搜集了市场上多家企业生产的6号溶剂油产品的实测指标情况和用户使用建议，以此作为基础资料，于2003年7月17日召集了油脂界30多位著名专家在浙江省德清县召开了“中国粮油学会油脂分会常务理事扩大会议”，拉开了浸出溶剂油提质和升级换代的序幕。与会专家根据浸出溶剂油产品的质量现状，针对该标准在实际使用中存在的安全性等问题，展开了广泛的讨论，提出了许多改进的建设性意见，希望对该标准进行修订，会议达成一致意见并由专家们签字，形成了修改国家标准的会议纪要，会后上报给国家标准化管理委员会。经过多方努力，GB 16629—2008《植物油抽提溶剂》于2008年6月23日发布，于2009年6月1日正式实施，溶剂油公司作为标准起草单位之一，参与了标准的制修订工作。新国标规范了浸出溶剂的名称和用途；缩短了产品馏程，更利于溶剂消耗量的控制；苯等有害物质含量的控制指标更加严格；严格了溴指数指标，通过降低不饱和烃含量，降低了残留浸出溶剂对食用植物成品油的氧化劣变影响；同时严格了不挥发物和硫含量等关键指标。

2000年后，我国浸出油厂规模迅速扩大，单条生产线加工能力超过2000吨/日的设备不断增加，同时油料、油脂的深度加工产业链延长。以大豆加工为例，大豆异黄酮、大豆皂苷、大豆低聚糖、大豆蛋白活性肽、食用大豆纤维粉等深加工产品都要求以低温豆粕为原料，带动了国内低温浸出加工量的不断增加，而高质量的低温豆粕的生产需要进一步提升浸出溶剂油的品质，现有溶剂油已不能完全满足油脂工业进一步发展的需要，亟待改进提高。

根据新的需要，王瑞元曾代表油脂分会安排溶剂油公司协调中石化扬子炼化有限公司和中石化金陵分公司，有针对性地研发出了60%含量的食品工业用正己烷产品和80%含量的食品工业抽提用正己烷产品，并制定了相应的企业标准。为此，王瑞元曾于2006年9月和2009年6月分别组织了中国粮油学会油脂分会的多位专家，对上述产品进行专业评审，与会专家对相关产品的产品质量以及社会经济效益等给予了高度评价，并出具了专家评审报告，相关意见具有前瞻性，对后续浸出溶剂产品的发展起到了指导作用（评审报告的原件现存于中国油脂博物馆）。

2010年后，为进一步加强对食品的安全管理，国家有关部门对各行业应用的食品添加剂制定了详尽的食品安全国家标准，其中包括了植物油抽提溶剂产品。学会对此项工作高度重视，安排中粮集团、扬子炼化、中商华天等会员单位积极参与标准的起草工作，对标准草案提出了许多更适合行业实际的修改意见并被采纳。GB 1886.52—2015《食品安全国家标准 食品添加剂 植物油抽提溶剂》于2015年9月22日发布，2016年3月22日正式实施；GB 1886.258—2016《食品安全国家标准 食品添加剂 正已烷》，于2016年8月31日发布，2017年1月1日起正式实施。新标准根据石油化工行业新的发展动态，明确了产品的原料来源为原油直馏馏分，降低了不合规原料的产品风险，并在新标准中新增了多环芳烃的检测指标，对食品安全有了更加可靠的保障。

以上情况表明，溶剂油公司为溶剂油标准的制修订做了大量的工作，为提高食用植物油产品质量、保障人民身体健康做出了贡献。

（三）为用户提供优质服务，是溶剂油公司的“立企”之本

在做好溶剂油产品保供和标准提升工作的同时，溶剂油公司作为专门设立的专业公司，确立了要为油脂加工企业提供优质、高效、安全浸出溶剂的服务宗旨。三十多年来，该公司为了我国浸出制油工业的发展，在解决产品从石化厂到油厂的物流各环节问题；通过准确把握浸出溶剂所需原料生产成本的变动因素，及时协调石化企业确定合理的产品价格；坚持保本经营的原则，最大限度地降低产品的供应成本等方面做了大量卓有成效的工作，受到用户的一致好评。

通过多年的努力，使浸出溶剂油的供应充足，品质提高，实际浸出效果更加理想，溶剂消耗大幅减少，溶剂蒸脱能耗大幅降低。以大豆加工为例，

溶剂消耗从20世纪90年代的5～8公斤（吨料），下降到21世纪的1～2公斤（吨料）。其中高温浸出正己烷的溶剂消耗从3公斤（吨料）下降到0.6～0.8公斤（吨料）；低温浸出的溶剂消耗从10公斤（吨料）下降到1～3公斤（吨料）。在降低企业生产成本的同时，食用植物成品油和粕的品质也得到了进一步的提升。

从浸出溶剂的总用量来看，参照2022年的有关数据，年榨油油料量约为1.46亿吨，按0.5～1公斤（吨料）的溶剂消耗水平测算，全年浸出溶剂用量在8万～15万吨（包括植物油抽提溶剂和正己烷），且溶剂消耗水平整体稳中略降，浸出溶剂的总体需求量相对平稳。

随着我国石化行业的飞速发展，浸出溶剂的产能明显增加，根据2023年年底的数据，浸出溶剂（包括植物油抽提溶剂和正己烷）的总体产能约为40万吨（年）。从产品供需情况来看，食用植物油行业每年需求量为8万～15万吨，化工乙烯行业每年需求量为6万～8万吨，橡胶聚合行业每年需求量为5万～7万吨，医药等其他行业每年需求量为1.5万吨，总计每年需求量为20.5万～31.5万吨，整体供需关系处于供大于求的态势，市场供应充足。这来之不易的大好局面，与王瑞元的谋篇布局、辛苦付出紧密相连。

为促进浸出制油工业的高质量发展，王瑞元十分重视新型溶剂的开发利用，对江南大学王兴国教授团队与湖南金瀚、中粮集团、青岛溶剂油公司研发异己烷新型低温浸出溶剂的探索工作高度重视并给予全力支持，该项目已被列入国家“十三五”规划；与此同时，他也十分关心暨南大学汪勇教授团队对甲基氧代烷植物基溶剂的探索工作，给予了力所能及的帮助。上述相关的研究实验将为后期新型溶剂的发展提供有力的技术支撑。

五、关心年轻干部的成长

“文化大革命”结束后，特别是改革开放后，我国经济社会步入了正常的发展轨道并逐步加速。1977年，商业部在恢复、调整和完善内部机构的基础上，各项工作开展已是井井有条。为适应业务工作发展的需要，商业部各司局自1978年起，相继从大专院校挑选了一批优秀毕业生到部里工作，其中，粮油工业局是录用毕业生最多的司局。在几年的时间里，粮油工业局先后在原郑州粮食学院、无锡轻工业学院和武汉粮食工业学校（1980年更名为武汉粮食工业学院）等大专院校，挑选了刘勇、彭国春、邓爱民、辛保国、白文良、梁中华、徐松昌、任元川、邹宁、马伟刚、李建、林西、邹运平、吴念孙、赵华芳、鲍德建、李同慧、江建刚、丁梅、李培毅、崔元庄、邢默等27位优秀毕业生。由于历史的原因，有些同志在入学前已参加过多年工作，具有一定的社会工作生活经验，不同于早先及后来毕业的大学生。例如，刘勇同志1969年就进入天津军粮城米厂当了6年多工人；彭国春同志在入学前已在郑州面粉厂当工人；邓爱民同志在入学前已在南京集合村米厂当工人等，王瑞元对这些入学前就已工作过、吃过苦的大学毕业生倍加爱护。

针对当时粮油工业局许多老专家、老同志年龄已接近甚至超过60岁的实际情况，王瑞元深切认识到，上述27位大学生，是粮油工业的希望和未来。但如何将这批年轻的新生力量培养好、使用好，让他们早日成为能挑大梁的优秀机关干部，是王瑞元反复思考的问题。他曾多次与一些老处长打招呼，要多给新来的大学毕业生压担子，工作时要有老专家和老同志关心、指点和帮助，促进他们的快速成长。与此同时，王瑞元努力为这批年轻人做了以下三件事情。

一是千方百计解决上述27位毕业生中6对夫妻两地分居的问题。对于夫妻两地分居带来的苦恼，王瑞元是深有体会的。鉴于当时要解决进京户口和安排工作等问题是特别困难的事，所以他自己曾与妻子两地分居长达12年之久，直到1978年9月，他爱人张瑜同志才从无锡调到部里工作。为让这些两地分居的年轻干部安心工作，他决心要下大力解决他们的两地分居问题。对此，他曾多次向主管部门领导反映，无数次地去部人事司，请求他们帮助解决粮油工业局6对夫妻两地分居的问题。在部领导的关心支持下，在部人事司的大力帮助下，1983—1992年，经过10年时间的努力，先后解决了6对夫妻两地分居的难题。其中周基兴的妻子温秀恩1983年6月从沈阳调到北京部里工作；李建的妻子谢丽1984年4月从四川调到北京部里工作；刘勇的妻子陈怡华1985年5月从天津调到北京部里工作；彭国春的妻子蒋兰芳1990年8月从河南调到北京市粮食部门工作；梁中华的妻子王良1991年6月从天津调到北京部里工作；吴念孙的妻子范君1992年5月从武汉调到北京部里工作。随着夫妻两地分居问题的解决，极大地调动了他们工作的积极性，这些同志对党组织的关怀无比感激。

二是积极创造条件培养青年干部，创新培养平台。鉴于部里对各司局和处室的设置、人员编制和干部职数均有严格的规定，对副处长以上干部的任命都要通过部里颁发文件，不能随意增加。在这种情况下，王瑞元自1982年全面主持粮油工业局领导工作后，为培养和使用年轻干部，他大胆地在局务会议上提出，在粮油工业局内部创设科级干部职位（这在部里各司局中均没有先例），作为培养使用年轻干部的平台，提职后的干部不与工资挂钩（当时称为粮油工业局的“内部粮票”），得到了大多数同志的赞同。接着，在制订了提拔条件和顺序后，经推荐、考核后，粮油工业局于1982年10月发文，任命刘勇、彭国春、邹宁、任元川、马伟刚五位年轻同志为正科级干部。这一举措调动了年轻干部奋发努力、你追我赶的工作积极性。后来，这五位同志除了邹宁和马伟刚调离粮油工业局外，其余三位同志都先后提升为司局级干部。

三是大力举荐和破格提拔年轻干部。根据中央精神，为实行政企分开，精简机构，商业部要求有关司局在保留司局名称和一部分业务工作的同时，组建相应公司，将一部分业务分给公司去运作。于是，经研究并报请部领导同意，将原粮油工业局的业务工作分为两部分，一部分继续留在商办工业司，另一部分交由即将组建成立的中商华天实业公司承担。1993年3月，新组建成立的中商华天实业公司需配备一名副总经理（副局级干部），在研究干部配备时，经王瑞元提议，大家一致赞同，由年轻干部刘勇同志出任。举荐刘勇同志担任中商华天实业公司副总经理的决定上报后，在审查中发现刘勇同志时任正处级的时间只有两年多，不够提拔时限（规定正处级提升为副局级，任期要满三年）。为此，王瑞元多次向主管部长和人事司举荐，最后获得批准。

六、其他方面的工作业绩

王瑞元一生致力于我国现代粮油工业发展，无论是领导工作、管理工作还是专业技术工作，他都倾注了大量心血，取得了卓越工作业绩。除上述工作外，他在其他诸多方面的工作业绩也令人十分钦佩。

1983年前后，根据中国和意大利两国三年经济、技术和财政合作计划纪要，意大利政府对中国商业部“食用油及油脂精炼加工厂”项目给予赠款200万美元，政府低息贷款240万美元的支持。改革开放初期，若能利用好这批外资、引进国外先进油脂加工技术和设备，使项目落实落地，既为国家节省了外汇，又有利于推动我国油脂工业现代化水平的提升，王瑞元对该项目跃跃欲试。经部领导批准，商业部成立了以王瑞元为团长的植物油精炼、加工设备考察订货团。1983年1月14日—2月7日，考察订货团在意大利进行了为期25天的油脂加工、精炼及设备制造技术考察。在认真考察基础上，考察订货团根据“技术先进、设备可靠、价格合理”的原则，与意大利相关企业等进行了一系列商务技术洽谈，最后，成功与意大利CMB公司达成合约，以285万美元（离岸价）的价格，为项目实施单位——辽宁省沈阳第三粮库签订了一整套油脂精炼设备。该成套设备完全满足了沈阳第三粮库的目标要求。其生产规模为：24小时生产脱胶、脱酸、脱蜡油（即“前三脱油”）150吨；其中100吨“前三脱油”可以继续进行脱色、脱臭（即“后两脱”），产品是高级烹调油（即色拉油）。深加工目标要求为：生产的“五脱油”中的40吨，可以进行氢化并能连续生产30吨人造奶油或40吨起酥油。合同的成功签订，既引进了先进技术，又为国家节约了大量资金，意大利政府向该项目的低息贷款由原来的240万美元降至85万美元。王瑞元等同志出色完成了考察订货任务。

在王瑞元担任司长、局长的十四年多时间里，他多次率团赴日本、印度、印度尼西亚、巴西、美国、加拿大等国，参加粮油方面的国际会议和学术研讨会。每次参会，他都提交有关反映我国油脂工业和粮油加工副产品综合利用等方面的文章，受到了与会各国代表的好评。

他解放思想，积极开展对外合作。1993年7月，在王瑞元的推动下，全球著名的制粉设备制造商——瑞士布勒公司与中国无锡粮食机械厂开展了全面合作，成立了布勒（无锡）机械有限公司，实现了强强结合。经过多年运行，合作取得成功，成为无锡市中外合作企业的典范。通过这种有效的合作，推动了我国制粉工业和制粉机械制造业的快速发展。

20世纪80年代中期，中国油脂界围绕"多维营养油"的科学性与真实性，开展了一场牵动人心的重大辩论，引起了时任国务院副总理田纪云同志的关注。为揭露其所谓成果的伪科学性，王瑞元与时任商业部科技司司长的傅立民一起，组织国内著名专家，本着实事求是的科学态度，通过实地考察和一系列科学试验，有理有节地同伪科学作坚决斗争。在坚实的科学试验数据支撑下，1988年，国家科委以"科办字126号文"明确了多维油没有重大技术突破，不再组织国家鉴定，给长达5年之久的多维油争论画上了一个句号。中国油脂科技界通过这场争论，从理论上和实践上进一步走向成熟。

在担任商业部商办工业司司长时，王瑞元十分注重利用一切机会扩大中国商办工业的影响力。1991年4月，根据商业部的研究决定，王瑞元率领120多人的代表团，在马来西亚首都吉隆坡举办了为期20天的"首届中国商办工业产品展览会"。其间，他陪同马来西亚矿产部部长等要员参观了展览，他多次接受媒体采访，介绍中国商办工业近些年所取得的成就，取得了良好效果。此外，他还针对参展代表人数多、在外时间长等特点，采取各种措施、严格管理，确保了展会和人员的安全，展览会取得了圆满成功。

通过长期的艰苦努力，王瑞元不仅在管理岗位、领导岗位上取得了卓越的业绩，而且在粮油科技专业领域也取得了一系列重要成果，赢得了上级党组织、各级领导和业内同行的充分肯定，其学术水平和专业能力也得到粮油行业科技工作者的高度认同。1994年11月，时任中谷粮油集团公司总裁的王瑞元在申报教授级高级工程师的材料中，中谷粮油集团公司给了王瑞元如下推荐意见：

王瑞元工作30年来，为我国粮油工业的发展做出了重要贡献。他主持推广和提高浸出法制油技术，为我国油脂工业带来了巨大经济效益，通过粮油设备选定型等工作，使我国油脂设备达到标准化、系列化程度；通过消化吸收工作，使我国油脂设备和技术提高到一个新水平；由他主持和组织的蛟河油厂改造项目获得部科技进步奖二等奖，50吨/日精炼项目获得部科技进步奖一等奖、国家科技进步奖二等奖。多年来，他发表了数十篇粮油科技方面的论文和报告，担任多个粮油科技学术组织的常务理事、理事长，具有较高的组织能力和理论水平、学术水平，在粮油科技众多领域贡献卓著，我们同意推荐王瑞元参加教授级高级工程师的评审。我们认为，对王瑞元的以上评价是恰如其分的。祝王瑞元众望所归地获评教授级高级工程师。

第四章

领军中谷：现代粮油企业集团建设

（1994—2001年）

根据上级党组织的安排，1994年5月，王瑞元同志调任新组建的中谷粮油集团公司任总裁。在1994年5月—2001年近七年的时间里，他与集团公司其他领导成员精诚合作，团结奋进，为创建并发展中谷粮油集团公司做了许多开创性工作，取得了显著成绩，为中谷粮油集团公司快速发展奠定了坚实基础。

第一节
市场经济转型期的改革探索

一、服从组织安排，创建中谷粮油集团公司

1994年4月下旬，王瑞元遇到了一件意想不到的事情。一天下午，国内贸易部副部长白美清同志的秘书刘学军打电话通知王瑞元，有空时到白部长办公室来一趟。王瑞元听完电话后，二话没说，带上笔记本就去了白部长办公室。白部长笑脸相迎，让王瑞元坐下。刘秘书给他倒了一杯茶。接着，白部长对王瑞元说："今天请你来，是要给你先通报一件事，鉴于国家粮食储备局（白美清副部长兼任局长）常务副局长许宗仁同志已年满60岁，即将办理离休手续，加上按部党组决定分别组建成立商业、粮食和供销三个集团公司，粮食口将成立中谷粮油集团公司。当前，粮食口急需两名得力干部做好上述的干部接替工作并创建好新公司。"白部长接着说："根据粮食口的干部现状，部党组的想法是：一个人选是将原江苏省粮食局局长、现任江苏省盐城地委书记的徐国建同志调到部里来工作；另一个就是把您从工业司调出来。至于你们两人，谁到国家粮食储备局接替许

宗仁同志，谁去创建中谷粮油集团公司，待徐国建同志调来部里后再商量确定。你现在先考虑考虑，愿意去哪里？”白部长还笑着强调：“听说你曾经有过两次不愿意调出工业司，要坚持留下来搞粮油工业工作的情况，这次可不同了，你肯定要离开工业司了，这已经不能再商量了。”（前些年，部党组有过两次想把王瑞元调出工业局，一次是调到商业部粮食科学研究院当院长；另一次是想把王瑞元调到部办公厅当主任，在这两次组织动议时，白部长还未从国务院调到部里工作。）

王瑞元深知，这一次他调离工业局已是铁板钉钉的事，第二天一上班，他就把几位搞粮油工业、粮油机械的处长、副处长叫到办公室，通报了白部长的谈话精神，并与处长们一起商量去哪里工作更合适。经反复分析比较，最后大家一致建议王瑞元去创建中谷粮油集团公司。巧合的是，4月30日下午，白部长再次把王瑞元叫到办公室，并告诉他：“经与江苏省委联系，徐国建即将任江苏省组织部部长，所以他不能来部里工作，你也不用考虑到哪里去了，只能去中谷粮油集团公司。至于许宗仁同志，可以再留任一段时间，待有合适人选再办离休手续。”他叮嘱王瑞元道：“你要尽快去中谷粮油集团公司。”

根据白部长的要求，王瑞元赶紧回到工业司，带着依依不舍的心情，与大家一一握手告别，离开了他从事三十年工作的工业司。鉴于“五一”后，王瑞元要率团去意大利和英国考察，所以只能待考察结束回国后，再去中谷粮油集团公司上任。

1994年5月13日，王瑞元率团出国考察后返回北京，第二天一早，他就来到了中谷粮油集团公司办公室，尽管去得较早，但办公室的王葆亿等同志到得更早（他们事先知道王瑞元5月14日要到中谷粮油集团公司上班），一见面，王葆亿就把他对面的办公室打开，然后说道：“王总裁，这是您的办公室。”接着，他把部里下发的《关于中谷粮油集团公司领导班子的组成名单通知》交给了王瑞元。《通知》中明确了王瑞元同志为中谷粮油集团公司副董事长兼总裁，为法定代表人；郑志勋同志为副董事长（曾任国家粮食储备局常务副局长）；赵海建同志为副总裁（曾任部机关党委副书记）；吴競同志为副总裁（曾任部粮食储运司副司长）。由此，中谷粮油集团公司除董事长暂缺外，领导班子已经全部配齐。

王瑞元履新中谷粮油集团公司后，第一件事就是全力抓好召开中谷粮油集团公司成立大会的筹备工作。由于大会召开在即，时间紧、困难多，故而，任务艰巨，在王瑞元的带领下，大家团结协作、共同努力，各项筹备工作全部就绪。1994年5月18日，商业部在人民大会堂隆重举行了“中谷粮油集团公司，中商集团公司成立大会”，时任全国人大常委会副委员长的陈慕华同志、全国工商联副主席黄凉尘、国家经贸委副主任陈清泰、国内贸易部部长张浩若和副部长陆江、原商业部副部长张世尧等领导同志参加了成立大会。有关省、自治区、直辖市粮食厅（局）发来了热情洋溢的贺信、贺电。成立大会的成功召开，宣告了中谷粮油集团公司的正式成立，这是全国粮食行业的一件大事，备受国内外关注。

二、理顺各方关系，营造良好开局

俗话说：“万事开头难”。中谷粮油集团公司成立后，要做的工作千头万绪，从何处着手抓起，是摆在以王瑞元为代表的中谷粮油集团公司（以下简称“中谷集团”）领导班子面前的重大课题。经王瑞元反复思考、领导班子多次研究并集思广益，最后形成共识。为此，公司召开了两次大会，王瑞元代表领导班子，就中谷集团如何实现良好开局做了重要讲话，在这两次会议的讲话中，他着重强调了中谷集团在当下应着力做好的几项重要工作。会后，王瑞元和班子成员率先垂范、一马当先、全力推进。

一是在较短时间内，充实业务骨干队伍。中谷集团成立时只有王瑞元、郑志勋、赵海建、吴競、王葆亿、庞明虎、金垣、张静洁、姜桂玲、宋庆奇、王杰芬、邹庆华、黄全昆、陶克敏、宋凤启等同志（中谷集团的开创者）。1992年后，随着社会主义市场经济目标的确立，粮食流通体制改革进一步加快，粮食供应票证取消，统一的粮食市场体系正加快形成，部里对中谷集团寄予厚望，根据中谷集团的业务范围和工作需要，建立一支数量适中、素质高、能力强的业务骨干队伍迫在眉睫，必须加快落实。在部领导、有关司局和部属公司的大力支持下，不到一个月的时间，就将陈曙光、李健、张佩华、徐松昌、方云、齐兰州、高二鹏、傅瑞霞、徐星、王艳、王印基、金福子、郝进先、徐林颖、杨超、陆群、朱震、陈轼彬、张峰、崔连顺等二十多位方方面面的业务骨干调入了中谷集团，这些同志懂业务、会经营、善管理，有力地推动了中谷集团各项工作的开展。

二是完善内部机构设置、充实各部门人员。随着业务骨干陆续到岗，中谷集团刚创建时所设立的办公室、贸易一部、贸易二部、实业部和财务部等，人员得到充实、力量得到壮大，整体实力有了较大提升，根据集团快速发展的需要，又相继设立了法律部、人事部，后来又设立了进出口部，补充了相关工作人员。这也保证了中谷集团的有序运行和各项业务工作的顺利开展。

三是确立中谷集团“要做好贸易，办好实业；要依托贸易，创办实业，综合经营，全面发展的指导思想”。要通过开展贸易为创办实业积累资金，要通过创办实业，为更好地开展贸易建设并提供优越的经营场所。发展贸易先从国内贸易做起，同时探索和加快步伐开展进出口贸易。当前，要多争取一些诸如国家有关储备粮油的轮换拍卖、进出口粮油的指标分配等，同时要多了解各地的粮油市场情况，加强与各省区市粮油总公司的联系，开展合作经营。贸易一部、二部要加强分工合作，贸易二部以经营粮食及其他小品种粮食为主，贸易一部以经营油料、油脂为主。至于实业部，当前要先从接纳原粮食部有关司局筹建的实业项目并将其划归到中谷集团做起，例如，北京八达岭公司（占地210多亩，是将来建设粮库的好地方）、西安中实实业公司、中商华天实业公司茂名粮油物资公司（每年经营溶剂油8000～10000吨）以及上海东东公司等，要先抓紧做好企业更名等相关手续办理工作，再研究下一步怎么开发利用。要积极争取并利用好国家每年给粮食部门下拨的简易建筑费、有关技术改造项目贴息、国外赠款以及低息贷款等发展实业。在发展实业时，当前的重点应放在建设粮油仓库上，建在哪里，建多大规模，要多听听贸易一部、二部的意见，为粮油经营贸易提供有利条件。

四是要做好工作，加快2亿元注册资金到位，以利于集团开展工作。此项工作以财务部为主。从大家分析的情况看，目前将2亿元注册资金筹措到位是有难度的，其中，储备粮结算中心的5000万元，只要中谷集团做好工作，是有可能到位的。其余部分大多是原粮食部借给各地粮食部门建设及有关资金结算时的拖欠余款，虽然要回来的难度较大，但中谷集团也要努力争取，请欠款单位多加支持，能要回多少算多少，争取到位资金达到1亿元。要做好催款这一艰难的工作，除财务部外，集团公司几位领导也要亲自出面做工作，有关部门经理也要协助做好这项工作（据王瑞元回忆，当时他给大家鼓励时说1亿元资金如能到位，他打算自掏腰包请大家喝庆功酒）。与此同时，财务部要多与财政、银行、税收等部门加强联系，争取他们对中谷集团的支持。虽然王瑞元在会上反复强调，大家也做了大量工作，但最后效果不理想，结果只到位2000万元，这也使得中谷集团起步时，资金极为困难。

五是要加强调查研究，要多与各省市粮食局、有关粮油总公司等单位和企业联系，对有意愿加入中谷集团的企事业单位，要深入了解情况，摸清其家底，为下一步研究发展中谷集团京外公司做好准备。

六是中谷集团在发展过程中要精诚团结，搞好各方面的关系。针对眼前遇到的各种困难，王瑞元反复强调，这是任何企业在发展过程中都会遇到的问题，“中谷人”绝不能被困难压倒。“团结就是力量”，只要“中谷人”心往一处想、劲往一处使，任何困难都能战胜。要注意搞好与各行政司局的关系，争取他们的支持；要搞好与粮贸公司、饲料公司、油脂公司、新良储运公司、华天公司、高新科技公司等部属公司之间的关系，为将来的“大中谷”打下思想基础。

上述理念、思路和重点事项，成为集团在开创阶段确立的指导思想和工作的重要抓手，也是中谷集团领导班子的施政纲领。思路决定出路、团结出战斗力，通过大家的辛勤工作，中谷集团努力迈好了第一步，为下一步快速发展开了一个好头。

三、强有力的领导班子是中谷集团快速发展的重要保证

1994年12月初，中谷集团得知德高望重的白美清副部长就要办理退休手续。为进一步加强中谷集团的领导班子建设，中谷集团连续两次向国内贸易部党组呈送报告，恳请部党组在白美清副部长到达退休年龄后，将其委派到中谷集团担任董事长。为此，王瑞元还亲自找了当时主管粮食工作的罗志龄副部长，希望能得到罗副部长的支持。最后，终于如愿以偿。1994年12月底，国内贸易部党组发文，任命白美清同志担任中谷集团董事长，这一任命，既解决了集团董事长一直空缺的问题，又进一步增强了中谷集团领导班子的力量。喜讯传到中谷集团后，大家欢欣鼓舞，欢迎白部长来到中谷集团。紧接着，国家粮食储备局常务副局长许宗仁同志也办理了离休手续，经中谷集团研究，聘任许宗仁为中谷集团副董事长。接着，在上级党组织的关怀下，唐新元同志（中国粮食贸易公司总经理，原商业部教育司司长）调到中谷集团公司担任党委书记。此外，集团还任命李建为中谷集团总工程师，任命刘学军为中谷集团总经济师。

随着上述这些在粮食系统内威望高、影响力大的领导来到中谷集团，领导班子力量得到进一步增强，凝聚力、号召力、战斗力有了很大提升，这也为中谷集团的快速发展注入了强大动力。

第二节
难忘的七年中谷生涯

王瑞元从事机关行政工作长达三十年，一下子来到中央企业工作，尤其是担任中谷集团的副董事长兼总裁以及法定代表人，中谷集团能否发展、如何发展等重大问题使他夜不能寐，他深感责任重大，同时他也下定决心，勇敢面对这一全新工作领域的挑战，全力以赴，做出工作成绩，不辜负党组织和群众的期望。在中谷集团的七年间，他为中谷集团的发展呕心沥血，付出了极大努力。工作中，他对白美清董事长十分尊重，对白董事长高超的领导指挥能力十分钦佩，对白董事长给予他工作的大力支持也是十分感谢，同时，他也从白董事长那里学到了很多东西。通过与其他领导班子成员紧密合作，相互支持，依靠全体“中谷人”的无私奉献，中谷集团得以快速发展。七年间，他做了大量工作，有些工作他至今都难以忘怀并引以为傲，业内同行也给予了高度评价。

一、积极创造条件组建中谷地方公司

为扩大中谷集团的影响力，有利于经营贸易的更好开展和创办实业，在调查研究的基础上，经认真分析研究，按照积极稳妥和充分发挥一些刚退下来的各省、市粮食厅（局）老领导的余热的工作思路，在有关省、自治区、直辖市粮食厅（局）的大力支持下，中谷集团遴选了一批老领导和一批会经营、懂管理的年轻处级干部，组建中谷集团的地方公司。在1995—1997年的三年多时间里，中谷集团先后组建了七个地方公司，分别是中谷西安中实实业公司，由原陕西省粮食局张鸿勋局长任董事长，党龄雀任总经理；中谷安徽粮油贸易有限公司，由原安徽省粮食局汪文斌局长担任董事长，张一言任总经理；中谷集团东北玉米购销有限公司，由原吉林省粮食局李玉玺副局长担任董事长，任刚荣任总经理；张家港中谷粮油贸易有限公司，由原江苏省粮食局周春海副局长担任董事长兼任总经理；厦门中谷粮油贸易有限公司，由原福建省粮食厅庄飞云厅长担任董事长，尹云彩任总经理；中谷秦皇岛工贸有限公司，由李广华担任董事长兼总经理；无锡中谷粮油批发市场贸易有限公司，由董泽南担任总经理等。与此同时，中谷集团也开始发展实业，诸如：东莞中谷油脂工业公司（主要经营进口油料加工、储存、销售等），由张佩华同志担任总经理；中谷江阴工贸储运有限公司（即江阴码头，主营进口粮油、国内粮油的转运、装卸、储存、经销等业务），由王君达同志担任总经理（不久由江汉忠同志接任总经理）；中谷茂名饲料厂（主营业务为生产、加工、销售各类配合饲料并兼营粮食贸易），由梁绍伦同志担任总经理；中谷汉川编织袋厂，由原汉川县粮食局副局长喻少平担任总经理。另外，还有山东费县油厂、江西九江油厂（中国饲料公司筹建）等，这些工作标志着中谷集团创办并发展实业已取得积极进展，并取得了较好成效。

1998年6月，国务院成立了中央大型企业工作委员会（国资委的前身），为加强对中央企业的管理与领导，原部属中国粮油贸易公司、中国饲料公司、中国油脂公司、中国新良储运贸易公司、中国商业对外经济技术合作公司、中商华天实业公司、中商高新技术开发公司七家部属公司全部划入中谷集团，作为中谷集团的子公司。随着原部属公司划归中谷集团、中谷地方公司的建立以及实业公司的创办，中谷集团的整体实力大大增强，成为全国开展国内粮油贸易的最大集团公司，为中谷集团的做大做强奠定了坚实基础。

二、贸易经营额和利润逐年大幅增长

公司成立后，工作起步艰难，尤其是开展经营贸易遇到的困难更多。

鉴于公司员工绝大多数来自行政人员队伍，大多不会搞经营贸易，都得从头学起。但在困难面前，大家十分珍惜“中谷”这块“金字”招牌，这也调动了大家努力学习业务，开拓进取的积极性。通过边学边干，积极稳妥地开展经营贸易，集团贸易量由小到大，经营额和利润逐年稳步大幅度增长。据记载，中谷集团在成立最初的两年时间里，经营额每年稳定在3亿元以上，年利润超1千万元。在20世纪90年代初，能取得这样的好成绩是极其不容易的。中谷集团在初创阶段能成功开展经营贸易，不仅为集团公司创造了财富，更重要的是为集团公司开展经营贸易积累了经验，增强了信心，为快速提升集团公司的经营水平奠定了基础。随着机构更加健全，员工逐渐成熟，加上中谷集团京外公司发挥作用，自1996年起，中谷集团的经营贸易额每年以10亿级的速度增长。到2000年，中谷集团的经营贸易额超过60亿元，利润超1亿元，并进入了中国500强企业，成为具有重要影响力的国内粮食流通企业。

三、积极开展对外经营贸易

经过几年的磨炼，随着中谷集团地方公司及仓库、码头等设施的有效运营，中谷集团已成为开展国内粮油贸易的强者。但仅停留在发展国内贸易，而不开展对外经营贸易，将会严重制约中谷集团的发展。为此，积极争取粮油进出口权，尤其是植物油进出口权，是“中谷人”的强烈愿望。幸运的是，“中谷人”的愿望得到了国内贸易部领导的高度重视和大力支持。1996年年初，中谷集团向国内贸易部呈送报告，恳请外经贸部给予中谷集团植物油进出口权。报告经国内贸易部审核同意、报外经贸部批准后，中谷集团到国家工商总局办理了营业执照经营范围变更手续，并到海关总署等部门备案。1996年，中谷集团获得植物油进出口权，成为全国具有植物油自营和代理进出口权的六家公司之一（即中粮、良丰、华润、南光、中土畜和中谷）。中谷集团获批具有植物油进出口权后，极大地扩展了集团进出口部的经营范围（中谷集团进出口部当时只有1995年获批的“具有一般商品进出口权”）。为做好植物油自营和代理进口等进出口工作，中谷集团加强了进出口部领导成员和相关工作人员的配备，遴选徐松昌、王印基两位同志担任部门经理、金福子担任部门副经理，选派了李华等五名外贸专业的大学毕业生到进出口部工作。

在经营活动中，进出口部认真贯彻中谷集团的指导思想，重视并珍惜与各地粮食部门和粮油加工企业的良好关系，以热情周到的优质服务赢得了大家的赞扬。与此同时，还注意与美国ADM公司、邦吉公司、嘉吉公司、大陆谷物公司；德国托福公司；新加坡郭氏兄弟公司、嘉里集团公司；马来西亚土地发展局；法国路易达孚公司、索吉波公司等国际著名粮商保持良好的合作关系。

在这一经营思想指导下，1996年上半年，进出口部就成功运作了第一单1000吨高芥酸菜籽油的出口业务和55000吨美国大豆的进口业务，开了一个好头。据统计，中谷集团自1996/1997年度开始进口大豆，当年进口大豆约20万吨，占当年全国进口大豆总量的四分之一；1997/1998年度开始进口大豆油和棕榈油，自此至2000年，中谷集团进口的植物油总量始终保持在占全国植物油进口总量的三分之一以上的水准。其中，在植物油进口配额的代理中，总量约占全国代理进口份额的70%左右，为中谷集团创造了平均每年净利润2000多万元的经济效益。

四、成功组建中谷（香港）国际有限公司

为充分利用香港的国际金融中心、贸易中心、航运中心等独特优势，积极拓展集团的对外粮油贸易，更好地实现内外贸结合，增强集团的实力，扩大集团的国际影响力，经中谷集团董事会研究决定，组建中谷香港公司。通过香港公司的窗口作用，使集团在香港的融资、转口以及国际粮油期现结合等更便利地操作，同时，也能够及时获取相关贸易信息，为国家

粮食安全做出更大贡献。

1996年10月，中谷（香港）国际有限公司［简称中谷（香港）公司］经国务院港澳事务办公室批准成立。1997年5月，中谷集团成立了该公司的筹备组；1997年8月，派员赴港调研注册等相关事宜；1997年11月，国内贸易部任命刘勇同志为首任中谷（香港）公司总经理，同时中谷粮油集团聘任吴德勇同志为贸易部经理；1998年3月，刘勇和吴德勇正式赴港工作，随即在香港律师事务所办理了公司注册手续。他们一边开展贸易业务，一边调研购置办公用房和宿舍的相关事宜。经过对香港房地产市场半年的详细调研和比较，1998年9月，中谷（香港）公司在会展中心16楼购置了一套100平方米的办公用房和地处港岛炮台的一套40多平方米的宿舍。至此，中谷（香港）公司进入正常运转状态。

刘勇和吴德勇在香港的工作取得良好成效，公司筹建工作进展顺利，贸易业务工作也有声有色，1998年当年，他们就成功完成了5万吨加拿大菜籽油的进口业务。此外，他们还积极主动地走访有关国外粮油贸易公司，与国内企业用户沟通信息，努力为加强合作创造条件；千方百计向香港中银及数家外资银行争取信用证额度。截至2001年3月，陆续开展了5万吨油菜籽、数千吨秘鲁鱼粉、数千吨糖蜜、数万吨棕榈油等进口业务和数万吨东北玉米的出口等业务工作，在取得较好的经济效益的同时，还在香港相关银行、国外粮油贸易商和国内粮油企业中树立了良好的口碑。

对中谷集团来讲，中谷（香港）公司成立后，除了要做好国际粮油贸易之外，还有一个重要任务是为集团公司培养外贸人才，所以，集团有计划地将内地各公司的年轻粮油贸易骨干，分期分批地派到中谷（香港）公司进行实践锻炼，使这项工作成为常态。去锻炼的同志，开阔了眼界、提高了从事粮油进出口贸易的业务能力，积累了经验，增强了集团人才队伍的实力，收到了很好的效果。

五、全力建设好“吃饭工程”“发展工程”

在创办实业时，中谷集团一开始就把建设粮油仓库作为发展的重点之一，并力所能及地建设了一批粮库、油库和粮油运输码头。但当时中谷集团及其所属公司的实力有限，建设的粮库数量不多，容量不大，还不能适应粮油经营贸易发展的需要。天道酬勤，在焦虑中，幸运的机遇助力中谷集团发展。1998年6月7日，从国家粮食储备局获悉，为应对亚洲金融危机，国家将发行特别国债扩大基建投资，刺激内需，由于当时国家粮食仓容不足，尤其是现代化粮库匮乏，中央决定，利用部分国债资金建设一批现代化国家粮食储备库。这次建设的现代化国家粮食储备库，规模大、时间紧，要求在做好准备工作的基础上，项目要尽快上马。

中谷集团得知这一消息后，立即行动。一边向国家粮食储备局写报告，恳请储备局给予中谷集团承担部分建库任务的机会；一边立即召开由各公司一把手参加的紧急会议，部署建库工作，并成立了中谷集团建库领导小组，要求各公司抓紧时间，做出建库规划。会议强调，这次建库不仅要为国家现代化粮库建设做出中谷贡献，同时也是中谷集团的“吃饭工程”和“发展工程”；要求各公司抓住机遇，抓紧落实建库用地，做出建库规划，提报建库申请。具体做法是：由集团所属公司凭土地使用证提供建库用地（包括各公司自购的土地和地方政府无偿提供的土地），申请建库的规模，经集团公司建库领导小组审核、平衡后，统一向国家建库办申报，获批后，立即组织实施。

由于中谷集团领导重视，上下配合密切，行动快，工作扎实有效，资料完整，所以中谷集团建库申请上报后，得到了国家计委建库办和国家粮食储备局建库办的认可，建库任务的审批工作比较顺利。由此，一场轰轰烈烈的建设现代化国家粮库的工作在中谷集团全面展开。在建设中，为了在保证高质量建设的前提下，按时乃至提前完成建库任务，许多公司的一把手经常亲临现场，研究解决存在的问题，例如，天津武清库的集团公司总工程师李建同志、中商华天实业公司的吴競总经理常年与建设者们同吃同住在工地。尤其是一些参加建设的中谷集团员工，他们不怕风吹雨打，不畏酷暑严寒，放弃了节假日休息，掉皮掉肉不掉队，坚守工地，顽强拼搏，一直到建库工作结束。

正是中谷集团干部职工们发扬了艰苦创业、勤俭节约、团结奋斗、勇于争先、优质高效的“中谷”精神，才使得集团通过四年多的不懈努力，保证了中谷集团高速度、高质量圆满完成繁重的建库任务。四年多来，中谷集团及所属公司，先后在北京、天津、河北、山东、安徽、江苏、浙江、福建、江西、河南、湖北、湖南、陕西、内蒙古、吉林、黑龙江、广东、辽宁18个省、自治区、直辖市建成了28个中谷集团的国家粮食储备库。通过新建和扩建仓库，为国家新增粮食储备能力173万吨、储油能力12万吨，加之中谷集团及所属公司原有的粮库、油库能力，中谷集团此时的储粮能力已达250多万吨，储油能力已超过15万吨。

中谷集团在建库和粮油储备、安全管理等方面积累了许多经验，其中，北京八达岭华天国家粮食储备库和天津武清直属库不仅是中谷集团公司的先进典型，其经验也被全国粮油储备系统推广学习。

为了使新建、扩建的国家粮食储备库及早发挥作用，经过努力，中谷集团能常年为国家储备粮食200万吨，储备食用油7万吨。由此，按相关规定，国家每年拨给中谷集团的粮油储存和轮换费用超2亿元，使中谷集团有了较稳定的收益，并为中谷集团开展经营贸易创造了优越条件，集团发展后劲更足，这也成了中谷集团名副其实的“吃饭工程”和“发展工程”。

六、坚持艰苦创业、勤俭节约的企业精神

中谷集团公司成立不久，针对注册资金到位少等困难，王瑞元曾多次在集团公司员工大会上提出要求：公司要坚持艰苦创业、勤俭节约的企业精神。在1994年8月28日下午召开的公司全体员工大会上，他再次强调“办企

业一定要坚持艰苦创业、勤俭节约的企业精神，尤其是在公司面临诸多困难的开创阶段，更应贯彻落实这一精神。即使到了集团公司实力很强的时候，我们仍然要坚持这一传统美德，绝不能随便乱花一分钱。”对此，集团公司领导以身作则，留下了许多值得令人称道的故事。

1996年年初，有一家合作单位因欠了中谷集团公司一笔钱，不能按时还款，只能将北京运通花园内两套连体的两层楼房给中谷集团公司作为偿还的欠款。后来，中谷集团将这两套约600平方米的连体楼房打通并做了些简单装修，作为集团公司召开小型会议和人员培训的基地。没有想到的是，这个只有600平方米、15间房的“基地”，却成为集团1996年年终总结大会的开会地点（为节约开支，中谷集团从不住宾馆召开会议）。参加会议的有中谷集团领导、部门经理和集团下属公司的总经理，共有30多人，除董事长和总裁各住一间约10平方米的单间外，其余人员只能住双人间或三人间，集团公司参会的部门经理只能住五人间。会议伙食由集团办公室主任张佩华同志负责，张佩华找来两名会做饭的中谷员工为大家服务，白美清董事长还亲自为大家做了一份他所擅长的、具有四川家乡风味的回锅肉，王瑞元总裁为大家做了一份无锡风味的红烧肉……集团干群关系、勤俭节约的精神和团结和谐的氛围可见一斑。开会时，会议严肃认真、讨论热烈、环境宽松，使大家能够畅所欲言；休息时，大家亲如一家、热闹愉悦，让人流连忘返。后来，运通花园的这个简朴的“基地”成了中谷集团公司召开会议的场所，这也为集团节省了不小的开支。

1998年3月，刘勇和吴德勇正式赴港工作。在筹建中谷（香港）公司过程中，办理公司的注册登记的签字、购置办公用房和宿舍、启用中谷（香港）公司财务支票的签字、与香港外资银行的工作洽谈、争取信用证额度等事宜，都需要中谷集团总裁去香港签字或拍板。其间，王瑞元曾多次往返香港。为节约在港开支，到港后，他与刘勇、吴德勇等一起吃住在一间40多平方米的宿舍内。中午用餐，不是吃盒饭，就是去大排档吃饭，早晚两餐在宿舍和大家一起做饭，连到普通的饭店去吃一顿饭都从未有过，其表率作用令人十分感佩。

为了解有关体制改革等情况，1998年5月的一天上午，白美清董事长邀请了国务院有关研究体制改革的两位司长（他们曾是白美清在国务院任常务副秘书长时的老部下），到中谷集团介绍了有关体制改革的一些情况以及国有企业、民营企业来年的发展趋向，听完介绍后，大家深受启发。交流结束后，已到午餐时间，白董事长要王瑞元与他一起去楼下的半亩园陪同两位司长用午餐。到半亩园后，大家坐下，白董事长当即点了三菜一汤，午饭结束后，王瑞元去结账付款，四人一共花了73元钱。饭后，白董事长打电话，让他的司机开车将两位司长送回工作单位。听司机同志回来后讲，一路上，两位司长对白董事长派车接送他们，亲自与总裁一起陪同他们用餐十分感激。

中谷集团公司经过七年的艰苦创业和快速发展，取得了卓著业绩。集团公司由开创时的2000万元注册资金（到位资金），经营贸易额3亿多元，每年利润1000多万元，发展到2000年年底，集团经营贸易额已超过60亿元，年利润超过亿元，集团总资产近15亿元，进入了国内500强企业。尽管中谷集团七年中取得了辉煌业绩，但员工们的工资和年终奖金还是很低的。以总裁王瑞元的工资为例，刚到中谷集团工作时，给他每月的工资定为4600元（这是当时集团公司工资最高的），不到同类集团公司总裁工资的三分之一。在七年中，他的工资从未上调过，由于总裁的工资定得低，所以员工的工资就更低了。对于年终奖金的发放，集团公司确定的发放水平和方法是：副总裁以上的公司领导，每年年终奖金为每人2万元；部门副经理、经理的年终奖金为每人1.2万元；普通员工的年终奖金为每人0.8万元。尽管年终奖金的水平很低，分配方式也没有拉开多大差距，有点吃“大锅饭”的味道，但领导带头，大家还是非常高兴。这一年终奖金的发放水平一直延续到2000年年底。这种情况在中央企业中也是不多见的。

七、保住了5个部属粮油科研院所

随着我国国民经济的发展，为了加快粮食行业科技水平的不断提升，1965年，粮食部将设立在北京的部属粮食科学研究院的5个科室分别迁至无锡、郑州、西安、绵阳和安陆，成立了粮食部无锡粮食科学研究所、粮食部郑州粮食科学研究所、粮食部西安油脂科学研究所、粮食部绵阳粮食储藏科学研究所（后迁至成都，更名为粮食部成都粮食储藏科学研究所）和粮食部安陆粮食科学研究所（后迁至武汉，更名为粮食部武汉粮食科学研究所），至1998年，这5个院所约有600名技术人员和员工。随着国家部委机构改革的不断深化，以上5个院所的隶属关系也在不断变化，曾经分别隶属于粮食部、商业部、国内贸易部和国家粮食储备局，但不管隶属关系如何变化，其根基和血脉仍在粮食系统这个属性没有任何变化。1965—1998年的33年时间里，这5个部属科研所在推动我国粮油科学技术发展、提升我国粮油科学技术水平并赶超世界先进水平等方面成绩斐然，尤其在我国粮油工业设备的选型、定型及标准化，引进技术设备消化吸收并开展自主创新等方面发挥了重要作用。以上5个院所为我国粮油工业的快速发展做出了重大贡献。

在历史的长河中，社会在发展，人类在进步，我国改革开放的浪潮一浪高过一浪。20世纪90年代，国家把部委所属的242家科研院所列为1998年首批改制单位，要求其脱离部属管辖、由事业编制转为企业编制并走向市场，这一举措统称为转制。当时原粮食部管辖的京外5个院所也被列入国家首批转制单位行列。所谓转制就是把具有事业单位性质的部属院所完全推入市场，使其由事业单位变成企业，或让其进入企业集团。由事业单位变成企业，这意味着这些单位由原来“吃皇粮”变成了要自我创收、自我生存。在这种大背景下，5个京外院所面临一个何去何从的问题，是各自办企业？还是到省里的企业或科研单位去？又或是抱团一起进入央企？以上问题是自1965年5家院所成立以来，第一次遇到的前所未有的最大变化和挑战。经过5个院所领导班子的反复研究，他们认为抱团进入央企对各个院所的发展最为有利。于是，1998年3月中旬，5个院所的领导一起来到北京，向时任中谷集团总裁的王瑞元汇报了5个院所一起进入中谷集团的想法。由于王瑞元对5个院所的情况比较了解，也非常认可各院所的技术实力、业务能力和生存能力，所以，在听完大家的汇报后，王瑞元高兴地说："5个院所集中了粮食行业的优秀技术骨干，是粮食行业的宝贵财富。30多年来，你们为我国粮油科技水平的提高，尤其是为粮油储藏和粮油工业的发展做出了重大贡献。按照中央精神，你们5家院所都愿意加入中谷集团，这是对中谷集团的最大信任。"王瑞元接着说："我先以个人的名义，对大家愿意加入中谷集团表示欢迎和感谢！现在你们可以先回去，待我向白董事长汇报并经中谷集团领导班子商量决定后，我们会及时告诉大家相关意见，请大家放心，也请大家回去后向全体员工问好。"事后不久，中谷集团正式通知5个院所，同意他们进入中谷集团。

5个院所进入中谷集团后，在白董事长的主持下，多次召开院所领导参加的工作会议，商讨院所的进一步发展，同时，也及时调整了有关院所的领导班子，一批年富力强的同志走上了领导岗位。幸运的是，5个院所进入中谷集团不久，遇上了中央决定建设一批现代化国家粮食储备库，这为郑州、无锡和武汉等3个院所带来了大量的建库设计任务，3个院所抓住机遇，出色完成了任务并取得了很好的经济效益，进一步壮大了院所的经济实力。为管理好5个院所，中谷集团为此专门成立了科技公司作为5个院所的管理机构，王亚洲同志担任首任总经理，通过大家的共同努力，5个院所步入了快速发展的轨道。2006年3月，中谷集团并入中粮集团，此后，中粮集团对所属的粮油科研院所进行了整合，并于2012年成立了中粮工程科技有限公司，经过9年的努力，2021年成功上市，成为上市公司，推动了技术与产业的跨越式发展。

5个院所从保留下来到今天的发展壮大，王瑞元做出了特殊贡献。据原西安粮科院曹万新院长2025年1月7日晚发给王瑞元同志的"院所经历"

中称：“由于王总裁对5个院所的情况比较了解，也非常认可院所的技术实力、业务能力和生存能力，他向中谷集团领导班子客观地分析了5个院所的情况，促成了5个院所进入中谷集团的想法得以实现。后来的情况表明，当时这个决定是非常英明的，紧要关头，王总裁的支持是极为关键的，如果把5个院所打散，让其分别进入各自的省份，各自的情况将难以预料。”曹万新最后还在“院所经历”中强调：“在使这股国家重要技术力量不分散、不解体并得以保留上，王瑞元先生发挥了无可替代的作用。”

八、艰辛后的喜悦

王瑞元同志自参加工作以来，为粮油行业的科技进步和中国现代粮油工业的健康发展，为中谷集团的不断壮大，付出了很多心血，取得了卓著业绩，也得到了原国内贸易部和粮油行业同志们的高度认可。一分耕耘、一分收获，到中谷集团工作前后的几年时间里，他也获得了诸多荣誉。

1994年12月，经国内贸易部专业技术职务任职资格评审委员会评定，并经部领导批准同意，王瑞元同志晋升教授级高级工程师。

1995年6月，被国内贸易部授予有突出贡献的科学、技术、管理专家。

1996年2月，被国务院授予享受政府特殊津贴的专家。

1997年8月，被国内贸易部授予科技干部管理先进工作者称号。

1998年，获国内贸易部技术进步二等奖（排名第二）。

第五章

行业筑基：
协会、学会双轨驱动

（2001—2025年）

2000年12月27日，中央企业工委到中谷集团宣布了中谷集团的新班子成员组成名单。由此，白美清董事长、王瑞元总裁和唐新元党委书记3人因年龄关系，同时退出中谷集团领导班子。鉴于王瑞元是原中谷集团的法定代表人，按规定需要通过审计后才能办理退休手续。2001年7月，审计工作结束，为中谷集团的经历画上了圆满的句号。此时，王瑞元已年满63周岁，该回家休息了。鉴于王瑞元的身体尚好，工作经验丰富，又属于科技型干部，根据组织上的安排，并征得他同意后，被聘请到中国粮食行业协会和中国粮油学会工作。

在中国粮食行业协会工作，如果从1996年成立时担任中国粮食行业协会常务副会长算起，到2013年中国粮食行业协会换届，不再担任其领导职务为止，王瑞元在该协会工作了16个年头；在中国粮油学会工作，如果从1985年10月成立中国油脂学会（后更名为中国粮油学会油脂分会）并担任其会长算起，至2023年不再担任中国粮油学会首席专家为止，王瑞元在该学会工作长达38年之久。

王瑞元在中国粮食行业协会16年的工作期间，一直担任中国粮食行业协会常务副会长，并兼任中国粮食行业协会小麦分会理事长以及中国粮油行业协会粮油工业专业委员会主任委员。现任职务是中国粮食行业协会专家委员会主任委员。

王瑞元在中国粮油学会38年的工作期间，自1985年中国粮油学会油脂分会成立起担任会长，一直到2018年为止，担任了长达33年的油脂分会会长；自2006年中国粮油学会粮油营销技术分会成立起至2018年为止，担任了12年的粮油营销技术分会会长；1994—2013年担任中国粮油学会副理事长、常务副理事长；自2013年起，王瑞元不再担任学会副理事长职务，为继续发挥他的作用，中国粮油学会于2013年10月29日召开的理事长办公会议纪要（第七届一次理事长办公会议）中明确，会议经过认真讨论研究，形成共识，现纪要如下：

（一）根据学会工作需要，决定任命胡承淼、杜政、唐瑞明三位同志为常务副理事长。

（二）会议决定，为适应学会发展的需要和参照有关学会的做法，设置中国粮油学会首席专家岗位。会议认为，原学会常务副理事长王瑞元在粮食行业从事粮油加工科技工作长达近50年，担任学会领导27年，娴熟粮油科技，学术造诣精深，实践经验丰富，在粮油科技界德高望重，有很高影响力，为粮油科学与技术科学的发展做出了重要贡献，是学会首席专家的最佳人选，当之无愧，学会领导已向国家粮食局领导汇报同意。会议决定，王瑞元为中国粮油学会首席专家，并驻会工作。

由此，王瑞元自2013年起担任中国粮油学会首席专家，至2023年为止。其间，他还兼任了数个中国粮油学会有关分会的名誉会长，直到2024年各分会换届为止。

在长达16年的中国粮食行业协会和38年的中国粮油学会的工作中，王瑞元尽到了自己的努力，热心协会、学会工作，为协会、学会的发展做出了一个老科技工作者的卓越贡献。

第一节
中国粮食行业协会建设

在采访时，王瑞元向我们介绍，他在16年的中国粮食行业协会的工作中，给他留下印象最深的，对行业健康发展有影响的工作有以下五个方面。

一、积极筹措资金办会

协会成立时，没有任何资金，影响了协会工作的正常运行。为解决协会开办时的资金问题，有一天，白美清会长把许宗仁（原国家粮食储备局常务副局长、时任中国粮食行业协会常务副会长）、赵凌云（原国家粮食储备局副局长，时任中国粮食行业协会副会长）和王瑞元（时任中谷粮油集团公司总裁、中国粮食行业协会常务副会长）三人叫到办公室，要他们三位出面请各地有关粮食部门和大型粮油企业给予资金上的支持。鉴于大家都很明白，中国粮食行业协会的成立是为粮食行业的发展服务的，是行业自己的组织，所以在协商请求支持时，大家都很乐意。其中，王瑞元主要通过与大型粮油加工企业协商和中谷集团的相关公司的支持，筹措工作比较顺利，不到一个月，就为中国粮食行业协会筹措了200多万元的资金，为协会的开办和启动运行添了砖、加了瓦。

二、“放心粮油”示范工程

改革开放为中国经济带来了前所未有的快速发展，各行各业都取得了辉煌业绩。但与此同时，社会上也出现了一切向“钱”看的不当行为，尤其是20世纪末至21世纪初，这种不当行为较为显现。以成品粮油市场为例，一些不法分子无视法律，铤而走险，在成品粮油的生产经营中掺杂使假、以次充好的现象时有发生，如有毒大米；在面粉中随意添加增白剂，使面粉白如纸；调和油不按比例调和等，有损消费者的权益，群众反映强烈。

在全行业中发挥服务、沟通、公正、监督的作用是中国粮油行业协会的建会宗旨之一；督促和组织会员企业建立自律性运行机制，制定行规行约，守法经营，维护公平竞争，维护消费者权益等是中国粮食行业协会的主要工作任务之一。为打击纠正上述成品粮油市场的某些不当行为，中国粮食行业协会于2001年3月26日在江西省九江市召开了协会工作会议，会议决定在全行业开展“放心粮油”“放心粮店”活动。4月10日，中国粮食行业协会向各省市粮食行业协会印发《关于开展“放心粮油”“放心粮店”活动的意见》（中粮协〔2001〕17号），正式启动“放心粮油”工程。文件提出：在粮油加工行业开展“放心粮油”活动，推出一批信誉好、质量高的“放心粮油”产品，在粮油零售行业开展“放心粮店”活动，推出一批管理严格、服务规范、便民利民的“放心粮店”。4月16日，中国粮食行业协会联合106家粮油骨干企业向全行业发出倡议书——《生产“放心粮油”，对人民健康负责》。9月24日，中国粮食行业协会印发《关于开展首批“放心粮油”评价工作的通知》（中粮协〔2001〕29号）。与此同时，各省、市粮食行业协会积极配合，通过转发中国粮食行业协会文件，部署开展“放心粮油工程”。

由此，一场“放心粮油”和“放心粮店”工程活动在全行业轰轰烈烈地开展起来了。在各省市粮食行业协会对本地区申报的“放心粮油”产品进行严格审查把关的基础上，再经中粮协组织行业著名专家，按“放心粮油”产品条件要求，对申报材料进行认真审核认定。2002年1月18日，中国粮油行业协会印发《关于授予古船牌富强粉等572种产品“放心面”“放心米”“放心油”称号的决定》（中粮协〔2002〕2号），公布的首批“放心粮油”名单，其中放心米140个，放心面279个，放心油153个。接着，2002年10月8日，中国粮食行业协会印发《关于授予天津市运河面粉厂北运河牌特制一等小麦粉等351个产品“放心粮油”称号，授予北京新华福兴食品有限责任公司一分公司等45个单位“粮油销售放心店”称号的决定》（中粮协〔2002〕43号），公布的第二批“放心粮油”产品和首批“放心粮店”名单，其中放心米150个，放心面139个，放心油62个，“放心粮店”45家。随着时间推移，获得“放心粮油”和“放心粮店”称号的越来越多，引起了全社会各方面的关注、重视和点赞。

2003年3月13日，《人民日报》刊登文章《让消费者吃上“放心粮油”》；2003年9月22日，国家粮食局办公室印发《关于开展“放心粮油”产品抽查的通知》（国粮办发〔2003〕72号），决定由国家粮食局纠风办、监督检查司、标准质量中心、中国粮食行业协会共同组织，对“放心粮油”产品进行质量监督抽查。本次共抽查21个省、市的198家企业、244个“放心粮油”产品，抽查合格率为98%，其中大米合格率为100%，面粉合格率为99%，食用植物油合格率为96%。这样高的合格率，就当时而言是很不容易做到的。

这项活动的开展，促进了粮油企业更加重视产品质量和生产经营管理水平的提高，得到了广大消费者的认可和欢迎，得到了财政部、发改委和国家粮食局的高度重视和大力支持。活动自2001年起至2019年止，全国共评出“放心粮油”产品5261个，“放心粮店”4495家。

2010年1月4日，中国粮食行业协会向各省市粮食行业协会印发《关于开展放心粮油示范企业试点工作的通知》（中粮协〔2010〕1号），文件中提出：根据国务院2009年第15号文件精神和国家粮食局办公室《关于印发〈深入推进放心粮油进农村进社区示范工程的实施意见〉的通知》要求，为切实搞好放心粮油进农村进社区示范工程，决定开展放心粮油示范企业试点工作；首批示范企业主要包括加工企业、销售店、配送中心和主食厨房。其中，示范加工企业和示范销售店主要从本会原认定的各批次“放心粮油”生产企业和“放心粮店”中遴选。请各地粮食行业协会在企业自愿申报的基础上，逐级做好审查推荐工作。没有成立协会的地区，本会聘请当地粮食局协助审查推荐。示范批发市场和示范种植基地试点工作待条件成熟后再开展；示范企业必须符合《放心粮油示范试点工作实施办法》所列各项条件，严格执行国家标准和本会制定的《放心粮油示范企业管理技术规则》，按期报送信息报表，按期参加年审。由此，原先开展的“放心粮油”产品和“放心粮店”的审查认定工作改变为开展“放心粮油示范企业”的审查认定工作。

为推动“放心粮油工程”的深入发展，2012年7月16日，中国粮食行业协会在贵州省贵阳市召开了“全国放心粮油进农村进社区经验交流会”，白美清会长主持会议，并做主题报告。国家粮食局对本次会议的召开十分重视，张桂凤副局长亲临会议并做了重要讲话。张副局长在讲话中说："多年来的实践证明，'放心粮油工程'是维护粮油食品安全、保障人民群众身体健康的一项重要举措；是振兴粮食行业，推进粮食产业化的一条重要途径；是落实科学发展规划、构建社会主义和谐社会的一个具体行动；是惠及'三农'，造福百姓的一项民心工程，是利国、利民、利企的好事。"

张副局长的讲话是对中国粮食行业协会多年来在全国开展"放心粮油工程"的高度肯定和赞扬。会议期间，中国粮食行业协会秘书处共收到48篇典型材料，介绍了各省市粮食局、粮食行业协会开展"放心粮油工程"的做法和经验；介绍了各地市、县粮食行业协会和企业开展"放心粮油工程"的具体做法以及取得的成效，内容十分丰富。

会议结束时，王瑞元常务副会长做了《以坚持创新，推动放心粮油工程的深入发展》（见王瑞元著《现代粮食工业发展》第482～485页）为题的总结发言。他在总结和肯定十一年来全国开展"放心粮油工程"所取得的重大成绩和各地在开展"放心粮油工程"中的成功做法与经验后，对进一步深入开展"放心粮油工程"提出了几点要求。

> 十一年来，总结各地开展"放心粮油工程"的成功做法与经验，我觉得要让"放心粮油工程"更好地深入持久地开展下去，还要认真在以下五个方面多做工作。
>
> 第一，必须始终坚持粮油产品"质量第一"的观念。
>
> 当今，食品安全问题世界都很关注，我国政府高度重视。粮油产品的质量涉及人身健康与安全。为此，必须严格按照《中华人民共和国食品安全法》的要求，按照国家标准从高从严组织生产，粮油企业要从严把好原料、加工、成品、储藏、运输和销售等各个环节，确保粮油产品的绝对安全。要充分认识到，粮油产品的质量是粮油产品安全、放心的保证，是粮油企业生存发展之根本，既是企

业的生命线，也是“放心粮油工程”的生命线。为此，必须始终坚持粮油产品“质量第一”的观念。

第二，要多做工作，争取把“放心粮油工程”作为各级政府的惠民工程，这也是搞好“放心粮油工程”的关键所在。

在开展“放心粮油工程”中，根据山西、陕西、天津、宁夏、贵州等省（自治区、直辖市）和济南、苏州、西安、贵阳等地的经验，把“放心粮油进农村进社区”工作以及把“主食厨房工程”“早餐便民工程”“馒头工程”等作为当地政府的惠民工程，大力给予支持，这是深入搞好“放心粮油工程”的关键所在。对此，各地粮食部门要多做工作。

第三，开展“放心粮食工程”要与开展示范企业、推进信用体系建设和名牌战略相结合。

“放心粮油示范企业”是生产、经营“放心粮油”产品的企业，是诚信企业，也是广大消费者信得过的“放心粮油”品牌企业。为此，深入开展“放心粮油工程”必须与开展“放心粮油示范企业”活动，推进企业信用体系建设和开展名牌战略相结合，这是促使“放心粮油工程”健康发展的重要保证。

第四，坚持创新是深入开展“放心粮油工程”的动力。

回顾开展“放心粮油工程”的历史，我们始终坚持了创新发展的理念。例如，从开始时的单纯评选公布的放心米、面、油产品发展到评选公布“放心粮店”，直至现在评选的“放心粮油示范企业”；从争创“放心粮油”产品到争创名牌产品，乃至争创中国名牌产品；从单纯的米、面、油产品发展到现在的挂面生产、馒头工程以及米面主食品工业化生产；从“全国放心粮油进农村”开始，发展到“全国放心粮油进农村进社区”，现在又提出了要让“放心粮油进入老少边穷地区千村万户”等，充分显示了“放心粮油工程”是在创新中逐渐深入发展的。由此可见，创新不仅增加了“放心粮油工程”

的内涵，也为深入开展“放心粮油工程”增添了动力。

第五，要加大开展“放心粮油工程”的宣传力度。

要充分利用国家开展食品安全法规宣贯和科普宣传等各种有利时机，以及每年开展的“放心粮油”宣传日活动，积极宣传粮食行业开展“放心粮油工程”的重要意义，宣传“放心粮油工程”与“人身健康”的关系，引导消费者了解和掌握辨假、识假的基本常识，增强自身保护能力，为深入开展“放心粮油工程”营造良好的社会氛围。

本次会议既是“放心粮油”的经验交流会，也是“放心粮油工程”开展十一年来的阶段性总结会议，更是由“放心粮油”产品的认定转为对“放心粮油示范企业”认定的再动员。

随着开展“放心粮油示范企业”试点工作的不断深入，一批批“放心粮油示范企业”脱颖而出。据国家粮食和物资储备局粮食储备司2020年8月编制的《2019年粮食行业统计资料》显示，到2019年，全国拥有“放心粮油示范企业”2489家（含省、自治区、直辖市授予的“放心粮油示范企业”），其中小麦粉加工企业617家、大米加工企业1376家、食用植物油加工企业422家、其他成品粮加工企业74家。

在开展“放心粮油工程”的活动中，王瑞元与宋丹丕秘书长一起，拟定“放心粮油”产品的条件要求；拟定《放心粮油示范企业经营服务规范》和《放心粮油示范批发市场经营服务规范》；组织行业内著名专家进行评审等，做了大量细致的工作，尽到了作为中国粮食行业协会常务副会长、中国粮食行业协会专家委员会主任委员的职责与担当。

三、行业品牌培育体系

为深入推进粮食行业供给侧结构性改革，加快培育发展粮油骨干企业和知名品牌，推动粮油企业转型升级、做强做大。中国粮食行业协会在开展“放心粮油工程”取得显著成绩的同时，自2011年起在会员单位企业中开展了年度重点企业专项调查。根据专项调查情况，按照产品销售收入、产品产量、生产规模、利税总额等综合评价和自然排序的原则，经专家委员会认真研究核准并严格履行公示程序后，由中国粮食行业协会发文公布每年度重点粮油企业专项调查结果，即“50强”“10强”名单。此项工作自2011年首次开展，至今已连续进行14年了，已经成为中国粮食行业协会服务会员企业、推动行业高质量发展、确保国家粮食安全的重要抓手，对粮油企业持续做强做大，加快培育具有国际竞争力的领军企业具有重要意义。

这项工作最初由中国粮油行业协会、中国粮油学会和中国粮食经济学会三家单位共同组织，自2020年起由中国粮食行业协会独立进行。重点粮油企业专项调查的范围涵盖小麦粉、大米、食用油、单品种食用油、挂面、杂粮产品、粮油食品机械、主食品、粮油批发市场、粮油贸易十项粮油品种；调查内容包括企业基本情况、产品品牌产销情况、粮油食品机械出口情况、粮油批发市场基本情况、粮油贸易基本情况等七个专项，以及在生产经营中有关遵纪守法等情况。在重点粮油企业专项调查、专家委员会认真核准和网上公示的基础上，中国粮食行业协会每年公布大米加工企业“50强”名单、小麦粉加工企业“50强”名单、食用油加工企业“50强”名单、菜籽油加工企业“10强”名单、棕榈油加工企业“10强”名单、花生油加工企业“10强”名单、玉米油加工企业“10强”名单、稻米油加工企业“10强”名单、芝麻油加工企业“10强”名单、油茶籽油加工企业“10强”名单、葵花籽油加工企业“10强”名单、亚麻籽油加工企业“10强”名单、挂面加工企业“10强”名单、杂粮加工企业“10强”名单、粮油机械制造企业“10强”名单、主食品加工企业“10强”名单、粮油交易市场“10强”名单和粮食贸易“10强”名单。

每年一次的粮油企业“50强”“10强”名单公布后，在粮油行业产生了很好的影响，对被评上“50强”“10强”的企业是一种极大的鼓舞，促使其再接再厉，更上一层楼；对未被评上的粮油企业是一种鞭策，促进其积极工作，采取有力措施，迎头赶上。实践证明，中国粮食行业协会开展的这项工作，深受会员企业的欢迎和好评，充分体现中国粮食行业协会处处为会员企业着想，为会员企业服务的办会宗旨，也充分体现了中国粮食行业协会是一个勇于作为、善于作为、敢于担当、深得民心的社团组织。

在这项活动中，王瑞元曾多次会同原协会秘书长宋丹丕、协会总工程师赵奕，就专项调查表中的产品销售收入指标进行了反复商量并最后确认，这一指标确定后，除个别调整外，大多一直沿用到现在。另外，王瑞元自开展此项活动以来，在每年的专家委员会核准中，他一直担任主任委员，组织大家出色地完成核准工作。

四、面粉加工标准革新

20世纪80年代至90年代初，我国粮食供应一直处于紧平衡状态。为提高小麦的利用率，小麦加工的出粉率普遍较高，从而使面粉的色泽“黄中带灰”，生产出的食品外观质量较差。随着改革开放的大潮，南方一些面粉生产厂家率先在面粉中添加过氧化苯甲酰，对面粉增白，生产出了“雪白”的面粉，受到了消费者的青睐。之后，原商业部时任粮油工业局局长的王瑞元经过反复调研和专家论证，并参照了当时国际上的通常做法，于1986年主持制定并颁发了小麦粉中允许添加增白剂过氧化苯甲酰的标准（允许每公斤面粉添加不超过60毫克的过氧化苯甲酰），对当时改善面粉的色泽起到了一定的作用。

随着我国粮油科技和粮油加工技术水平的提高，从粮油产品更加安全营养的角度考虑，王瑞元自2000年起，多次提出要在小麦粉加工中禁止使用过氧化苯甲酰，并与行业内的专家、大型面粉加工企业一起多次发出倡议和呼吁，禁止在小麦粉加工中使用过氧化苯甲酰增白面粉的主张，其理由如下（详见附录七）。

第一，从面粉生产工艺上看，原先生产面粉大多是八五粉或九〇粉（即100斤小麦要生产出85斤或90斤面粉），所以麸皮含量高，色泽较差。现在的情况完全不同了，我国小麦加工的平均出粉率只有73%，加上生产面粉装备的现代化，面粉中的麸皮含量已经很少，而且颜色已很白，可以不需要再添加增白剂。

第二，增白剂——过氧化苯甲酰曾在国外普遍使用过。但为了面粉的更加安全，1994年王瑞元去挪威访问时，了解到他们已经不准使用了，后来欧盟的所有国家也都取消使用了。美国的规定是只允许在个别专用粉中添加。国外的这些变化对王瑞元的触动很大，由此，他就开始考虑是否我国也应取消使用面粉增白剂的问题。

第三，过氧化苯甲酰虽能增白，但在漂白的同时，对面粉中的部分营养成分（如胡萝卜素等）有破坏，而且此类化学增白剂对人体没有任何益处（以上三条理由是王瑞元2014年11月28日接受CCTV7采访时回答的内容）。

为取消在面粉中添加过氧化苯甲酰，王瑞元自2000年开始就在各种粮油工业会上和粮食行业会上，多次呼吁企业禁用面粉增白剂。在他的倡议下，全国面粉加工龙头企业先后四次联合写信给上级主管部门，要求禁用过氧化苯甲酰；国家粮食局自2003年开始组织下属研究机构修订小麦粉国家标准的草案，明确要求禁用过氧化苯甲酰；2001年10月16日，中国粮食行业协会联合65家面粉骨干企业向全行业发出《关于禁止滥用面粉增白剂的呼吁书》，并向卫生部等有关部门建议修改相关标准，禁止在小麦粉中使用过氧化苯甲酰；2010年9月7日，中国粮食行业协会再次向卫生部门提出《关于禁止在小麦粉中使用过氧化苯甲酰等化学增白剂的建议》（中粮协函〔2010〕47号）。

鉴于当时存在着主张使用和禁用两种截然不同的观点，使这一取消使用过氧化苯甲酰的建议，历经十年才有定论。最后，为了让百姓吃上更加安全的面粉食品，在卫生部和国家粮食局等七部委的关心支持下，终于在

2011年2月11日联合发出了《自2011年5月1日起，禁止在面粉生产中添加过氧化苯甲酰》的4号公告。这是小麦粉加工行业的一件大事，也是国家七部委为百姓办的一件实事、一件好事。

五、注重品牌建设，争创中国名牌

王瑞元十分重视粮油加工业的品牌建设，发表过二十余篇有关品牌建设的文章。在他的文章中反复强调品牌不仅是企业的“牌子”“脸面”，更是企业的生命线，期望粮油加工企业要多创几个像金龙鱼、鲁花、福临门一样的全国家喻户晓的著名品牌。尤其是在争创中国名牌工作中，他为粮油工业争创中国名牌可谓穷尽了心力。

2001年上半年，国家成立了中国名牌战略推进委员会（简称“名推委”）。由此中国粮食行业协会多次开会，贯彻名推委关于争创中国名牌的有关精神，把培育和争创中国名牌作为一项工程来抓，明确在白美清会长的领导下，具体工作由王瑞元负责。根据《关于征求2004年中国名牌产品评价目录建设的函》（名推委秘函〔2004〕1号）的要求，中国粮食行业协会发文给国家质检总局质量管理司和名推委，要求将食用植物油、大米、小麦粉列入“2004年中国名牌产品评价目录”。不久，名推委于2004年3月30日发出第1号公告，将大米、小麦粉列入了2004年中国名牌产品评价范围。接着，中国粮食行业协会向各省市粮食行业协会发出了《抓紧做好2004年中国名牌产品申报工作的通知》。由此开始，正式拉开了中国名牌在粮油加工企业的评审工作。

经过企业申报，各省市粮食行业协会和质检局的审核、推荐，至2004年7月上旬，全国共有27家大米生产企业和40家小麦粉生产企业向名推委推荐为2004年中国名牌产品的参评企业。在此基础上，名推委于7月中旬组织专家，成立相关专业委员会（王瑞元任粮油企业专家组组长），对参评企业严格按照标准进行综合评选，并将初选名单向社会公开征求意见，最后由名推委合作委员会审核确定。在粮油企业中，金健、北大荒等7个大米品牌和金象、金苑等13个小麦粉品牌为中国名牌产品。在首次中国名牌的评选中，粮食行业共获得20个中国名牌产品称号，这是全行业共同努力的结果。这一结果不仅是获得中国名牌企业的荣誉，也是粮食行业的荣誉，实属来之不易。

我国粮食行业在2004年获得20个中国名牌产品的基础上，在2005年的中国名牌评选中，又有10个食用植物油产品获评中国名牌产品。它们分别是：福临门、金龙鱼、富虹油品、口福的大豆油；金龙鱼、福临门、禧万年、大平的菜籽油和鲁花、胡姬花的花生油。特别喜人的是，在2007年的中国名牌产品评选中，我国粮食行业28个大米产品获得了中国名牌产品称号、29个小麦粉产品获得了中国名牌产品称号和8个挂面产品获得了中国名牌产品称号。当年总计获得65个中国名牌产品称号。这样，连同2004年和2005年获得的中国名牌产品，在三次中国名牌产品的评选中，粮食行业共计获得95个米、面、油和挂面的中国名牌产品。遗憾的是，中国名牌产品评了三次就不再进行了。

为推动粮油加工行业争创更多的中国名牌产品，王瑞元根据名推委有关评选中国名牌产品的要求和自己参加评选工作的体会，撰写了五篇有关粮油行业争创中国名牌应注意的问题的报告，并在中国粮食行业协会召开的争创名牌工作会议上做主题发言，例如：2004年12月15日，在中国粮食行业协会召开的“第二次全国重点粮油企业品牌工作会议”上做的《首谈粮油企业争创中国名牌应注意的几个问题》报告；2005年9月7日，在“中国粮食行业协会大米分会第二次筹备会议”上做的《再谈粮油企业争创中国名牌应注意的几个问题》报告；2006年4月10日，在“全国放心粮油进农村工作会议”上做的《三谈粮油企业争创中国名牌应注意的几个问题》报告；2006年12月6日，中国粮食行业协会在上海召开的“关于做好中国名牌产品的复评工作会议”上做的《四谈粮油企业争创中国名牌应注意的几个问题》报告；2007年9月2日，在中国粮食行业协会召开的“中国名牌产品申报工作会议”上做的开幕词《从大米和小麦粉中国名牌复评中得到的几点提示（即五谈粮油企业争创中国名牌应注意的几个问题）》（见王瑞元著《现代油脂工业发展》第403～423页）。

以上情况充分表明，王瑞元对待工作是多么认真、细致和务实，对于粮油加工企业争创名牌所取得的辉煌成绩，他无疑是第一功臣。

第二节
中国粮油学会创新实践

在采访中，王瑞元向我们介绍了他在38年的中国粮油学会和中国粮油学会油脂分会等工作中，给他留下印象最深的、对行业健康发展有着重大影响的工作，有以下八个方面。

一、助力粮油学会健康发展

王瑞元在中国粮油学会的工作，可以从2001年他从中谷集团退休后算起，至2023年不再担任中国粮油学会首席专家为止，时间长达23年之久。其间，他为学会的发展壮大做出了贡献。

21世纪初，鉴于当时学会开展有影响的活动较少，加上学会的经济状况不佳（当时学会可支配资金只有不足百万元），处境较为困难。为扭转这一困难局面，时任中国粮食行业协会会长、中国粮食经济学会会长和中国粮油学会理事长的白美清同志，决定将时任中谷集团中商高新技术开发公司总经理胡承淼同志调到学会任专职秘书长的同时，要求王瑞元常务副理事长，在继续做好中国粮食行业协会工作的同时，能多抽一些时间和精力关心粮油学会的工作（王瑞元从中谷集团退休后，主要在中国粮食行业协会帮助工作）。根据白会长指示精神，由此王瑞元变成了几乎常驻学会帮助工作的常务副理事长。

王瑞元到学会工作后，他与胡承淼秘书长和历届学会理事长密切配合，通过举办好一年一次的学会年会暨产品展示会，积极举办各类经验交流会、研讨会，加强了对外合作，并在国内召开了有影响的国际会议；充分利用科技成果评价平台，积极开展科技进步奖的评定，协助国家粮食局搞好粮食行业高级技术职称评定；积极向中国科协争取“青托”名额，重视青年技术人才的培养；积极承担编写《粮油科学技术学科发展报告》；组织制定团体标准，全心为会员企业单位服务；进一步办好《中国粮油学报》，编写出版《粮油食品安全与营养健康知识问答》等书籍，并在开展好总会工作的同时，积极支持、帮助分会开展多项活动。

经过十多年的努力，学会工作充满生机，在行业内的影响力和凝聚力显著提升。与此同时，通过积极开展活动，并在中国科协和国家粮食局的支持下，学会的收入大幅提高，到2022年总会的可支配资金已超过2000万元，这是来之不易的，是大家努力的结果，王瑞元无疑是做了大量工作，功不可没。

二、组织评审好粮油科技进步奖

为使粮食行业获得科学技术进步奖的评审资格，王瑞元与学会其他同志一起曾多次向国家科学技术奖励工作办公室汇报，请求给予中国粮油学会具有评审粮油科学技术进步奖的资格。后经国家科学技术奖励工作办公室批准，中国粮油学会于2005年设立中国粮油学会科学技术奖。这是目前唯一面向全国粮食和物资储备行业的科学技术进步奖，接受国家科学技术奖励工作办公室、国家粮食和物资储备局以及中国科协的指导和监督管理。

粮油科技进步奖主要奖励在我国粮油领域中科学理论、科技研究、技术开发和成果推广等方面的优秀科技成果，旨在充分调动广大粮油科技工作者的积极性、创造性，促进粮油科技创新，提升产业技术水平，为推动粮油科技事业发展，保障国家粮食安全做贡献。粮油科技进步奖主要包括技术开发、技术发明、社会公益、重大工程和自然科学五个奖励类别，设有一等奖、二等奖、三等奖三个奖励等级。对于研究成果达到国际领先水平、具有特别重大科学发现、技术创新或具有特别重大意义、突出贡献的科技成果，可视具体情况给予特等奖励。

2005—2023年，共收到申报项目1160项，受理项目1055项，获奖项目609项，总体获奖率约52.5%。其中获特等奖6项，一等奖96项，二等奖212项，三等奖295项。从历年获奖项目来看，技术成果均处于行业科技发展前沿，代表了我国近二十年粮油科技创新发展水平，部分技术成果填补了国内技术空白，处于世界领先地位。例如"十一五"期间，由原国家粮食局科学研究院牵头建立的中国储粮生态理论体系，首创以智能粮情控制、低剂量环境熏蒸、智能通风和高效谷物冷却四项技术为一体的"四合一"储粮新技术，使我国粮食储藏技术总体跃居国际领先水平，先后荣获粮油科技进步奖特等奖、国家科技进步奖一等奖，在粮油加工领域取得重要突破，聚焦小麦、稻米和玉米等主要粮食作物创新研发精深加工工艺、生产技术和加工装备，取得一批涉及粮食安全、惠及民生的科技成果。"十二五"期间，由河南工业大学牵头持续改进高效节能小麦制粉技术，创新强化物粮分级与纯化、磨撞均衡制粉等技术，解决了制约我国小麦加工电耗高、效率低，加工精度与出粉率之间的突出矛盾，单产、电耗、优质粉率、总出粉率等均优于欧美制粉技术，先后荣获粮油科技进步奖一等奖、国家科技进步奖二等奖。另外，由中粮集团牵头创新开发的玉米淀粉高效制备技术、淀粉糖高效生产技术及高效发酵关键技术，先后荣获粮油科技进步奖一等奖、国家科技进步奖二等奖。

在粮油科技进步奖的评奖过程中，2005—2023年，王瑞元连续18年担任中国粮油学会粮油科学技术奖专家评审委员会主任委员，与历届专家一起，出色而圆满地完成了评审任务，使粮油战线的科学气氛日益浓厚，创新成果层出不穷，年轻的科技人才递进成长，方兴未艾。

三、组织编写《粮油科学技术学科发展报告》

深入开展学科发展研究是加强学科建设的重要内容，是学术团体贯彻创新驱动发展战略的有效抓手，对促进粮油学科的繁荣与发展、引领粮油科技创新、为国家重大战略问题的决策提供有力支撑具有重要意义。

自2008年起，中国粮油学会先后5次组织粮油科技工作者深入开展学科发展研究工作，通过多种形式广泛调研，反复沟通研讨，数易其稿，累计编纂出版了5部《粮油科学技术学科发展报告》，得到了业界的广泛肯定，成为社会各界准确了解粮油学科发展态势的重要窗口。该报告为科技工作者了解粮油学科发展情况、明确重点研究方向提供参考，为政府部门制定科学政策和规划提供支撑，能够很好地彰显粮油学科的科技进步，进一步提升粮油学科的社会影响力，促进科技创新、助力科技自立自强，也有利于增强中国粮油学会的凝聚力、影响力、公信力以及学术发展的引领力，树立中国粮油学会在学科发展研究中的导向性和权威性。

中国粮油学会编写的5次学科报告中，其中第一次是学会自主开展的，即为《2008年中国粮油科学技术学科发展报告》，后面的4次是承担中国科协的项目，即为《2010—2011年粮油科学技术学科发展报告》《2014—2015年粮油科学技术学科发展报告》《2018—2019年粮油科学技术学科发展报告》《2022—2023年粮油科学技术学科发展报告》。

在5次中国粮油学会组织编写的《粮油科学技术学科发展报告》中，王瑞元和姚惠源两人一直是编写该报告的首席科学家，不仅对该报告的编写作了具体的部署、全文修改定稿，并组织编写了本专业在总报告中的相关内容，为5部报告的成功印发做出了不可磨灭的贡献。

四、不遗余力做好“青托工程”

中国粮油学会高度重视对青年人才的培养，自2015年起连续3年，坚持不懈地向中国科协申请“青托工程”项目，希望将粮食行业的“青托工程”列入国家计划。尤其是在2017年申请第三期“青托工程”项目时，更是得到了中国粮油学会领导的高度重视，并为此专门成立了工作组，对申报立项、参加答辩等各个环节进行精心安排和周密部署。王瑞元代表中国粮油学会亲自参加了中国科协组织的现场答辩。通过自上而下的共同努力，中国粮油学会脱颖而出，十分幸运地获得了中国科协第三期“青托工程”立项支持，获批了两个具有中国科协资助的托举名额。在申报中国科协第三期“青托工程”项目时，共有105个中国科协所属学会及联合体申请立项，经审核89家单位进入评审阶段（79家单位参加现场答辩，10家因是特殊科技领域，免答辩，信息非公开），最终成功立项54家（包括10家免答辩单位）。经专家推荐、学会遴选、入选公示等程序，中国科协共确定328名青年科技工作者入选第三期（2017—2019年度）“青托工程”，其中由中国科协资助名额200人（包括特殊科技领域50人），自筹经费资助名额128人。由此可见，这个项目的成功申报和获得中国科协资助名额是来之不易的。

项目申报成功后，中国粮油学会把“青托工程”作为重点工作任务之一。为确保工程顺利开展，中国粮油学会确定了“导师和所在团队联合培养、所在单位大力支持、个人自主进行科研设计”的选拔和培养模式，成立了专门组织机构，制定了《中国粮油学会青年人才托举工程项目管理办法（试行）》《中国粮油学会青年人才托举工程项目经费管理办法》；2017年10月，中国粮油学会发送申请通知后，有关单位共推荐申报了22人，其中20人通过资格审查；随后，组织业内近30名资深专家完成了被托举对象的推荐与评审，包括专家组函评和现场答辩，最终通过专家打分、无记名投票，遴选出江南大学食品学院吴世嘉、韦伟两位副教授为中国科协第三期（2017—2019年度）的托举对象。

2017—2023年，中国粮油学会共立项实施了六届（即第三届至第八届）中国科协青年人才托举工程，累计托举培养了24名优秀青年科技工作者。

在搞好粮食行业的青年人才托举工程时，王瑞元多次代表中国粮油学会参加中国科协举办的现场答辩，取得了圆满成功。在中国粮油学会实施六届中国科协青年人才托举工程中，均担任了现场答辩专家组组长，出色完成了任务，他和蔼可亲的面容和期盼的眼神永远铭刻在被托举成才的青年科技工作者的心里。

五、组织撰写《粮油食品安全与营养健康知识问答》

提高全民粮油科学素质是中国粮油学会的重要职责任务，在中国科协和国家粮食局的关心和支持下，积极开展形式多样的粮油科学普及活动，呼吁社会各界加强粮油食品安全，在引导公众合理膳食、营养均衡、科学消费、强身健体等方面做了不懈努力。2005年，中国粮油学会组织编著了《粮油食品营养与健康知识百问》一书，在社会各界产生了良好的反响。针对十年来粮油主食市场出现的新情况、新问题和广大消费者的迫切需求，中国粮油学会又组织了50多位粮油科技专家，秉承科学严谨的态度，经过广泛的调查研究、归纳整理、集思广益、反复研讨，几易其稿，对重点之处字斟句酌，悉心撰写了粮食行业首部《粮油食品安全与营养健康知识问答》科普图书。

该书在2005年版分设稻米篇、小麦篇、油脂篇和其他篇四部分，约8.5万字的基础上，进行了大量的调整、充实和完善，增加了杂粮篇、玉米篇、储藏篇，共计七部分约19万字，知识问答244个。内容包括粮油主食品科学分类、营养价值、加工方法、卫生安全、产品质量、包装储存、保质期限、市场准入、选购方法、科学食用和健康养生等诸多常识性和热点关注的问题，知识丰富，由表及里，答疑解惑，简洁清晰，为公众献上了一部新的粮油科学知识普及读物。该书的问世，为促进我国城乡居民膳食结构、营养结构的改善和生活品质的提高，确保粮油主食的质量安全，增强全民的健康体质，发挥了积极作用，受到社会各界的普遍好评。

本书由王瑞元任主编，胡承淼和于衍霞任副主编。在编著过程中，他与两位副主编一起，精心组织业内专家几易其稿，悉心编写。他除了负责全书各章节内容的策划、修改和总纂外，还亲力亲为在油脂篇中撰写了诸如“我国油脂加工业和油脂产品与国际先进水平有差距吗?”“什么是特种油脂，它的营养价值高吗?”“我国有哪些木本油料资源，木本油料有哪些特点?”“为什么说浸出法制油工艺先进，食用浸出油安全吗?”“用转基因油料生产的食用油安全吗?”“市场上出现的家用‘小榨油机’值得提倡吗?”“我国食用植物油市场上的品种有多少，产量与市场份额有多大?”“为什么说稻米油营养价值高?”“什么是色拉油?”“什么是高级烹调油?”“什么是调和油?”“什么是人造奶油，其用途是什么?”“什么是起酥油，其用途是什么?”“什么是放心粮油?”14道问答题，为本书的编著付出了辛勤劳动，做出了不可替代的贡献。

六、授予终身成就奖

鉴于王瑞元为粮油科技、粮油工业的发展以及对学会工作所做出的杰出贡献，2018年10月6日，中国粮油学会以中粮油学发〔2018〕80号发文，授予王瑞元、张根旺、姚惠源、靳祖训4名同志“中国粮油学会终身成就奖”荣誉称号。

中国粮油学会在发文中写道：“在学会30年不断发展壮大的历程中，涌现出一批德高望重的领军人物，他们对凝聚行业力量、推进学会发展、引导粮油科技创新做出了杰出贡献。为深入传承老一辈科学家的爱国奋斗精神，表彰他们为粮油科技事业做出的卓越贡献，中国粮油学会决定，授予王瑞元等4名同志‘中国粮油学会终身成就奖’荣誉称号。希望广大粮油科技工作者以他们为榜样和楷模，勤奋不辍，敬业修德，为学会的发展壮大和粮油事业的健康发展做出应有的贡献。”

“中国粮油学会终身成就奖”获奖名单（2018年）

序号	姓名	性别	年龄	技术职称	专业专长	工作单位（原）
1	王瑞元	男	80岁	教授级高工	粮油食品	中国粮油学会油脂分会
2	张根旺	男	82岁	教授	油脂化学与工程	郑州粮食学院/河南工业大学
3	姚惠源	男	82岁	教授	粮食精深加工	江南大学
4	靳祖训	男	84岁	教授级高工	粮油储藏	南京财经大学

鉴于王瑞元对学会的发展和粮油科技发展做出了杰出贡献，经中国粮油学会推荐，自2007年起王瑞元担任国际谷物科技协会（ICC）的国家代表，直至2015年为止。

七、向李克强副总理汇报粮油科技工作

2013年1月15日上午，时任中共中央政治局常委、国务院副总理的李克强同志和国务院有关部门负责同志，来到国家粮食局科学研究院视察调研，并主持召开座谈会。在座谈会上，国家粮食局任正晓局长向李副总理汇报了粮食流通工作情况和有关建议；王瑞元有幸参加了座谈会，并代表粮食科技人员发了言，其内容如下。

首先，我们非常感谢李副总理对粮食科技的高度重视和对我们科技人员的关心支持。然后，我代表在座的几位粮食科技人员提几点建议。

一是关于建立粮食产后科技投入机制问题。

刚才在12楼向李副总理汇报的粮食储藏"四合一"技术，已在前年获得了国家科技进步奖一等奖，至今其累计经济效益达350多亿元。这个项目的科技投入产出比达到1：12，在整个科技领域是很高的。但是，多年来国家对粮食产后科技投入的经费很少，只有粮食生产投入的1%左右。

希望国家能像支持粮食生产技术一样，建立对粮食产后技术的专项投入机制，加强粮食科技创新体系建设。

二是关于粮油食品的营养健康问题。

目前，国内粮食加工过精过细的倾向十分突出，不仅造成粮食的浪费，而且造成原料中固有营养成分的大量流失，不利于人体健康，需要正确引导。现在，国外（尤其是发达国家）比较提倡全谷

物食品，以及杂粮食品，被誉为“健康食品”和“功能食品”。这对防控“三高”很有好处。

但这类食品，当前最突出的问题是要解决“口感与吃法”等问题。在这方面，我们粮科院已取得了技术突破，解决了全谷物和杂粮食品存在的“想吃、不方便、吃不上、不好吃”和难储存等问题。比如，在杂粮挂面生产中可以将杂粮、豌豆的添加比例达到60%以上，也不会使挂面断条。所以我们觉得需要国家制定相关产业和投入政策，以加快推广普及全谷物和杂粮食品。

三是关于支持国产非转基因大豆产业的发展问题。

近年来，国产大豆连续减产，但却又在这样的情况下，国外（尤其是日本）的大豆加工企业到中国建设工厂。其原因是，利用我国的非转基因大豆资源，生产高品质大豆蛋白，出口欧洲，甚至加工后又转卖给中国。出现这种现象的原因是生产高品质蛋白的技术过去我们不如人家。两年前，中粮集团通过中组部“千人计划”，引进了专家，加上我们自身的攻关研究，而现在已经掌握了这方面的关键技术。建议国家加大扶持非转基因大豆产业发展的支持力度，以保住我国宝贵的国产大豆资源。

四是关于真菌毒素污染粮食的无害化处理问题。

为解决每年因气候灾害导致大量被真菌毒素污染粮食的处置问题，我们粮料院通过攻克生物脱毒技术难题，可以有效去除粮食中的这类毒素，如果能推广应用，可以增加农民收入，减少粮食损失，保障食品安全。

希望国家支持加快这项技术的熟化，用处理这些带毒粮食的财政补贴中的一小部分资金来推广这项技术，就可以获得长期减少大量粮食损失的巨大效益。

五是关于食用植物油对外依存度过高的问题。

目前，在我国食用植物油的供应中，对外依存度高达68%。与此同时，国内的植物油料资源并没有得到很好利用。例如以山茶油为代表的我国特种油料的开发利用率低（每年的山茶油产量只有20多万吨）；另外还有1200万～1500万吨的粮食加工副产物——米糠和玉米胚芽等没有充分利用，米糠含油率为18%左右（相当于国产大豆的含油率），玉米胚芽的含油率在25%左右，如果能很好地加以利用，可为国家增产优质食用油脂170万～200万吨。现在，我们在防止米糠和毛油酸败以及采用水酶法加工特种油料的技术已取得突破。需要国家出台产业政策加以支持，提高国内植物油料资源的开发利用率，降低对进口油料油脂的依赖程度。

六是关于培养造就粮食科技领军人才的问题（也是我们最后一点建议）。

粮油科学涉及多个学科。目前粮食院校已有博士点，粮食系统也获得过国家科技进步奖一等奖和多个国家科技进步奖二等奖，但至今还没有一个院士，所以在粮食产后科技领域没有话语权。希望加大对粮食产后科技领军人才的培养扶持力度。

谢谢李副总理，耽误了您不少宝贵时间。

八、建议国家加大力度支持稻米油产业发展

为推动稻米油产业的发展，中国粮油学会油脂分会在20世纪我国开展米糠和玉米胚芽榨油并取得一定成绩的基础上，自21世纪以来，组织召开了一系列国内外发展米糠制油技术经验交流会，促进了稻米油产业的发展，但其发展速度仍然不能令人满意。鉴于发展稻米油产业是一项系统性工程，需要得到政府有关方面的重视和政策上的支持，才能取得进一步发展。

针对我国食用植物油供给对外依赖度高、米糠资源丰富而利用率低等现状，为进一步推动我国稻米油产业的发展，2017年5月25日，王瑞元撰写了

《增产稻米油，提高我国食用油自给率》为题的报告材料（见附录八），以全国47位著名专家和企业家的名义，联合给国家粮食局、国家发展和改革委员会写报告，要求国家重视米糠资源的利用，采取有力政策扶持措施，进一步推动稻米油产业的发展。报告得到了有关方面领导的高度重视，为2023年上半年先后组建的中国农业产业化龙头企业协会油料产业分会和稻米油产业技术创新战略联盟打下了思想基础。

第三节
油脂分会专业化建设

王瑞元在中国粮油学会油脂分会的工作，可以从1985年10月5日中国油脂学会（后改名为中国粮油学会油脂分会）成立并担任其会长起，至2018年9月11日在山东青岛召开的“中国粮油学会油脂分会第八届会员代表大会暨二十七届学术年会”后，不再担任油脂分会会长为止，时间长达三十三年。在油脂分会三十三年的工作中，给他留下印象最深、对行业健康发展有影响的工作有以下六个方面。

一、将油脂分会创办成一流分会

为适应我国油脂科技和油脂工业发展需要，我国油脂界渴望已久的中国粮油学会油脂分会于1985年的金秋十月，在伟大祖国首都——北京成立了，这是我国油脂界的一件大事和喜事。分会成立三十三年来，在中国粮油学会的领导下，经过广大油脂科技工作者、团体会员单位和历届理事会的不懈努力，坚持“三个服务”，紧密结合油料油脂生产、加工、流通和综合利用中的热点、难点问题，广泛开展国内外学术交流研讨，积极开展各种技术咨询和培训活动，努力为会员服务、为企业服务、为油脂科技进步服务，推动企业与科研院所、大专院校的合作，实行“产学研”相结合，促进了油脂科技人才的培养和成长，为我国油脂科技的繁荣进步和油脂工业的发展做出了贡献，取得了辉煌的业绩。

三十三年来，油脂分会始终注重发挥学术交流的主渠道作用，积极组织多种形式的学术交流活动。截至2018年，油脂分会已成功召开了第二十六届学术年会；举办各类专题研讨会，组团参加国际、国内大型技术交流会达百余次，参会人员达21000多人次；征集论文3800余篇，出版论文集26部。内容涵盖油料油脂生产、经营、储存、流通等各个环节；油脂制取、精炼等新工艺、新技术和新设备；特种油料等新油源的开发利用及副产物的综合利用；油脂的品质与安全、营养与健康；油料油脂的检化验及标准的制修订；油厂的安全生产、节能减排和环境保护等。

三十三年来，油脂分会在当好政府主管部门的助手方面做了大量工作。自1985年起，油脂分会积极协助行政主管部门，为油脂界开展了长达16年之久的制油设备选型、定型、标准化工作，以及后来的引进技术装备、消化吸收与再创新工作做出了杰出贡献，为我国油脂工业达到世界先进水平奠定了基础；1990年，油脂分会组织专家就进口植物油失控，冲击我国油脂工业和油料生产发展等问题发出呼吁，写信给国务院有关领导同志，得到了时任国务院副总理的田纪云同志的高度重视，并作了重要批示；组织专家积极参加油料油脂等国家标准和行业标准的制修订工作，为建立我国油料油脂标准化体系做出了贡献；参加制定了《粮食行业"十五"高新实用技术发展规划意见》和《我国粮油中长期（到2020年）科学和技术发展规划的意见和建议》；组织专家为制定好《"十一五"、"十二五"、"十三五"全国粮食行业发展规划纲要》《全国粮油加工业发展规划》《全国粮食行业科技创新发展规划》献计献策等。

三十三年来，油脂分会在精心办好会刊，发挥会刊作用等方面倾注了大量心血。《中国油脂》是油脂分会最早的会刊，它从双月刊改为月刊，截至2016年年底，已出版311期，刊登各类论文9000多篇，成为我国油脂界乃至国际油脂界的知名刊物。《粮油加工》是油脂分会继《中国油脂》后的又一会刊，它以报道面广、及时和实用而著称。另外，油脂分会利用每年的年会创办了"论文集"。这些刊物，是我国油脂界不可或缺的学习园地，是永不停摆的交流平台，也是对外宣传、交流，展示中国油脂文化的重要窗口。

三十三年来，油脂分会从无到有，由小到大，得到了长足的发展和壮大。通过七届理事会的领导和组织，全国油脂界共有525家知名企业先后成为团体会员单位，有3058位优秀油脂科技工作者和管理工作者先后成为个人会员，他们都为油脂分会的发展和壮大，都为我国油脂科技的进步和油脂工业的发展做出了贡献。随着时代的发展，改革的深入，企业和人员发生了较大变化，油脂分会团体会员单位和个人会员状况也有了变化，截至2016年底，油脂分会拥有个人会员2838人，团体会员单位304家，会员之家41个。

三十三年来，油脂分会所取得的卓越成就，得到了历届中国粮油学会领导的好评和业内的高度赞扬，成为中国粮油学会旗下的一流分会。

三十三年来，王瑞元一直担任中国粮油学会油脂分会的会长，他为油脂分会的成长、发展、壮大做了许多具有创新性和开拓性工作，他无私奉献，为油脂分会取得卓越成就付出了全部精力，受到了会员们的高度赞扬和爱戴。

二、带领油脂分会创新开拓开展各项活动

在长达三十三年的油脂分会工作中，王瑞元与历届油脂分会领导班子一起，以创新开拓精神开展各项活动。针对学会是科技工作者之家的理念，他在调查研究的基础上，结合实际，创造性地提出了学会是科技工作者之家，也是企业之家，从而进一步增强了学会的活力和发展的后劲；在如何办好学会的指导思想上，王瑞元切合实际地提出："学会是大家的家，办好学会靠大家，学会办好为大家"，从而增强了学会的向心力和凝聚力；在发展个人会员时，他提出要重视企业的科技人员和管理人员加入会员队伍中来，尤其是要重视发展年轻会员和大学高年级学生会员。为鼓励有关单位重视发展个人会员工作，决定对拥有30名个人会员以上的单位，由学会免费颁发"会员之家"匾，激发了单位发展个人会员的积极性。领到"会员之家"匾的单位，有的将牌匾挂在会议室，有的挂在图书室，有的挂在专设的屋内（会员和员工休闲活动场所），增强了会员的荣誉感。

每年4月上旬，油脂分会都要轮流在理事、常务理事或团体会员单位召开会长办公扩大会议，参会人员除会长、副会长、正副秘书长、名誉会长、顾问、专家组正副组长和部分常务理事外，还邀请部分大型骨干企业的领导参会，有50～60人。会上总结前一年的学会工作，研究部署新一年的学会工作，尤其是要讨论落实新一年召开学术年会及展销会的各项准备工作，并研究确定有关学会工作的其他事项。

“第一届中国粮油学会油脂分会会长办公扩大会议”在浙江省德清县新市油厂召开，会议取得圆满成功；积极建议并大力配合总会开展“中国××油之乡”活动，即在全国重点油料产区并设有该油料加工著名骨干企业的县市，经当地政府申请，学会组织专家考察审核对符合条件的，由中国粮油学会授予该县为“中国××油之乡”称号。2014年4月21日，油脂分会协助总会授予四川省开江县为“中国橄榄油之乡”称号；2015年10月8日，授予山东省莱阳市为“中国花生油之乡”称号；2016年6月14日，授予山东省邹平县为“中国玉米油之乡”称号，同年7月6日、11月8日，分别授予安徽省肥东县为“中国芝麻油之乡”称号、授予黑龙江省嫩江县为“中国大豆油之乡”称号等。此项活动的开展，对推动当地油料生产和油脂加工业的进一步发展起到了促进作用，深受各方的欢迎和好评。油脂分会还创办了两个食用油国际展览会。21世纪初，我国展会经济发展较快，各种各样的展览会层出不穷。以食用油方面举办的展会多达十几家，并冒名打着中国粮油学会或中国粮油学会油脂分会支持举办的幌子。为此，不少油脂加工企业打电话咨询油脂分会，不知参加哪些展会较为合适。对此，油脂分会经过两年多的认真考察，决定支持北京永红国际展览有限公司在北京举办的“国际食用油产业博览会”和广州市亿帆展览服务有限公司在广州举办的“世界粮油展”。经过十多年的培养，在油脂界大力支持下，现已成为油脂界“一南一北”的两个著名品牌展览。

在王瑞元的带领下，油脂分会上述富有创新性、开拓性的活动，取得了很好的成效，得到了业内外的高度认可。

三、坚持为会员服务的宗旨

王瑞元曾多次强调，学会工作要始终坚持为会员服务的宗旨，要树立依靠会员、服务会员的理念。1991年10月25日，油脂分会在黑龙江省哈尔滨市召开的北方片团体会员座谈会上，他以《学会工作要认真做到依靠团体会员、服务团体会员》为题（见王瑞元著《现代油脂工业发展》第761～764页），做了会议总结报告。他在报告中说："要想搞好学会的工作，必须树立依靠会员，尤其是依靠团体会员的理念"，这也是他担任油脂分会会长六年以来的深刻体会。他又说："依靠与服务是相辅相成的，要想依靠好，必须服务好，没有服务好的依靠是好景不长的，为此，学会的一切工作必须从服务于会员这一基点出发，千方百计为会员服好务，只有这样才能把学会真正办成广大会员喜爱的学术性群众组织，才能不断增强学会的向心力和凝聚力。"

对于学会如何服务于团体会员，王瑞元认为可先从邀请团体会员单位参加学会组织的学术年会和学术交流会，组织召开团体会员座谈会，开展咨询活动，组织技术培训，多方面提供资料，宣传团体会员单位的情况以及组织团体会员单位的代表参加涉外活动等几个方面做起，并在服务中不断完善服务内容，做出成效，让团体会员单位满意，并愿意为学会工作贡献自己的力量。

三十三年来，在王瑞元的带领下，学会始终坚持为会员服务。首先是把培养人才和提高企业人员的技术水平放在第一位。学会通过举办各类培训班38期，使参加培训的5000多人次受益匪浅；为科技人员科技创新早出成果服务。自2005年以来，分会配合总会对油脂技术及产品开发等组织专家进行评议，在此基础上，积极向总会推荐科技进步奖。2005—2017年，油脂行业获得中国粮油学会科技进步奖113项，其中特等奖1项、一等奖23项、二等奖35项、三等奖54项，极大地鼓舞了油脂科技人员的积极性。与此同时，学会动员组织有条件的科技人员积极报名参加"晋升高级技术职称”；积极推荐油脂行业的院士候选人等。在为会员服务中，学会尤其重视为企业团体会员的服务。经常为企业在产品的开发、品质的安全与提升、企业的技术改造、遇到的疑难问题等方面，组织知名专家深入企业开展咨询服务，做到了有求必应。

四、为规范行业行为发出正能量

三十三年来，学会在规范行业行为，维护油脂行业健康发展等方面及时发出了许多正能量声音。

（1）1984年4月21日、24日，《经济日报》《人民日报》相继在头版头条以《合成多维营养油经济价值巨大》为题报道了“多维营养油”的经济效益和社会效益。由于“多维营养油”是纯粹的虚假成果，所以一场围绕着“多维营养油”的争论由此展开。争论历时四年零七个月，几经周折，在油脂分会组织的田仁林、厉秋岳、毕震、许大申、曲永洵、丁福祺、周伯川、秦洪万、姚源昆、陈永楠、宋载儿等著名专家有理有据的不懈斗争下，在1988年11月30日，《中国食品报》记者舒阳在该报发表了以《“多维营养油”没有重大技术突破，有关单位决定停止转让成果及生产》为题的新闻报道，文中引用了国家科委办公厅（88）国科办字第129号文的有关结论，“多维营养油”的争论就此画上了圆满句号。其后，经傅立民与王瑞元商定，王瑞元在《中国油脂》1989年第1期上发表了《“多维营养油”没有重大技术突破，有关部门决定停止转让成果及生产（署名崇二南）》的文章，就此事进行了总结：“国家科委办公厅（88）国科办字第129号文的有关结论是尊重科学的，是实事求是的，是从实际出发的。由此可见，这个争论多年的所谓‘成果’的真相已经澄清，我们要从中总结经验，吸取教训。我们希望科技工作者本身要讲科学，对待自己的科技成果，一定要实事求是，耐心听取不同意见，不能有任何虚假现象，更不能骗取名誉。要提倡做老实事，说老实话，做老实人。”

（2）2001年12月3日，广州《信息时报》以大篇幅的版面刊登了《汽油浸炼食用大豆油大揭秘》系列报道，部分内容又被其他报纸引用。在消费者中引起了很大的反响，也引起了有关领导乃至中央领导的关注。为了澄清事实，中国粮油学会油脂分会组织了王瑞元、曲永洵、张根旺、刘大川、王兴国等10位著名专家在《中国食品报》上联合发表文章，对浸出法制油的原理、起源、生产过程、先进性以及国家专为油脂加工安排生产的专用溶剂与普通汽油有着本质的区别等，作了科学的、公正的、实事求是的阐述，对某些媒体炒作的错误观点进行澄清。文章强调，贴有合格商品标签的食用油，无论是浸出油还是压榨油，只要符合我国食用油的质量和卫生标准的，都是优质安全的食用油，消费者可以放心地食用。

2001年12月25—27日，国家技术监督检验检疫局根据国务院领导的批示，在北京主持召开“浸出法制取植物油研讨会”，参加会议的代表有来自中国粮油学会油脂分会、国家机械加工质检中心、国家燃料油质检中心、国家粮食局标准质量中心、国家粮食局执法监督司等部门的领导和专家共11人。中国粮油学会油脂分会派出王瑞元、李志伟等4名专家参加研讨会。研讨会对目前浸出法生产植物油，浸出生产技术的先进性、浸出法制油的安全性、浸出法制油使用的溶剂与普通汽油的区别、食用植物油产品质量情况和市场抽查中存在的一些问题等，进行了深入细致的研讨，并实地参观考察了汇福粮油集团有限公司浸出法制油的生产现场。通过研讨，与会代表充分肯定了浸出法制取植物油脂的先进性，与会专家认为，没有浸出法制油技术的推广应用，就没有中国油脂工业今天的规模化和现代化。会议期间，代表们还对《浸出法制取食用植物油精炼后可以放心食用》的报告进行了充分的讨论，会后，此报告呈报给国务院领导。随后，这场媒体误导事件得以澄清，受到了油脂界的高度赞扬。

（3）2010年9月，针对“金浩油茶籽油苯并［a］芘超标质量事件”，引起社会的广泛关注和强烈反响这一问题，王瑞元召集王兴国、刘元法、谷克仁、刘玉兰、刘大川、何东平、周伯川、刘世鹏、相海等13位油脂分会的著名专家综合各方面的信息，进行了专门讨论和分析，发表了题为《关于‘油茶籽油苯并［a］芘超标质量事件’有关问题的意见》一文，并刊登在国内粮油界权威媒体、报刊及相关行业杂志期刊上。文章提出了以下一些看法和意见。

①油茶籽油是一种具有浓郁的中国特色的木本食用植物油，在我国已有2000多年的食用历史，有着丰富的民族文化内涵……油茶籽油脂肪酸组成与橄榄油类似，油酸含量高达80%～83%，比橄榄油含量还高，且含有丰富的维生素E和多酚类的活性物质。可以说油茶籽油是当今最优秀的食用植物油之一。茶油产业是我国油脂行业的特色产业，我们将不遗余力地推动这一产业的健康发展。

②经专家们认真地分析后认为，造成油茶籽油苯并［a］芘超标的原因主要有原料不当的晾晒、烘干，炒籽时操作不当等几种因素，绝非油茶籽油本身固有的，也不是制油工艺缺陷和浸出制油方法造成的。有些媒体报道，苯并［a］芘超标是浸出工艺的问题。这是一种无稽之谈，是对浸出制油没有科学依据的误解……我们可以负责任地告诉消费者：浸出工艺不会造成成品油中苯并［a］芘超标。

③要解决成品油中苯并［a］芘超标的问题，最关键的是要对毛油中苯并［a］芘含量的监测。因为无论什么原因造成的油脂中苯并［a］芘超标，都不可怕。只要采用正确的精炼方法……即可有效地除去油中的苯并［a］芘，使成品中的苯并［a］芘含量完全符合国家标准……消费者可以放心食用油茶籽油。

④前车之辙，后车之鉴。油脂安全事关人体健康，我们呼吁广大油脂加工企业，应严格把好油脂质量关，不忽略每个环节的监控，视食品安全为生命，坚决贯彻执行《中华人民共和国食品安全法》……严格自律，规范生产，承担相应的社会责任；主动接受社

会监督；为推动我国油脂行业的健康发展，为促进我国油脂科学技术发展和构建和谐社会，贡献我们的力量！

（4）2010年，国内媒体关于植物黄油、氢化油中反式脂肪酸对人体造成危害的有关报道，引起了社会的广泛关注和强烈反响，各种危害的说法已在普通消费者中引起恐慌。为促进公众对反式脂肪酸和含有反式脂肪酸的食品有一个科学的认识，引导健康消费，中国粮油学会油脂分会会长王瑞元于2010年11月20日，在江苏无锡主持召开了“反式脂肪酸安全问题研讨会”，江南大学、河南工业大学、武汉工业学院（今武汉轻工大学）、国家粮食局北京科学研究院等二十多位参会专家，在综合前期调查、研究工作所获得的信息和数据的基础上，进行了认真讨论，共同撰写了题为《科学、全面、正确认识反式脂肪酸安全问题》的文章（见《中国粮油学会油脂分会三十年大事记》第196～204页），并刊登在《中国食品报》《中国质量报》等媒体、报刊及《中国油脂》等相关行业杂志上。文章对反式脂肪酸的定义、来源、与人体的关系及我国对反式脂肪酸的管理措施等进行了科学、全面、正确的阐述，并针对报道中的失实言论和夸大宣传，提出了六条意见（见王瑞元著《现代油脂工业发展》第378～379页）。

事后，2017年6月22日，王瑞元又在北京由中国食品辟谣联盟和中国焙烤食品糖制品工业协会联合举办的“反式脂肪酸新闻发布会”上，以《正确认知食用油脂中的反式脂肪酸》为题（见王瑞元著《现代粮油工业发展》第721～726页），做了主旨报告，报告从反式脂肪酸的含义及对人体的影响、油脂氢化工艺与反式脂肪酸、油脂加工的技术进步、食品专用油脂产品中反式脂肪酸的控制、食品中反式脂肪酸的含量五个方面客观介绍我国食用油脂生产中对反式脂肪酸的防控情况。最后，他在报告的结束语中说：“从总体情况来看，反式脂肪酸对我国居民的总体健康风险很低，并不是一个令人‘谈虎色变’的问题，我们应该客观对待。新闻媒体应正确引导社会舆论，在报道这类敏感问题时，要多做调查研究，多听行业权威部门的意见，避免夸大其词，给消费者一个正确的概念，引导消费者理性面对反式脂肪酸。”

（5）2016年9月，针对社会上出现的一些有关在油脂加工和营养方面的错误言论，为了不让这些错误的言论对社会和消费者造成误解和恐慌，油脂分会组织了12名专家，以王瑞元会长为主执笔撰写了一篇题为《彻底澄清社会上对油脂加工与营养方面的不实之词》的文章（见王瑞元著《现代粮油工业发展》第517～522页），从加工工艺的优劣、有害物质与制油工艺、油脂加工中营养物质的损失、食用油抗氧化剂的使用以及食用调和油的配制五个方面，详细阐述了科学的真相、严厉驳斥了号称“营养与健康专家”的西木博士在湖南卫视《百科全说》栏目播出的《如何选择健康食用油》节目中，多次发表有关“油脂加工与营养”的错误言论。为对消费者负责，为油脂行业的健康发展保驾护航。该文章由王瑞元会长在2016年9月26日召开的“中国粮油学会油脂分会第二十五届学术年会”上作为主旨报告首次公开发表。然后又在各大媒体上转载，得到了社会各界人士的高度认可和赞扬。

对上述诸多不规范行为，学会及时组织专家，以科学态度，实事求是、有理有节地发表文章，有力地回击和纠正了那些伪科学的错误言论；抵制了有损行业发展的不科学的误导宣传；引导消费者以科学理性的态度对待食品安全中出现的一些敏感问题。从而维护了油脂行业的健康发展，受到了业界的一致好评。

五、率先提出纠正粮油“三过度”问题

王瑞元在2007年“天津塘沽开发区油脂加工企业座谈会上的讲话”中，在谈到“关于要防止油脂的过度精炼问题”时说（见王瑞元著《现代油脂工业发展》第228页），我们要大力提倡食用油的精炼要适度，要最大限度地保证食用油中的有效成分不被破坏和流失。目前一些企业为了迎合消费

者盲目追求精炼油高度无色无味的需求，将油脂进行过度精炼。他认为，这种错误导向和盲目迎合消费者心理的现象是不可取的。此后，王瑞元曾多次在会上和文章中强调要纠正“三过度”现象。

2013年9月14日，王瑞元在“中国粮油协会油脂分会第二十二届年会”上的主题报告中说（见王瑞元著《现代油脂工业发展》第255～256页）道：

> 成品粮油生产中的过度加工以及在销售中的过度包装和过度宣传问题，是当前粮油加工业出现的突出问题，必须引起我们的高度重视，认真加以限制和整改。
>
> 为改变米面产品片面追求过“精”、过“细”、过“白”和食用油产品片面追求色值过“淡”的倾向，我们要大力倡导“适度加工”，做到提高纯度，合理控制精度，提高出品率，节约资源消耗，最大程度保留粮油原料中固有的营养成分，防止“过度加工”。为控制成品粮油产品的“过度加工”，在《粮油加工业“十二五”发展规划》中指出，成品粮油产品的过度加工是粮油加工业发展中亟待解决的突出问题。多次强调要严格控制大米、小麦粉和食用植物油的“过度加工”。当前，我们要特别注意纠正大米加工中的“过度抛光”和食用植物油加工中的“过度精炼”问题。
>
> 为迎合消费者的感官需要，社会上的许多商品“过度包装”现象愈演愈烈，不仅造成产品成本加大和包装物料等宝贵社会资源的极大浪费，同时增加了大量城市垃圾和环境污染物。2013年2月28日晚，中央电视台在《焦点访谈》前的广告中披露，全国城市的垃圾大多来自“过度包装”的废弃物，每年因“过度包装”造成的损失高达4000亿元人民币。近年来，粮油加工行业，受社会商品“过度包装”的影响，部分粮油产品的“过度包装”现象也很突出。在2012年举办的全国粮油精品展上，粮油产品的“过度包装”现象到处可见，尤其是大米和食用油的“过度包装”更为突出。人们在

现场看到，一款名为“2.5kg/××一号木制礼盒”，内装5小包合计2.5kg“××一号”有机大米和一小瓶枸杞油，零售价为588元，出厂价为370元。另一款“3kg/××一号礼盒”（纸盒礼品装），内装8小包有机大米，合计3kg，零售价为400元。另外，以高档食用油为名的豪华“过度包装”也到处可见。这种靠“过度包装”，卖高价的粮油产品，日子是长久不了的，我们不应提倡，要坚决反对。

企业在经营活动中，为让消费者知情，促进产品的销售，利用广告及产品标签对其产品进行宣传，这是一种商业行为，是无可非议的。但问题是，有些宣传不是实事求是，夸大和“过度宣传”的现象时有发生；有的宣传含糊不清，消费者看了不明其意，有虚假宣传和蒙骗消费者的嫌疑。2013年6月29日，中央电视台在《晚间新闻》后的有关新闻评论中，披露了一些所谓功能性食品，采用“过度宣传”“虚假宣传”等手法蒙骗消费者。其中提到了个别食用油也存在这类问题。对此，要引起我们的高度重视，自觉加以整改。

在粮油产品的广告宣传和产品标签上，不符合国家要求的“过度宣传”“模糊宣传”“不平等宣传”的形式和表现也不少。诸如：“某某专用产品”“某某指定用产品”“某某宴会用产品”等，尤其是食用油产品的“过度宣传”“模糊宣传”现象更为突出，什么“不含胆固醇”“非化学溶剂浸出”“不含抗氧化剂”“纯物理加工”等，真是费尽心机，五花八门，有的故弄玄虚，把消费者弄得云天雾里，其用意是贬低别的产品，抬高自己产品的身价。从长远看，这种做法既蒙骗了消费者，又不利于行业的健康发展，最终的结果是对自己也没有任何好处。纠正上述“三过度”现象，任务艰巨，我们一定要在提高认识的基础上，认真对待，有所作为。

以上是王瑞元在十二年前报告时为纠正粮油加工行业的“三过度”问题

所讲的一段话，至今仍有很强的现实意义，对行业的健康发展无疑是一记重锤，其作用非凡，成效显著。

六、建设中国油脂博物馆

2016年4月8日，中国粮油学会油脂分会在福建省厦门市召开“2016年会长办公扩大会议”。会上，在王瑞元会长的提议下，决定在武汉轻工大学建设中国油脂博物馆。对此，王瑞元动情地说；“建设中国油脂博物馆是油脂界的一件大事，也是我这辈子为行业所做的最后一项工程。完成这项工程困难很多，难度很大。希望能得到油脂界的大力支持，有物捐物，有钱出钱，我相信在大家的支持下，在武汉轻工大学何东平教授团队的得力工作下，中国油脂博物馆一定能建成。”

为建设好中国油脂博物馆，武汉轻工大学的历届领导班子都高度重视，在何东平教授团队的努力下，学校及时组建了强有力的工程筹建班子，选派得力干部专抓此项工程。在建设过程中，数次召开了博物馆和工程建设论证会、研讨会，王瑞元几乎每次都应邀出席，并在会上发表建设性意见。例如，2018年1月18日，他在武汉轻工大学召开的“中国油脂博物馆建设座谈会”的讲话中说：“建设中国油脂博物馆是弘扬中国油脂文化的需要，是总结、传承和发展中国油脂行业的需要。我们要在‘新时代、新需求、新发展’的思想指引下，建设好中国油脂博物馆，使建成的中国油脂博物馆成为灿烂的中国油脂文化的示范和展示基地；油脂技术人才的教育和培养基地；油脂科技的研发和创新基地；国际交流和合作基地。”

在王瑞元的指导下，举全国油脂界之力，在武汉轻工大学的全力支持和精心组织下，在何东平团队的无私奉献下，我国油脂界盼望已久的中国油脂博物馆于2021年10月1日正式建成开馆。王瑞元高兴地出席了开馆仪式，并做了《让中国油脂历史和文化代代相传》的主旨讲话。他说：“我们仅用了六年时间就建成了中国油脂博物馆，应该说，这是快速高效的，是很不容易的，是大家努力的结果。”他又说：“今天的开馆只是开始，我们要继续努力，不断征集、梳理各种遗存，尤其要进一步挖掘和收藏那些最能反映中国油脂历史和文化的资料和文物；要继续深入研究我国的油脂历史文化，深化学术交流，使传统油脂文化得以传扬；要充分利用现代科技和信息化手段，积极推进展示内容的创新，开阔展览思路、丰富展览内容；要面向群众，对外开放，让中国油脂博物馆活起来；要结合科普宣传让百姓了解中国油脂历史文化，融入百姓日常生活；要把中国油脂博物馆作为助力‘健康中国建设’、弘扬中国文化，讲好中国油脂故事的重要场所……我们还要认真研究并实施以中国油脂博物馆为核心，在全国范围内有重点地吸收建设油茶籽、花生、芝麻等油脂分馆，扩大中国油脂博物馆的影响力，让中国油脂历史和文化更加发扬光大，代代相传。”

第四节
中国粮油学会粮油营销技术分会工作

在时任中国粮油学会秘书长胡承淼同志和时任中国粮油学会常务副理事长王瑞元的支持和推动下，中国粮油学会粮油营销技术分会于2006年11月18日在北京正式成立，王瑞元兼任营销分会会长，直到2018年9月换届卸任为止。在担任营销分会会长十二年的工作中，与副会长们，尤其是与于俊波秘书长一起度过了创会的艰辛岁月，开拓性地开展学会工作，以举办“全国粮油食品产业博览会”为抓手，得到广大会员单位的支持并积极参与。经过大家的努力，尤其是于俊波秘书长的努力工作，将博览会越办越好。

2007年3月19—21日，经中国粮油学会批准，营销分会在江苏省徐州市国际会展中心举办了“2007年中国粮油产、销企业（春季）订货会暨全国粮油经销商联谊会”，到会粮油企业代表近两千人，为营销分会的工作打下了坚实的基础。

2014年3月，营销分会在山东省德州市举办“2014年中国粮油产、销企业（春季）订货会暨全国粮油经销商联谊会”，参展企业300多家，参会人员超过12000人，成交量达450多万吨。与2007年“徐州春季订货会”相比较，参展企业、参会人数、订货成交量等均有数倍增长，取得了丰硕成果，进一步提高了营销分会办展的积极性。

2018年3月，营销分会在山东省泰安市举办“2018年中国粮油产、销企业（春季）订货会暨全国粮油经销商联谊会”，参展企业400多家，参会人员15000人，展会订货成交量达480多万吨。

经过近二十年的努力，中国粮油学会粮油营销技术分会每年举办的“全国粮油食品产业博览会”（原名为粮油产、销企业订货会暨全国粮油经销商联谊会），从小到大，从弱到强，目前已成为垂直粮油食品产业链、聚焦

"采购交易"属性的全国粮油食品行业的著名盛会。

王瑞元在2006—2018年担任营销分会会长期间，都会在营销分会举办的"粮油产、销企业订货会暨全国粮油经销商联谊会"上，围绕我国粮油加工业的发展情况、粮油市场的价格走势等内容做主题报告；他依靠全体会员的支持，与营销分会的领导班子成员一起为学会的发展和壮大做出了贡献。

为表彰王瑞元在担任十二年的中国粮油学会粮油营销技术分会会长期间，对营销学会的发展壮大做出的杰出贡献，2020年8月21日，在山东省泰安市举办的"2020年全国粮油食品产业博览会"上，中国粮油学会粮油营销技术分会向王瑞元颁发"功勋奖"奖杯和证书。并在"功勋奖"词条中说："岁月不居，天道酬勤，只要心中有信念，前方有梦想，任何困难都挡不住他前进的脚步。孜孜不倦是他的名片，竭尽所能是他的坐标，开拓进取是他的宗旨。坚定自己心底的信仰，怀着一定要远航的伟大梦想脚踏实地、奋力拼搏。功勋他当之无愧。"

这是对王瑞元的真实写照，他的确是中国粮油行业实至名归的有功之臣。

第六章

饮水思源：感谢与感恩

在采访时，王瑞元深情地对我们说："回顾自己的一生，从江南大学（原无锡轻工业学院）毕业后分配到粮食部粮油工业局工作，至今已有60余年了。在半个多世纪里，尽管社会在不断变革，机构和人员变动频繁，但有幸的是我从没有离开过粮食行业和粮食工作，也没有离开过酷爱的粮油科技和粮油工业工作，更没有丢掉过所学的专业知识。"他又说："在60多年的工作生涯中，我所以能为粮食行业，尤其为粮油科技和粮油工业行业的发展做了一些有益工作，取得了一些成绩，得到了大家的认可，圆梦了自己的一生。这与党和领导的教育、培养；粮油科技和粮油工业行业对我的关爱；同事同仁的真诚合作；家庭亲友的鼓励与支持是分不开的。"对此，他一再表示要特别感谢。

一要特别感恩的是党对他的教育和培养，是党把失学的他送进了学校，在小学时给他戴上了红领巾，在初中一年级时让他加入了中国新民主主义青年团，在大学二年级时让他成为一名光荣的中国共产党党员；是党帮助他念完大学，并有了一定的知识；是党把他分配到北京中央部委工作；是党把他培养成一位厅局级机关工作人员；是党给他带来许多荣誉……所以他说："没有党的教育和培养就没有王瑞元的成长，没有王瑞元的今天。"

二要特别感谢粮食部粮油工业局的几位老局长对他的关爱，尤其是叶再元局长，他是一位与曾担任过国家主席的李先念同志一起参加革命的老红军长征干部；解景谦副局长，他是华国锋同志的同乡、同学、共同参加革命工作的老干部。他们那种艰苦创业、雷厉风行、认真负责的工作作风和在生活上艰苦朴素的优良传统给王瑞元留下了深刻的印象，尤其是他们通过压担子、培养起用王瑞元，让他深受感动。他们无疑是王瑞元圆梦途中的伯乐！

三要感谢粮油科技和粮油工业行业以及与王瑞元一起工作的同事同仁们，是这个行业为他搭建了施展才干的舞台，是这个行业对他的关爱、支持，促使了他的成长，并有所作为；是与他一起工作的同事同仁们的支持、帮助和真诚合作，才使他在各项工作中得以顺利开展，并取得成绩。

所以，王瑞元在回顾自己的人生时，经常说："是这个行业和同事同仁们的关爱、支持、帮助，成全了我的圆梦人生。"

四要特别感恩的是他的父母亲、老师和兄弟姐妹的支持和鼓励。感激父母亲对他的以身严教，尤其是慈母的吃苦耐劳、勤俭持家的美德深深影响着他，慈母一生没有过上几天好日子让王瑞元深感于心不忍；学校老师，尤其是初中的章公达老师的教诲，在章老师的指点、帮助下让他得以继续深造，成就了他的美好人生；是哥哥王瑞根、姐姐王瑞英在他们自己生活不宽裕的情况下，对他给予资助；是弟弟王瑞龙在他小学毕业时执意留在家里，帮助母亲务农，让他能继续安心上学等。他们都是王瑞元永远不会忘怀的恩人和最敬仰的人。

最后，他要特别感谢的是他的爱妻张瑜。张瑜出生在江苏徐州的一个大户人家，其父亲是上海复旦大学毕业生，母亲是上海大厦大学毕业生。由于时局的变化，她从小跟随母亲在苏州舅舅家长大，家庭生活也很清苦。张瑜聪明伶俐，自小品学兼优，她比王瑞元小两岁，是王瑞元的大学同学。1964年8月，她从江南大学（原无锡轻工业学院）毕业后分配到浙江省宁波油厂工作。1967年1月，王瑞元与张瑜结为恩爱夫妻。1968年8月5日，在北京生下了他们的爱子王一军。因分居两地，孩子出生满月后不久，就由母亲张瑜带回宁波油厂抚养。鉴于张瑜是当时宁波油厂唯一的大学毕业生，所以厂里的生产、技术等里里外外的工作都需要她负责。记得为了油厂上综合利用项目，她带着不满百日的儿子去上海出差。到上海后，找了一个离参观学习不远的一家小旅馆住下，并在旁边找到了一个愿意帮她带孩子的大妈。第二天早饭后，她把孩子送去托人家照管，中午过去喂一次奶……就这样完成了两天的考察任务。她白天工作，晚上带着孩子在一间四面透风，不足6平方米的屋里生活。遇到孩子伤风感冒，她常常心急如焚，不管黑夜和风雨，独自抱着孩子去医院看病（由于油厂离医院约有4公里路程，加上当时又没有任何交通工具，所以遇到孩子夜里要去医院看病，待看完病后回到厂里，再让孩子吃点东西，然后入睡，天都快亮了）。

在经济上，当时他俩工资都是每月50多元钱，由于王瑞元家境困难，他除了每月留下20多元外，其余大部分寄给父母，很少给张瑜寄钱，张瑜对此十分理解。随着孩子的逐渐长大，只能托人看管。为此，张瑜常常是一早把孩子送走，下班后把孩子接回身边。1974年1月15日，他俩的第二个孩子——爱女王一翀在北京出生，同样在出生后满月不久，张瑜带上王瑞元的母亲和两个孩子回到了宁波油厂。几个月后，不幸的消息传来，张瑜哭着在电话中告诉王瑞元："母亲抱着王一翀从二楼阳台上摔到了一楼水泥地上，现在正在医院救治。"王瑞元听完电话后，立即向解景谦副局长汇报。解局长安慰王瑞元不要着急，并立即准假让他赶赴宁波。经两夜一天的火车，第三天清晨王瑞元终于赶到宁波，见到母亲头脑已开始清醒，女儿左脚骨折，经包扎还显得很活泼，这让王瑞元松了半口气。

鉴于王瑞元和张瑜在宁波都没有亲属，又不能让张瑜直接调到北京的实际困难，经解局长等有关领导商量决定，先将张瑜调到粮食部无锡粮食机械厂工作，这样离他俩的老家都不远，有事便于照顾。张瑜调到无锡粮食机械厂工作后，张瑜的母亲办理了退休手续，来到了无锡。随着后来王一军上了小学、女儿进了幼儿园，张瑜的压力才有所减轻。

1978年3月，全国科学大会在北京召开。会后，党和政府出台了有关解决科技人员夫妻两地分居问题的政策措施。不久，喜讯传来，1978年8月，王瑞元得到了商业部人事司的通知，将他夫人张瑜同志调到商业部粮油工业局工作，子女户口同时迁入北京。

从此，王瑞元和张瑜长达12年之久的夫妻两地分居生活终于结束了。他们衷心感谢党，感谢政府，感谢商业部和粮油工业局领导的关爱。

回顾12年夫妻两地分居生活，王瑞元深知爱妻张瑜的艰辛付出，是她一人挑起了家庭生活的重担；是她培养出了两位优秀儿女；是她让王瑞元可以努力、安心工作，并取得了卓越成绩。因此，王瑞元为有这样一位妻子而深感骄傲和欣慰。

张瑜同志调到部里工作后，工作认真努力，表现十分出色，1984年提升为副处长，同年加入了中国共产党，1994年提升为中国饲料公司总工程师（副局长级）。

总之，王瑞元是在党的教育培养下，在老一辈粮油科技和粮油工业事业开创者的基础上，继承了他们发愤图强、努力开拓的精神，为我国粮油科技和粮油工业的改革与不断发展，奉献了自己毕生的精力，尽到了一个共产党员应尽的光荣职责，圆梦了自己的人生。

在采访结束之际，他再次衷心地感谢党的教育与培养，感谢粮油科技、粮油工业行业和与他一起工作的同事同仁们对他的关爱、支持与帮助！

附录

附录一
关于印发《全国增产油脂经验交流会纪要》的通知
（1974年12月30日于北京）

各省、自治区、直辖市、粮食局，江苏省、福建省、河南省、西藏自治区商业局：

《全国增产油脂经验交流会纪要》经过全国粮食工作会议讨论、修改，现发给你们，请研究执行。在执行中有什么问题和意见，请及时告诉我们。

全国增产油脂经验交流会纪要

1972年5月26日—6月9日，商业部在湖南长沙召开了“全国增产油脂经验交流会”。会议拟定了增产油脂计划，讨论了改善粮油加工企业经营管理和支援农业等问题。

粮油加工企业的广大职工，经过深入进行思想和政治路线方面的教育，增产油脂的热潮不断高涨。据初步统计，1971年全国仅米糠榨油、浸出法提油、冷榨大豆做豆制品、玉米胚芽和野生油料榨油等，就增产油脂达4.95多万吨，并出现了很多先进事迹。例如：

湖南省的国营米厂，90%都有榨油车间，米糠榨油利用率达到80%。1971年生产糠油0.7万多吨，并总结出一套米糠油生产、精炼的操作规程。

上海市油脂加工全部采用浸出新工艺，一年可增产油脂近5000吨，并总结了确保安全生产，降低溶剂消耗，提高油、粕质量的经验。

陕西省积极发展农村机器榨油，改进棉籽收购、加工工作，1971年全省除留种以外，棉籽绝大部分用于榨油。

湖北省武汉市东风油厂、江苏省南通市粮食公司，积极开展冷榨大豆做豆制品，既增产了油脂，又保证了豆制品的质量。

吉林省四平植物油厂、四川省成都榨油厂、江苏省溧阳县野生植物综合实验厂，走出工厂，调查研究，积极配合有关部门采集、收购野生油料榨油，增产了油脂。

江苏省江都县大桥油厂，狠抓大豆榨油操作中的“四个环节”，出油率达到了15%以上；山西省翼城县符册大队红旗油厂，摸索出掌握棉籽榨油操作技术的“十二个环节”，出油率由13.5%提高到18%。

山东省招远县粮食局，配合工业商业、物资等部门，积极帮助社队实现了粮油加工机械化、半机械化，改进机具，提高了粮油加工出品率。

大家认为，这些经验应当进一步总结推广。

会议认为，1971年增产油脂工作虽然取得了一定的成绩，但也存在一些问题。主要是：有的地方对增产油脂缺乏足够的重视，油料流失现象还较严重，特别是棉籽还没有被充分用于榨油；地区之间、工厂之间油脂加工出油率悬殊；粮油加工企业管理不善，制度不健全，事故不断发生。这些问题都要引起重视，采取措施，加以解决。

随着国民经济的迅速发展，人们生活水平不断提高，以及出口援外的增加，对油脂需要将会更多。必须认真执行“以粮为纲，全面发展”的方针，努力增加油料生产。同时，还要充分利用现有油料资源，在加工过程中，努力挖掘生产潜力，为国家增产更多的油脂。为此，要抓好以下工作。

（一）广开油源，增产油脂

我国油料资源丰富，增产油脂的潜力很大。要深入发动群众，把增产油脂作为一项经常工作，认真抓好。

稻谷集中产区，要积极开展米糠榨油，生产米糠油要列入国家计划。在开展米糠榨油的同时，要积极生产饲料，支援养猪事业。产棉区，要进一步提高棉籽榨油利用率，除留下足够的种籽以外，都应充分利用榨油。要配合有关部门，做好野生油料的采集、收购工作，积极开展野生油料榨油。要提倡冷榨大豆做豆制品。在保证豆制品质量的前提下，确定冷榨大豆的出油率。积极推广玉米胚芽榨油。工业用油要广泛开展节约代用。

要充分发挥现有设备能力，改革生产工艺，改进操作技术，挖掘生产潜力。所有企业，都要在短期内使出油率达到本厂历史最高水平，力争赶上先进水平。

新建浸出油厂（车间），要坚持自力更生，有计划、有步骤地进行。选点要充分注意油料来源，规模应以小型为主，尽量在原有的油厂中扩建。要确保生产安全，保证油、粕质量，减少溶剂消耗。

（二）整顿和加强企业管理

粮油工业企业，要高举"鞍钢宪法"的旗帜。根据1972年全国计划会议精神，要把整顿和加强粮油工业企业管理，作为一项重要任务来抓。要发动群众，把考勤、技术操作规程和岗位责任制等必要的生产管理制度建立、健全起来，根据粮油加工企业的不同情况，分别抓好产品产量、质量，原材料、燃料和动力消耗以及劳动生产率、成本、利润等主要经济技术指标，以改变纪律松弛，无章可循，不讲经济核算，不抓经营管理的现象。要恢复安全大检查，加强设备维修，增添防护设施，做到以防为主，安全生产。

要认真执行粮油质量检验制度，把好质量关。不合格的产品一律不能出厂。要加强原料和成品的保管工作，防止霉烂变质。

要继续做好清仓查库、清产核资工作，改变家底不清和物资积压、浪费等现象。

粮油机械修配制造厂，要为粮油加工企业服务，不能转产。要保质保量完成国家计划。反对重制造，轻维修；重主机，轻配件；重数量，轻质量的错误倾向。

（三）积极支援农业

支援农业，是各级粮食部门的一项重要任务。粮油加工方面支援农业的主要措施是：第一，要安排专人管理农村的粮油加工，配合有关部门，合理规划农村粮油加工网点，积极发展粮油加工机械化、半机械化。第二，帮助社队粮油加工厂搞好经营管理，坚持社会主义方向，纠正任意提高加工费、克扣斤两、搞非法买卖、以物易物等不正之风。第三，帮助改革加工机具，培训技术人员，组织经验交流，提高粮油加工出品率。第四，帮助利用粮油加工副产品生产饲料，促进养猪业的发展。

（四）大搞科学实验，开展综合利用

粮油加工企业，要积极改善生产条件，开展群众性的技术革新和科学实验，努力改进生产工艺、设备和操作技术，不断采用新工艺、新技术、新设备，积极发展适合我国特点的粮油加工工业。当前，主要解决粮油加工的原料上仓、成品入库的机械化；改进榨油机械和小型浸出设备的选型、定型及配套；研究棉籽饼、菜籽饼作饲料以及油脂、油料的储藏；要推广结构简单、操作方便、坚固耐用的农村粮油、饲料加工机具。

粮油加工企业，在完成粮油加工任务的同时，要积极开展综合利用，做到“一业为主，多种经营”。综合利用的重点，主要是对油脚的利用，要研究从油脚中提取有用的物质。榨油以后的糠饼主要是用于饲料，一般不要再搞其他产品。开展综合利用，要贯彻自力更生的方针，设备和技术力量，要立足本厂、本地。生产的产品，需经有关部门鉴定，合格后再扩大生产，而且要落实销路，避免浪费。

各级粮油加工部门，必须紧紧依靠党的领导，依靠群众，坚持无产阶级政治挂帅，钻研科学技术，为增产油脂做出贡献。

附件1　增产油脂计划表　　单位：吨

地区	1971年增产油脂						1972年增产油脂					
	合计	米糠榨油	玉米胚芽榨油	野生油料榨油	冷榨大豆	浸出法	合计	米糠榨油	玉米胚芽榨油	野生油料榨油	冷榨大豆	浸出法
全国	9954.22	4896.62	599.92	769.9	2275.08	1412.7	15046.27	7128.1	1099.5	832	2782	3204.67
四川	7	1		6			218.5	200		7		11.5
贵州	6.7	5.7	1				36	30	6			
云南	10	10					167	70	15	50	2	30
西藏												
陕西	177.32	43.82	17.92		88.58	27	205	45	40		60	60
甘肃							50	20		30		

续表

地区	1971年增产油脂						1972年增产油脂					
	合计	米糠榨油	玉米胚芽榨油	野生油料榨油	冷榨大豆	浸出法	合计	米糠榨油	玉米胚芽榨油	野生油料榨油	冷榨大豆	浸出法
青海												
宁夏							5	5				
新疆												
河南	147	3		144			185	25		155		5
湖北	546	370			132	44	1350	600			400	350
湖南	1490	1480	10				1665	1600	15			50
广西	249	249					530	500				30
广东	1347.17	1000		279		68.17	1483.17	1200		200		83.17
上海	1914.9	26.4	195	150	543.5	1000	1990	90	200	150	550	1000
江苏	1001.8	634		90	247.8	30	1570	900		120	250	300
浙江	611.4	436.4				175	750	500				250
安徽	192.03	164				28.03	600	400				200
福建	202.5	129			68	5.5	331.5	200	1.5		70	60
江西	241.2	152			77.2	12	450	300			100	50
山东	18.9	12	6	0.9			100	68	12	20		
北京	289.8	16.8	15		258		482	20	20		410	32
天津	124.2	14.2		100	10		130.1	20.1		100	10	
河北	15	15					55	30	10			15
山西	3.7	3.7					146	20	30			96
内蒙古							35	15	20			
辽宁	998	120	5		850	23	1110	150	30		850	80
吉林	100		100				770	70	200			500
黑龙江	260.6	10.6	250				632	50	500		80	2

附件2　米糠油计划管理意见

随着我们农田水利基本建设的迅速发展，稻谷产量将逐渐增加。利用米糠榨油，是油脂生产的一项重要来源。为了有利于调动各方面的积极性，更多地生产米糠油，需要对米糠油进行计划管理。为此，提出以下意见：

（1）国营粮油加工厂，要积极开展米糠榨油。在一定的时间内，国家对开展米糠榨油所必需的设备给予支持。米糠油的生产，要纳入国家计划，单列专项指标，一年一定，年终考核。

（2）国营粮油加工厂生产的米糠油，实行“统一计划，分级管理”。目前，国家队各省、自治区、直辖市，分别按30%～50%分成上缴或抵扣食油调入指标。省与地区、县的分成比例，由各省、自治区、直辖市自行研究确定。

（3）各地分成留用的米糠油，可以用于工业（肥皂等）和市舫行业用油。

（4）上缴的米糠油，要单列调成指标，按季安排。超产的米糠油，国家不再分成上调，由各地安排使用。

附录二
浸出油厂（车间）事故实例
（1974年7月7日于北京）

20世纪70年代，我国浸出油厂发展迅猛，但由于管理跟不上，浸出油厂（车间）发生了一系列重大事故。为了引起各地的高度重视，王瑞元同志亲自汇编了在全国发生的52例《浸出油厂（车间）事故实例》，并以商业部粮油工业局的名义发至全国粮食部门，对浸出油厂（车间）的安全生产起到了积极作用。

近几年来，各地新建了一批浸出油厂（车间）。这些浸出油厂（车间）在增产油脂中发挥了积极作用。

浸出油厂（车间）投产后，各地通过发动群众，总结交流经验，加强安全措施，健全规章制度等，提高了油、粕质量，降低了溶剂消耗，促进了安全生产。但是也有一些单位，由于主客观方面的原因，发生了一些事故。还有少数单位，存在着只增产油脂，忽视安全生产，忽视产品质量的错误倾向，必须引起我们的高度重视。

最近，吉林、辽宁、浙江、上海、安徽、广东、广西、福建、湖北和四川等省、自治区、直辖市，认真总结了浸出油厂（车间）在安全生产中正反两方面的经验，对历年来发生的重大事故进行了分析研究，提出了相应的改进措施，取得了较好的效果。为了沟通情况，共同吸取教训，现整理一部分有代表性的事故实例，并按事故起因初步分类，以便参阅（事故性质各地均有结论，从略）。望各地浸出油厂（车间）结合自己的实际情况，对照检查在安全生产中存在的问题，采取有效措施，确保生产安全。

（一）违章操作事故（5例）

（1）1972年12月4日，辽宁省开原浸出油厂，下午交接班后，中班看泵青年工与装料青年工未经班长同意，擅自互换工作岗位。由于操作不熟悉，原看泵青年工把二号罐的料坯装满后，未给信号就开一号罐的阀门，将混合油压往二号罐，忘记打开二号罐的阀门，致使一号罐内及通往二号罐的管道内压力增大，考克芯子顶出，混合油大量喷出，瞬时车间内充满溶剂气体使两名青年工昏倒。消息传到全厂，工人们纷纷奔向浸出车间抢救。抢救时，有人喊停车，在慌乱中，按错了电钮，由于负荷过量，配电盘闸刀开关保险丝烧断产生火花而引起爆炸，造成了重大的设施损坏和人身伤亡事故。

（2）1973年1月11日，湖北省沔阳油厂，为了在连续蒸发器上部增设闪箱，焊工直接在蒸发器上用氧气切割，仅割了2厘米长的缝隙就发生了溶剂气体爆炸事故，一股气流将焊枪打到焊工脸上而造成严重的局部烧伤。

（3）1973年7月6日，浙江省建德梅城粮油厂，出料时，操作工人只顾贪快，不顾浸出罐内余气是否放尽，急于打开顶盖。当螺丝拧松后，油粕随余气从顶盖冲出，操作工人当场被严重烫伤。

（4）1973年9月20日，吉林省郭家店粮油加工厂，试验向日葵籽一次浸出。交接班时，烘干机第4节堵塞，为排除故障，打开手孔处理，大量溶剂气体冲出。当时浸出器已停机停料，但没有停止入料提升机、封闭绞龙及混合绞龙，致使设备空转，溶剂气体从浸出器窜到铁质提升机。由于提升机的轴与倾斜的盒帽摩擦起火星而引发爆炸。爆炸后，火苗蔓延至烘干机出口。经及时抢救，未造成重大人员伤亡和财产损失。

（5）1972年6月20日，吉林省镇赉县粮库浸出车间，在设备安装后进行试车，工人在连接溶剂库和循环库的管路后，为试验管路是否畅通，将溶剂放入管路，流进了循环库。次日，在改装循环库的放空管路时，烧电焊引起循环库爆炸。循环库从封头焊口炸开，炸倒和炸塌循环库墙壁、房盖，伤及3人。

（二）违反安全制度事故（5例）

（1）1972年6月2日，辽宁省八面城制油厂，1名当班工人将打火机擅自带入浸出车间。因打火机缺油，看泵工人从溶剂油沉淀罐的玻璃试管下往打火机灌油，致使部分溶剂溅到地上，这时又进行打火机的打火试验，立即引起爆炸。玻璃试管被炸破，罐内溶剂倾泻而出，火苗越烧越旺，造成车间及设备全部烧毁。

（2）1972年9月，浙江省慈溪油厂，在灌装浸出毛油时，灌油工人思想麻痹，认为灌油处离浸出车间较远，擅自吸烟，引起火灾。

（3）1972年12月5日，浙江省绍兴工农油厂，在浸出米糠，蒸粕时发生“夹生现象”，糠粕中溶剂气味较重，送往榨油车间摊晾，当时榨油车间有人吸烟，引起糠粕起火。

（4）1973年11月28日，吉林省通化植物油厂软化车间检修，工人休息时在车间吸烟，烟头将干燥的木质提升机烧着，引起大火，经积极抢救，避免了火焰蔓延到浸出车间。

（5）1972年10月，浙江省邱隘油厂，有10多只装溶剂的空桶放在车间外，有1名泥工吸着香烟想看看桶内有没有“汽油”，当拧开桶盖时，立即引起爆炸，桶口喷出火焰，把泥工的卫生衣、棉衣等烧着，脸部轻度烧伤。

（三）擅离工作岗位事故（3例）

（1）1962年，上海市油脂二厂浸出车间，有一名操作工人晚上打瞌睡，故意将分水器的阀门开小一点，一直放水，结果溶剂随水流到苏州河里。河内船工生火，而引起火警。

（2）1972年11月，辽宁省营口市油脂厂，当班工人擅离工作岗位去睡觉，由于混合绞龙堵塞，电机超过负荷，运转时间过长，线圈被烧坏，险些引发爆炸。

（3）1973年5月，广西壮族自治区柳州油脂厂，炒料工擅自将4层连续蒸炒锅改为全部装满料坯，待脱水符合要求后再出料。开始装料后，又擅离工作岗位，致使锅满后负荷过量，三角胶带与被堵死的皮带轮摩擦引起自燃。由于抢救及时，才未造成重大事故。

（四）设备事故（4例）

（1）1971年6月，广东省清远浸出油厂进行试车，根据设计要求卧式烘干机夹套钢板内层板要求8毫米，外壳要求6毫米。因材料不足，擅自改用3～4毫米的钢板代替，加上焊接不良，又未进行试压检验，试车时，造成夹套内层爆裂。

（2）上海市南汇油厂的地下溶剂库，因建造质量不好，地下渗水，池内积水深达25厘米，长期不加清理，积水变质。加上溶剂罐进口接头接触不严，进溶剂时有渗漏，致使地下溶剂库内沉积了大量溶剂气体和污浊气体。1971年6月29日，进溶剂时，一把扳手掉进地下库里，当工人下库底找扳手时，因溶剂中毒而发生伤亡事故。

（3）1972年，吉林省敦化植物油厂，操作工人从溶剂库往循环溶剂罐送溶剂时，由于循环溶剂罐的液位计考克失灵，又未检查，造成循环罐油满后压入分水器，由分水器跑掉溶剂1吨多。

（4）1972年5月，安徽省全椒襄河油厂浸出车间“因循环溶剂罐玻璃管指示器断裂”损失溶剂400多千克。

（五）误开阀门事故（3例）

（1）1967年，上海市崇明堡镇油厂罐组式浸出器出料时，没有先开顶盖即开出料门，当出料门打开时，油粕随余气一起喷出，油粕喷到出料工人身上（赤膊操作），将其淹没烫伤，面积达90%，经抢救无效死亡。

（2）1972年10月22日晚，福建省莆田县笏石油厂，在浸出罐下压时，由于上部溶剂蒸汽阀门未关闭，混合油压不净，致使上蒸后粕中含有大量溶剂。出料门打开后，出粕器电机漏电，钻头碰罐壁，产生火花，引起火灾。3名季节工受伤，厂房及设备被烧毁。

（3）1972年11月10日，湖北省鄂城油厂，由于间歇蒸发罐的出气阀门未打开，蒸发罐内压力过高致使玻璃视镜炸裂，将操作工人的头部炸伤。

（六）避雷器、电器设备安装不符合要求事故（3例）

（1）吉林省公主岭粮油加工厂建厂初期，浸出车间的避雷器接地与设备接地连接在一起，落雷时引到水化车间，使水化车间电闸保险丝爆断2根。

（2）1973年5月16日，浙江省衢州油厂浸出车间，由于没有避雷装置，1台电动机被雷击损坏。

（3）吉林省公主岭粮油加工厂，在试验风运豆粕时，临时安装了防水线，试验后，电源未断，电机拆除后把电线卷成一团放在墙角，在清扫卫生时，扫帚碰到电线引起电线冒火。

（七）停电、停车时发生的事故（3例）

（1）1964年，上海市油脂二厂浸出车间停产。停产时浸出罐内的料坯没有及时清理干净而引起料坯发焦自燃。

（2）1971年，上海市崇明堡镇油厂，因全厂突然停电，浸出车间设备停止运转，间歇蒸发罐内的油将近蒸好，操作工人担心油跑掉，将罐顶凡尔关闭。送电后，只开了直接蒸汽管，忘开了罐顶凡尔，罐内压力升高，将罐顶盖冲出屋顶之外。

（3）1973年，吉林省德惠植物油厂因停电而停车，浸出器内的混合油全部蒸发回循环溶剂罐，因循环溶剂罐容量小，又未及时送回溶剂库，致使溶剂由循环罐溢流到分水器，又经排水管外流到下水道，而损失溶剂500多千克。

（八）易燃物起火事故（4例）

（1）吉林省扶余油厂、长春市油厂，用玻璃丝保温过热蒸汽管道时，将原垫纸一起包缠，由于温度过高，冒烟起火。榆树植物油厂用草绳缠玻璃丝外抹白灰保温过热蒸汽管，试车时草绳燃烧，由于发现及时，才未造成大的事故。

（2）吉林省长春市油厂，过热蒸汽保温不好，在通过软化工序的一段蒸汽管路上因落有粉尘而冒烟起火。1972年试车时，粕烘干机使用棉线盘根，曾发生燃烧冒烟。

（3）1973年9月，辽宁省大连油脂工业总厂浸出带绒带壳的棉籽。9月7日，在一台轧坯机旁边的木质挡板处，因积累的棉绒长时间摩擦，而使棉绒着火，一个冒烟的火球落至下部拖带，发现后因惊慌而未能停车，此火球随料坯送至浸出车间进入浸出罐内，工人发现后立即将盖盖紧，打开蒸汽管，火球才被扑灭。

（4）1974年5月，辽宁省大连油脂工业总厂在浸出车间旁边的麻袋库和一号库之间夹道处，因豆秸、破油毡纸等易燃物掉落在蒸汽管道上，由于焦化起火，而造成火灾，损失40余万元。

（九）设备检修时，残留溶剂未除净，动用明火，引起事故（4例）

（1）1957年，吉林省蛟河植物油厂在电焊浸出格时，由于浸出器内溶剂气体未除净而发生爆炸，损失惨重。

（2）1962年，辽宁省大连油脂工业总厂大检修时，在分水器上部的一个法兰处烧焊，因罐内溶剂气体未除净，而引起爆炸，损失惨重。

（3）1970年11月1日，辽宁省沈阳市第四粮库浸出车间停产检修时，发现两个蒸发器底部有残留溶剂，为除去溶剂，采用电焊烧割接管放溶剂。第一蒸发器烧割后，溶剂放了出来，未发生事故。第二天又烧割第二个蒸发器，当电焊枪刚接触第二个蒸发器底部小孔时，火苗奔向第一蒸发器接口处，立即引起第一蒸发器爆炸。

1972年2月，该粮库拆检油泵时，将残余混合油流到草袋上，正遇电焊工在另一处烧电焊，火花溅到草袋上而引起火灾。

（4）1972年10月21日，四川省高骈油厂，在生产过程中，发现蒸发罐漏气，当即用泥巴涂上后凑合生产，不久又发现罐壁漏油，被迫停产检查。24日早晨，将蒸发罐拆下后在外面电焊补罐，当电焊枪刚接触罐壁时，罐内残留溶剂气体就发生爆炸，炸死一人，炸伤三人。

（十）非浸出车间操作人员乱开阀门，引起事故（2例）

（1）1972年10月，浙江省云和油厂浸出车间改装完毕，试车时，一名非浸出车间工人进入车间，擅自关闭蒸发罐上端进油管阀门，造成管内压力增大，玻璃视管爆裂，混合油大量外流。

（2）1973年2月，浙江省丽水县召开农业学大寨会议，代表们参观粮油厂浸出车间，当时工人忙于出粕，没顾及参观人员。一位参观人员打开了分水器阀门，放跑了溶剂。

（十一）废水中带走溶剂，引起事故（4例）

（1）1972年12月，安徽省芜湖市油厂浸出车间停车检修，残存溶剂气体沉积在下水道中，电焊时，因火花落入下水道，而引起火警。

（2）1972年7月，浙江省长兴油厂，由于对分水器放出的废水没有及时检查，溶剂随废水流入河中，值班工人在废水出口处吸烟，烟头丢入河内而引起燃烧。

（3）1973年2月28日，吉林省山城镇植物油厂由于分水器跑溶剂，顺下水道流到水沟里，小孩玩火，将溶剂点着，沿下水道逆燃，致使厂内管道爆炸。

（4）1974年3月28日早晨，吉林省蛟河植物油厂水源不足，冷凝器缺水，溶剂气体冷凝不下来，自由气体排出口的呼吸阀压砣重，空气排除不顺畅，造成循环油罐内压力增大，分水器和回油管路产生阻力，将分水器内的大量溶剂压到下水道，流到大河里。当时有1位朝鲜族老大娘在沿河用排出的热水洗衣服，在吸烟时引起燃烧，烧伤3人。火焰顺下水道进入车间，抢救中引起爆炸，伤14人。

（十二）粕中残留溶剂过高，引起事故（5例）

（1）1970年8月29日，辽宁省大连油脂工业总厂试生产真空豆粕，因出罐时豆粕带有溶剂气体及豆粉，用抽风机排至一间小屋内的布袋回收豆粕，屋内溶剂气体较大，夜班工人进行清扫，刚进门拉开电灯时引起爆炸，一个火球冲出来，将3名工人烧伤。

（2）1972年2月5日夜间，安徽省淮南油厂浸出车间，循环溶剂罐积水。浸出时，溶剂内大量带水使糠粕上蒸下压不透，含有大量溶剂。出料时，溶剂熏人，操作工人用棉花堵住鼻孔出料，加上天气较冷，车间门窗全部关闭，糠粕中挥发出来的溶剂气体充满粕库。出料结束后当工人拉掉粕库风机的电源插头时，产生火花而引起爆炸、燃烧。烧掉仓库10间，重伤、轻伤各1人。

（3）1973年6月11日，湖北省江陵城关米面厂浸出车间，将未脱净溶剂的糠粕放在锅炉房旁，因锅炉烟囱的火星掉在麻袋上，而引起燃烧。

（4）1968年，上海市嘉定油厂，因锅炉间出渣，蒸汽压力降低，浸出粕中溶剂蒸不净。当天用船运粕，船开到嘉定县时（已经天黑）发现麻袋里冒烟，船工点火观察，引起溶剂气体燃烧，烧伤3人。

（5）1973年7月，吉林省吉林植物油厂，粕中溶剂未去净，出粕后又立即装袋，当载粕汽车开到厂外后，搬运工人点火吸烟，引起溶剂气体在麻袋表面燃烧，由于及时将麻袋推下汽车灭火，才未造成损失。

（十三）溶剂中毒事故（4例）

（1）1958年，吉林省蛟河植物油厂对事先没有熏蒸过的浸出器格子进行检修，几个工人轮流戴同一个防毒面具进入浸出器，由于防毒面具中活性炭吸附溶剂已经达到饱和失去作用，最后下去的工人被熏倒，幸未死亡。

（2）1957年，辽宁省大连油脂工业总厂大检修。检修后，生产班长戴着防毒面具进入溶剂罐检查，由于防毒面具脱落，造成中毒死亡。

（3）1960年6月，吉林省四平植物油厂，初次检修溶剂循环罐，由于罐内溶剂气体未去净，工人下罐时又没有戴防毒面具，而被溶剂气体熏倒。

（4）1974年2月9日，吉林省吉林市植物油厂，白班检修设备时将烘干机直接关闭。下午四点接班后，蒸粕时未开直接蒸汽阀门，晚六点，工人反映粕中溶剂味大，操作工人检查气压时，发现表压很高，误认为是刚开车的原因，没有停车，于是溶剂气味越来越大，将3名灌粕女工熏倒。

（十四）其他事故（3例）

（1）新中国成立前，辽宁省大连油脂工业总厂，一个工人在实验室吸烟，烟头烧着了衣服，本人未发觉，当他走到离浸出车间五六米的地方，那里放有溶剂桶，立即引起溶剂着火，该工人被活活烧死。

（2）上海市崇明堡镇油厂，把深井水抽干后，工人下去修理吸水管莲蓬头。因水井位于浸出车间附近，浸出车间的溶剂气体被吹到水泵旁，由于溶剂气体比空气重，沉积到井底。当修理工人下井后吸烟时，引起溶剂气体燃烧，两名工人脸部被烧伤而毁容。

（3）1972年，上海市油脂二厂，在罐组式浸出器出料时，把低压电灯放在罐内，由于出料时不小心，灯被打碎，而引起火警。

附录三
在“考察日本大豆浸出制油技术研试项目鉴定和技术交流会”上的报告

（1980年5月31日于辽宁大连）

“考察日本大豆浸出制油技术研试项目鉴定和技术交流会”开了11天，今天就要结束了。参加这次会议的有全国21个省、自治区、直辖市粮食局、浸出油厂、赴日考察组成员、部属科研所、粮机厂、粮食院校及有关单位的代表共110人。国家科委也派人参加了会议。

这次会议从5月21日在吉林省蛟河县召开，在辽宁省大连结束。会议首先对蛟河植物油厂落实考察日本大豆浸出制油技术研试项目进行了鉴定，并进行了技术交流。接着全体代表又对旅大油脂工业总厂（旅大为大连旧称）落实考察日本大豆浸出制油技术研试项目进行了鉴定，也交流了经验。这次会议先后在两地召开，人员比较多，给会议的组织工作带来一定的困难。由于得到了吉林省、辽宁省粮食局和吉林市、蛟河县、旅大市粮食局的大力支持，使会议开得很顺利，我代表粮食部科技局、外事局、粮油工业局和全体与会代表，表示衷心的感谢。

会议期间，大家听取和讨论了蛟河植物油厂和旅大油脂工业总厂落实“研试项目”的工作总结和生产试验情况。根据鉴定的要求，会议组织了技术鉴定小组，详细考察了这两个厂的实际生产情况，进行了认真的测定。技术鉴定小组根据测定结果，对照国内外浸出油厂的技术水平，实事求是地对两厂“研试项目”取得的成果作出了评价。会议期间，代表们在鉴定和学习蛟河、旅大两个油厂经验的同时，还互相交流了经验，并对学习推广应用两厂的经验，以及进一步发展我国的浸出制油技术等方面的问题，进行了广泛的座谈。许多代表说：“这次会议开得很好，研试成果显著，学到了经验、找到了差距、解放了思想、增强了赶超国外先进水平的信心。”

现在我对大家讨论的鉴定意见进行归纳，并讲些意见。

（一）研试项目的主要成果

我部食用油考察组于1977年1月18日—2月11日考察了日本大豆、米糠制油和精炼技术。大豆制油，考察了丰年制油株式会社的清水工厂和日本大豆制油株式会社的神户工厂；米糠制油，重点考察了房总油脂株式会社的千叶工厂和船桥工厂。考察的效果较好，收获较大。回国后，考察组及时总结和印发了有关考察资料。

为了落实考察成果，1977年5月在北京召开了吉林、辽宁、江苏、湖北、陕西5省粮食局的工业处、科研所领导及全体考察组成员参加的“落实赴日考察大豆、米糠制油和精炼技术研试项目专题会议”。经研究决定，大豆制油在吉林省蛟河植物油厂和辽宁省旅大油脂工业总厂，米糠制油及精炼技术在江苏省常熟县徐市油厂分别进行研试。在国家科委的大力支持下，在吉林、辽宁、江苏省各级粮食部门的领导和组织下，在这三个厂的广大职工积极努力下，本着“洋为中用”和“先进可靠”的原则，结合老厂改造，在认真研究领会赴日考察报告和历次对日技术座谈资料的基础上，对研试项目进行了认真细致的设计、设备制造安装、设备空运转、重车试验、试生产、生产测定，在试产中调整了工艺，改进了操作。经过两年多的工作和生产实践，研试项目达到了预期的目的，收到了可喜的成果。根据这次会议对蛟河、旅大两厂的鉴定，主要取得了以下成果。

1．加强了原料的预处理工序

过去，我国的浸出油厂对原料的预处理不够重视，设备简陋，入浸料坯的质量一般达不到工艺要求，直接影响浸出效果。为了改变这种状况，蛟河、旅大两厂在研试项目中采用了日本的先进技术，加强了原料的清理，选用了大豆破碎机和液压轧坯机等新设备。蛟河植物油厂大豆经清理后采用了先烘干去水，后破碎再软化轧坯的新工艺，使轧坯后的豆坯不再烘干去水，达到直接浸出的要求。改变了过去先软化大豆，后轧坯，再烘干去水，造成豆坯粉末度大，不利于浸出的老工艺。由于这两个厂加强了原料的清理，严格控制了入浸豆坯的厚度在0.3毫米左右，并保证豆坯结实而有弹性，为浸出豆粕残油达到0.5%的设计要求创造了先决条件。从测定的结果看，这两个厂采用的破碎机的破碎效果都接近或达到了日本的水平。蛟河植物油厂由于采用了先烘干去水→破碎→软化→轧坯→豆坯不经烘干直接浸出的新工艺后，其入浸豆坯的粉末度只有3%左右，接近了日本的水平。

2．改进设计，制造、采用了新型平转浸出器

过去，我国采用的平转浸出器，其格子的分配多少不一；格子的高度和料层高度较低（格子高度一般为1.2米，料层高度不到1米）混合油循环采用连续喷淋，喷淋、浸泡、滴干不明显；浸出温度较低（一般为45℃左右）致使浸出效果较差，使用同样大小的浸出器与国外相比，浸出时间长、产量低、混合油浓度低、粕中残油高。这次研试，两个厂根据日本经验，对原有国内的平转浸出器进行了改进设计，采用了18格和高料格（格子高度为2.5米）料层高度为2米的浸出器结构形式；新鲜溶剂及混合油循环采用单泵循环和间歇大喷淋，使料坯在浸出时喷淋、浸泡、滴干的界限比较明显，浓混合油格设有帐篷式过滤器，代替目前国内常用的混合油过滤器，在工艺操作上，将浸出温度保持在55℃左右。

由于平转浸出器的改进和加强了原料的预处理，提高了浸出效果。浸出器的产量和浸出时间都好于国内同类型浸出油厂。旅大油脂工业总厂的平转式浸出器直径为7.6米，大豆一次浸出的日处理量达到320～350吨，而国内差不多大小的浸出器日处理量只有120～150吨，提高了一倍多。蛟河植物油厂的平转式浸出器的直径为3.5米，日处理量达到55吨，比国内同样大小的浸出器产量提高近一倍。在浸出时间上，国内平转浸出器每转一周的时间约120分钟，蛟河、旅大两个厂的浸出器每转一周的时间均为90分钟。在粕中残油方面，日本采用连续浸出的粕中残油为0.5%左右，旅大油脂工业总厂去年全年的平均粕残油为0.49%，蛟河植物油厂这次测定平均粕残油也为0.49%，都达到了日本的水平。为了赶上日本的浸出时间和粕残油的水平，蛟河植物油厂在生产试验中，对浸出器每转一周的时间缩短到60分钟进行了对比试验，取得了在产量、料坯质量不变的情况下，粕中残油达到0.52%～0.57%的良好指标，也接近了日本的水平。

3．采用了新设计的DT蒸脱机

浸出豆粕的脱溶，过去国内普遍使用卧式烘干机。脱溶效果较差，溶剂损耗较大，不少浸出油厂粕中残留溶剂的指标达不到要求；豆粕中的有害酶类不能很好地被破坏，影响饲料的营养价值。经过一年多的生产试验，采用新设计的DT蒸脱机后，浸出豆粕的脱溶效果比较理想，粕中残留溶剂稳定在500毫克/千克以下，达到了国外先进水平。豆粕中的有害酶类被完全破坏，保证了粕的质量，提高了饲料的营养价值。

4．采用了两段层碟式汽提塔

混合油汽提设备，过去国内大多使用填料汽提塔。这种汽提塔容易堵塞，需要定期清理，脱溶效果不够稳定。蛟河植物油厂采用了两段层碟式汽提塔后，较好地解决了上述问题。浸出毛油中残留溶剂的含量稳定在50毫克/千克以内，其残留溶剂的含量，达到了食用植物油的国家卫生标准，保证了浸出毛油质量。并为今后在炼油工序中研究可否省去脱溶设备提供了数据。

浸出毛油中残留溶剂的含量，日本为300～500毫克/千克，进口的美国浸出毛油，其溶剂含量都在600毫克/千克以上。由此可见，蛟河、旅大两厂浸出毛油中残留溶剂的含量已经低于日本和美国。

5．采用了自由气体回收装置

自由气体的回收方法，国内一般采用填料塔、油桶吸收法和冷冻吸收法等装置来回收自由气体中的部分溶剂，效果一般较差，大多数浸出油厂排放到大气中的尾气，其溶剂含量达不到油脂浸出工厂生产技术操作规程中其体积比不超过0.1%的要求，溶剂消耗大。有的浸出油厂由于回收效果差，就干脆不用，设备流于形式。

蛟河、旅大两厂在研试中采用了液体石蜡吸收自由气体中溶剂的回收装置，把浸出系统内的自由气体全部汇总到吸收塔内，经液体石蜡吸收后再排空，从而保证了浸出系统的负压操作，降低了溶剂消耗，有利于安全生产。从去年12月的测定结果看，这两个厂排放到大气中的尾气，其溶剂含量都符合《油脂浸出工厂（车间）生产技术操作规程》的要求。由于这两个厂采用了自由气体回收装置、DT蒸脱机和层碟式汽提塔，降低了排空尾气、粕和毛油中的残留溶剂，为溶剂消耗达到设计指标（吨料5千克）起了重要作用。去年旅大油脂工业总厂全年平均溶剂消耗为吨料3.07千克，今年1—2月的平均溶剂消耗又降低到吨料（大豆）1.6千克，赶上了日本的水平。

蛟河、旅大两厂的研试项目，经过一年多的生产试验和反复测定，达到了两个0.5%的设计要求，有些技术指标还好于原来的设想，接近或赶上了日本的水平，为缩小我国浸出制油技术与国外先进水平的差距迈出了一大步。尤其可喜的是，随着这些项目研试成功，在经济效果上已经有了很大的收益。旅大油脂工业总厂去年共加工大豆46500多吨，平均溶剂消耗为吨料3.07千克，平均粕残油为0.49%。与改造前1977年该厂使用罐组式浸出器的平均溶剂消耗吨料5.6千克，平均粕残油为0.67%相比，全年节约溶剂63吨，增产豆油84吨，两项合计经济价值达20余万元。蛟河植物油厂的各项经济技术指标也是明显地好于改造前的指标。该厂去年加工大豆10400吨，平均溶剂消耗为吨料5.44千克，比改造前的吨料11千克下降了5.56千克，节约溶剂59吨，仅这一项就节约开支5.9万元。改变了过去几年每年亏损3万～5万元的被动局面，去年实现了扭亏为盈，上缴利润5.7万余元，对国家做出了自己的贡献。

（二）认真总结我国浸出制油技术经验，进一步发展浸出制油工业

采用浸出制油技术是我国油脂工业的发展方向。我们要在认真总结浸出制油技术经验的基础上，积极推广和应用研试成果，进一步发展浸出制油工业。

中华人民共和国成立前，我国只有旅大油脂工业总厂一个罐组浸出车间。1955年轻工业部在蛟河植物油厂，依靠自己的力量，第一次自己设计、自己建造了我国第一座平转式浸出油厂。1957年，我国从比利时进口了一套日处理100吨的履带式浸出设备，安装在西安油脂化学厂。从此，打开了我国制油工业新的一页，为采用浸出制油法迈出了可喜的第一步。

20世纪60年代，我国又陆续兴建了一些浸出油厂，正式投产使用的总数增加到20多个，大多数分布在华东和东北地区。浸出器的型式有：平转、履带、罐组、弓形和U形5种。

20世纪70年代前期，我国的浸出制油工业在国家计委的支持下，在各地粮食部门的积极努力下，为了改变我国制油工业的落后面貌，为国家增产油脂，浸出油厂像雨后春笋般地发展起来。经过短短四五年的努力，据1974年年底统计，全国粮食系统已经有298个浸出油厂（实际建成开工的有250多个），比60年代增加了270多个。1974年9月，针对当时有些浸出油厂，由于设备不配套，操作不熟练，制度不健全等原因，在安全生产和油、粕质量上存在的一些问题，我部在河南新乡召开了“全国粮油加工技术经济交流会”。会议期间，对浸出油厂提出了巩固、提高的方针，对存在的一些问题研究了解决办法，并建议各地对浸出油厂的发展适当稳定一个时期，集中人力、物力、财力对现有的浸出油厂进行填平补齐，巩固提高。

新乡会议后，各级粮食部门的领导，科技人员和浸出油厂的职工，迎着前进中的困难，不断从生产实践中总结经验，加强生产管理，组织技术力量对生产工艺和设备的薄弱环节进行攻关，使浸出油厂在巩固中提高。不少地区还在巩固、提高的过程中，稳步得到发展。根据今年2月我部在北京召开的粮食工业工作会议上各省、自治区、直辖市粮食局报的数字统计，我国现有浸出油厂323个，其中属于粮食部门领导的有305个，属于轻工、农垦和社队领导的有18个。另外，各地正在筹建中的还有19个。这些浸出油厂，不但在减轻工人劳动强度、改善劳动条件、为国家增产油脂和降低消耗等方面发挥了积极作用，同时也为改变我国制油工业的落后面貌、为我国浸出制油工业的发展奠定了基础。

但是，我们要清醒地看到，存在的问题还不少。例如，新乡会议后，有的地方对已经上马的浸出油厂没有认真地去做工作，使一部分浸出油厂有的没有开工，有的开工不久就停产不用了，造成很大的浪费；有的地方由于强调技术条件差，怕出事故，怕油、粕质量不过关，对浸出制油采取消极观望的态度；有的浸出油厂，由于管理水平低，安全措施差，事故发生不断。

在技术上，这几年虽然有了很大提高，但与国外先进水平相比差距还很大。不少浸出油厂的溶剂消耗高达吨料20千克以上，个别浸出油厂的溶剂消耗甚至高达30～40千克。有的油、粕质量不过关，有损浸出油厂的名声。特别是在油脂精炼方面，由于有些厂没有精炼设备或设备不配套，浸出油至今不能食用，只能当作工业用油。对上述问题，只要我们思想重视，依靠技术人员和工人，采取措施，积极推广和应用行之有效的新技术、新成果，坚定浸出制油是我国制油工业发展方向的信心，那么所有问题都是可以解决的。

目前，我国浸出油厂虽然已有300多个，但只占全国国营油厂油脂生产能力的15%，远不能适应“四个现代化”的要求。为了进一步发展浸出制油工业，我们主张对一些油料产区和米糠资源集中的地区提倡发展浸出制油。但要采取积极、稳妥的方针，有计划、有步骤地进行。筹建浸出油厂，一定要有充分的原料来源，要讲求经济效果，要有设计图样，严格按建厂程序办事，防止草率、粗制滥造。要集中人力、资金、材料和设备，加速建厂速度，确保工程质量，做到筹建一个，投产一个，见效一个。新建浸出油厂的选点，要充分注意油料来源和安全条件。扎扎实实地发展我国的浸出制油工业。

我们建议，对日处理量在30吨以上的老厂进行改造，只要符合浸出油厂安全防火规范，都要逐步改造成浸出厂。如果全国油脂工业实现浸出化，与机榨对比每年可多生产出油脂约15万吨。

（三）积极推广和应用新技术、新成果，提高浸出制油工业的技术水平

为提高我国浸出制油工业的技术水平，使各项经济技术指标接近或赶上国外先进水平，除了要进一步加强企业管理外，我们要根据各地浸出油厂的具体条件，结合老厂改造和设备更新，有领导、有计划、有步骤地、因地制宜地积极推广和应用行之有效的新技术、新成果。

蛟河、旅大和常熟徐市油厂在落实赴日考察研试项目中，经过一年多的生产考核，已经在降低粕中残油，降低溶剂消耗，提高油、粕质量等方面取得了显著的效果。积极推广和应用这些研试成果，在经济效果上将会带来很大的收益。据统计，1979年，年东北三省用浸出法加工大豆约42万吨，平均溶剂消耗吨料约11千克，平均粕残油在1%。如果都能达到先进指标，将可节约600多万元，这是个十分可观的数字。所以一定要积极做好这些成果的推广工作。我们建议各地推广和应用如下研试成果。

1．在预处理方面

要重视和加强预处理工序，配备足够的清理设备，合理选用烘干、破碎、软化、轧坯、蒸炒设备，确保入浸料坯或预榨料坯的质量要求。

采用大豆一次浸出的油厂，在大豆水分比较稳定的情况下，推广先烘干去水，后破碎，再软化、轧坯的新工艺，以减少入浸料坯的粉末度，有利于溶剂的渗透，提高浸出效果。

利用米糠浸出的油厂，要重视糠粞分离，最大限度地将米粞分离去除；米糠的预处理，可以采用高料层二节锅，进行高水分蒸坯后，可以使米糠中的淀粉在蒸汽、水分和机械搅拌的作用下，黏结成小颗粒，改善米糠在浸出时渗透性差的状况。根据上海松江、江苏南京等油厂经验，对设有五层立式蒸炒锅的米糠浸出油厂，只要改进工艺操作，符合高水分蒸坯的要求，也能收到一定的效果。鉴于目前在资金、材料都比较紧张的情况下，可以先借用原有设备，待今后设备更新时再考虑。

2．采用新型平转浸出器

在制油设备选型、定型、标准化的设计中，根据蛟河、旅大和常熟徐市油厂研制使用的新型平转浸出器的结构形式，目前粮食部江苏科研设计所正在设计JP型平转浸出器。这种平转浸出器具有结构合理、产量大、浸出效果好等优点，是20世纪70年代先进的浸出器之一。

今后在新建浸出油厂（车间）和现有浸出油厂需要更换浸出器时，凡是采用平转浸出器，日处理量在50吨以上的都可采用，高料层，新鲜溶剂及混合油采用单泵循环和间歇大喷淋。浓混合油格设有帐篷过滤器。进料绞龙采用重力门料封等合理的结构形式。对日处理量在50吨以下的，除了浸出格可以适当减少外，其他结构形式均可考虑采用。

3．在粕的脱溶干燥方面

对采用大豆一次浸出的油厂，为了提高浸出湿粕的脱溶效果，降低粕中残留溶剂，提高浸出粕的饲料营养价值，可以采用DT蒸脱机。

对于采用预榨浸出的油厂，前几年粮食部西安油脂科研所设计成高料层蒸烘机。从浙江省海宁实验油厂两年来的实际使用情况看，该设备具有结构简单、脱溶效果好等优点，可以在预榨浸出油厂使用。至于高料层蒸烘机能否适用于大豆一次浸出粕的脱溶，一定要经过反复试验，取得确实可靠的生产数据后再考虑是否推广的问题。

4．关于混合油蒸发和热能的利用

混合油蒸发系统的设备，我们与国外相比，没有多大差别，只是在工艺上，我们采用的是常压蒸发，而国外普遍采用真空蒸发。但从工艺性能和效果上也能达到要求。蛟河、旅大两厂使用的层碟式汽提塔已经在制油设备中作为选定型设备。目前存在的薄弱环节是我们对热能的利用不够重视，一些含热能较大的二次蒸汽，如蒸脱机、汽提塔出来的溶剂-水蒸气，第一蒸发器出来的溶剂蒸气等热能都没有得到利用，直接进入冷凝器，既浪费了热能，又增加了冷却水的用量。蛟河植物油厂和旅大油脂工业总厂对DT蒸脱机的二次蒸汽进行了利用，取得了一些效果，希望各地充分发挥广大科技人员和工人的聪明才智，把热能的利用，包括降低煤耗、电耗和溶剂消耗的工作当作重点工作来抓，抓紧抓好，取得效果。

5．在自由气体回收方面

对于自由气体中溶剂的回收，由于我们过去采用的方法比较落后，回收效果都不太理想。蛟河、旅大两厂采用液体石蜡回收自由气体中的溶剂后，对降低溶剂消耗取得了显著的效果。我们建议，日处理量在50吨以上的浸出油厂可以采用液体石蜡回收装置。对于处理量在50吨以下的浸出油厂，由于生产能力小，尾气量小，是否采用液体石蜡回收装置，需要通过生产实践，进行经济分析，积累经验。从江苏常熟徐市油厂浸出棉籽、油菜籽饼溶剂消耗取得吨饼3～5千克的良好指标来看，日处理量在50吨以下的浸出油厂，只要严格控制溶剂的“跑、冒、滴、漏”，保证足够的冷凝面积，溶剂消耗就有可能达到良好的水平。

为了使上述研试成果和各地在生产实践中创造的新技术、新成果在全国各地开花、结果。根据蛟河、旅大和常熟徐市油厂在研试项目中的经验，在推广和应用中，必须注意以下三点。

（1）要认真学习和领会研试成果的有关资料，吃透技术关键。在推广和应用各种技术成果时，为了少走弯路，首先要把兄弟单位在研试中的经验、教训和关键性的技术问题了解清楚，在此基础上，结合本地区、本单位的具体情况，做出切实可行的实施计划，进行周密的设计。防止一知半解和不根据本地区、本单位的具体情况进行生搬硬套。

（2）推广、应用研试成果，要有计划地进行。建议各地对计划推广应用的研试成果，最好结合老厂改造先搞一两个点，在有了自己的经验后再全面铺开。选点确定后，要做到组织、资金、材料三落实，对所需的资金、材料要给予保证。要组织技术力量，制定方案，进行设计，并对方案和设计图样进行审查；对设备制造、设备安装质量进行检查，及时组织试生产，解决试生产中出现的问题，取得预期的效果。

（3）推广应用研试成果工作要自始至终，一抓到底，抓出成效。推广和应用研试成果的工作与其他工作一样，并不是一帆风顺、轻而易举的，而是需要通过艰巨的工作，付出一定的代价才能取得预期效果。因此，在工作中，肯定会遇到这样那样的问题。在遇到问题时，只要我们正确地对待困难，充分发挥工程技术人员和工人们的积极性，工作自始至终，一抓到底，那就一定能够抓出成果来。

让我们在党的十一届三中全会的精神鼓舞下，为适应“四个现代化”的要求，为发展我国浸出制油工业，为我国浸出制油技术尽快赶上世界先进水平而共同努力！

附录四

在“落实考察日本米糠浸出、米糠油脱蜡技术研制项目鉴定和技术交流会”上的总结报告

（1981年12月13日于江苏常熟）

“落实考察日本米糠浸出、米糠油脱蜡技术研制项目鉴定和技术交流会”开了9天，今天就要结束了。参加这次会议的有全国22个省、自治区、直辖市、粮食厅（局），浸出油厂、赴日考察组成员、部属科研所、粮食院校及有关单位的代表共130多人，国家科委也派人参加了会议。

为了这次会议的顺利召开，自11月16日起至25日，我们邀集了9省市20个单位31名代表对研制项目进行了预测。经过10天认真的、全面的测定，进一步核实了研制项目在生产考核期间所提供的测定数据，他们的辛勤劳动，为会议的顺利召开创造了条件。

这次会议在江苏省常熟县徐市镇召开，参加会议的人员较多，加上交通又不太方便，给会议的组织工作和接待工作带来了许多困难。由于得到了江苏省粮食厅、苏州地区行政公署粮食局、常熟县粮食局和徐市油厂的大力支持，使会议开得很顺利，我代表粮食部粮油工业局、科技局、外事局和全体与会代表再次表示衷心的感谢。

会议期间，大家听取和讨论了徐市油厂落实研制项目的工作总结和生产试验报告。根据鉴定的要求，会议组织了技术鉴定小组，详细考察了徐市油厂的实际生产情况，进行了认真的测定。根据会议测定的结果以及会前预测和生产试验的情况，对照国内外米糠浸出和糠油脱蜡的技术水平，实事求是地对徐市油厂研制项目取得的成果做出了评价。会议期间，代表们在鉴定和学习徐市油厂经验的同时，还互相交流了经验，并对学习应用徐市油厂的研制成果和今后油脂工业战线上的工作进行了广泛的座谈。现在我就大家在这次鉴定会上讨论的鉴定意见进行归纳，并对今后油脂工业战线的工作讲点意见。

（一）关于研制项目的鉴定情况

1．研制项目的主要成果

我部食用油考察组于1977年1月18日—2月11日考察了日本大豆、米糠制油和糠油脱蜡技术，考察的效果较好，收获较大。

为了落实考察收获，1977年5月在北京召开了吉林、辽宁、江苏、湖北、陕西五省粮食局的工业处、科研所领导及全体考察组成员参加的“落实赴日考察大豆、米糠制油和糠油脱蜡技术研制项目会议”。经研究决定，米糠浸出及糠油脱蜡技术的研制项目在江苏省常熟县徐市油厂进行。在国家科委的支持下，在江苏省各级粮食部门的领导和组织下，在徐市油厂与粮食部江苏科研所的密切配合和积极努力下，结合老厂改造，在认真研究领会赴日考察报告和历次对日技术座谈资料的基础上，对研制项目进行了认真细致的设计、设备制造、安装、调试和生产测定。经过生产考核和测定，研制项目达到了设计要求。主要取得了以下成果。

（1）加强米糠的预处理。1972年后，各地对米糠资源的利用普遍重视，米糠制油得到了迅速发展。在米糠制油中，大多采用压榨法制油。只有少数工厂采用浸出法制油。由于原来米糠浸出制油的主要生产工艺和设备比较落后，因此许多经济技术指标与国外的先进水平相比，差距很大。尤其是过去我们对米糠的预处理不够重视，对米糠呈粉状、含淀粉量高的特性没有很好处理，造成浸出工序溶剂渗透困难，致使浸出效率低、产量低、粕中残油高、溶剂消耗高等问题。为了改变这种状况，徐市油厂在研试项目中采用了日本的先进工艺，加强了米糠的预处理，选用了平面回转筛；新设计了两层立式封闭蒸锅和三节卧式烘干机，使米糠预处理车间的设备成龙配套。生产试验和测定结果证明，选用了SM80型三层平面回转筛，经过改进后，可以用于糠粞分离，产量能够满足日处理50吨米糠浸出油厂的需求。经过筛选后的米糠除去了米粞和杂质，提高了米糠的纯度，提高了米粞的使用价格；两层立式封闭蒸锅，能使米糠进行高料层高水分快速焖蒸，在温度、水分和机械搅拌的作用下，使米糠中的淀粉糊化，粉状米粒黏合成小颗粒，经三节卧式烘干机烘干，米糠呈颗粒状，从而改变了米糠的物理性质，有利于浸出时的溶剂渗透，提高浸出效率；三节卧式烘干机，能使焖蒸过的高水分米糠，经过快速烘干脱水，达到米糠入浸水分的要求。由于时间短，能最大限度地控制米糠在烘干过程中色素的增加，提高了浸出毛油的质量。

（2）改进设计了适合浸出米糠的新型平转浸出器。根据日本的经验，为适合浸出米糠，同时又能够适应浸出预榨饼的需求，粮食部江苏科研所和徐市油厂对原来国内研制的浸出器进行了改进设计。改进后的新型平转浸出器，采用了18格、新鲜溶剂间隔大喷淋、5个混合油喷管，管下设置三角槽、混合油采用单泵循环、出粕采用前开门，并设有撬杠和出料装置以及出料采用双绞龙等，在工艺操作上，将浸出温度保持在50℃以上。

由于平转浸出器的改进和加强了米糠的预处理，克服了原来平转浸出器的缺点，提高了浸出效果。降低了粕中残油，降低了溶剂消耗，提高了毛油质量。经过两年多的生产考核，米糠浸出平均溶剂消耗为5.28千克/吨料，粕中残油平均为1.08%，与改进前的平均溶剂消耗8.21千克/吨料，粕中残油2.57%相比，有较大幅度的降低。在预榨浸出中，菜籽饼的平均溶剂消耗为3.72千克/吨饼，粕中残油为0.72%；棉籽饼的平均溶剂消耗为1.63千克/吨料，粕中残油为0.3%。上述这些指标都达到了国内先进水平。

（3）米糠油冷冻布袋吊滤脱蜡。为了使米糠油供作食用，脱蜡是把好米糠油质量关的重要环节。过去国内脱蜡一般是米糠油精炼冷却后用压滤机过滤，糠蜡结晶不稳定，加上压滤机的产量低，脱蜡效果差，精炼米糠油的含蜡量仍在0.3%左右，导致冷冻试炼不合格，影响食用米糠油的质量。为提高我国食用米糠油的质量，徐市油厂和粮食部江苏科研所，根据国情，参考日本米糠油冷冻养晶、布袋吊滤脱蜡的工艺和设备，设计制造了一套日处理5吨脱臭米糠油的脱蜡工艺。经过测试，食用米糠油的含蜡量为0.01%左右，冷冻试验（0℃，15分钟）透明，脱臭米糠油经脱蜡后的得率为80%～85%，这些指标接近和达到日本同类方法的水平，为我国生产高质量食用米糠油提供了技术基础。

徐市油厂的上述研试项目，经过了生产考核和实际测定，各项技术指标达到了设计要求。提高了我国米糠浸出和米糠油脱蜡的技术水平，缩小了与国外的差距。随着这些项目的研试成功，在经济效果上已经有了一定的收益。该厂自1979年下半年以来，共浸出米糠油2000多吨，浸出菜籽饼近2万吨，浸出棉籽饼2.3万多吨，其溶剂消耗和粕中残油与改造前相比，节约溶剂37吨，增产油脂215吨，两项合计经济价值34.5万元，接近研制项目的全部投资。

2．学习和应用研试成果

为了提高我们米糠浸出和米糠油脱蜡的技术水平，我们建议各地米糠浸出油厂要根据自己的具体条件，结合老厂改造和设备更新，有领导、有计划、因地制宜地积极推广和应用徐市油厂的研试成果和会议期间介绍的其他科研成果。

在徐市油厂的研试项目中，有关米糠浸出项目，由于建成投产时间较长，效果显著，又经过几次全国会议的介绍，所以许多地区的浸出油厂已陆续来徐市参观学习，并把学到的东西带回本单位，结合自己的实际情况加以应用，取得了不同程度的效果。这些自发的学习和应用精神，是十分可贵的，也是值得提倡的。为了进一步扩大研试成果，我们建议各地组织技术力量，对米糠浸出油厂进行一次普查，总结经验，找出存在问题，提出改进措施，以便有计划地推广应用徐市油厂的米糠浸出研试成果。

米糠油冷冻布袋过滤脱蜡工艺，是一个设备简单、操作方便、脱蜡效果好、米糠油质量高的脱蜡方法。缺点是车间建筑面积较大，一次性投资较多，建议各地根据自己的实际需要，因地制宜地学习应用。会议之后，上海市粮油工业公司油脂研究室介绍的“三合一”（脱胶、脱酸、脱蜡）炼油工艺，对米糠油的脱蜡效果也很好，各地也可根据情况学习应用。在米糠油的脱蜡方面（包括葵花籽油的脱蜡），我们希望大家继续研究更加简单的方法，以便推广应用。

在推广和应用科研成果时，我们既要防止思想保守僵化，对他人的科技成果一概不加推广应用，又要防止不根据本地实际情况，生搬硬套，或不经选点试验，取得自己的经验后再逐步推广，而是一哄而起，到头来却不了了之。

在推广和应用科技成果中，黑龙江省的粮油工业公司的做法值得参照学习。该省自1971年以来，先后新建了六个浸出油厂，由于当时投资紧，缺乏经验，原有的一些工艺和设备比较落后，造成溶剂消耗和粕中残油高。1979年全省平均溶剂消耗为15千克/吨料，粕中残油为2%，为了改变这种落后状况，1979年他们派人去蛟河、大连学习，将蛟河、大连赴日考察的科研成果先在鹤岗油厂逐条落实，当年就取得了很好的效果。在取得经验的基础上，去年公司投资58万余元，对其他五个浸出油厂根据各自的情况进行技术改造，取得了显著的效果。1980年全省平均溶剂消耗下降至9千克/吨料，今年下半年又下降到7.3千克/吨料，粕中残油平均下降到1.5%。一年半的时间，共节约溶剂529吨，经济价值约60万元，等于公司的投资数。

黑龙江省粮油工业公司的上述做法，值得提倡，我们希望各地都像黑龙江省那样积极而有成效地推广应用研试成果。

（二）抓好今后几年内油脂工业方面的几项主要工作

会议期间，大家对今后油脂工业方面的工作进行了广泛的座谈，要求我讲点意见，下面我就抓好今后几年内，油脂工业方面的几项主要工作，讲点自己的意见，供同志们参考。

1. 结合老厂改造，继续有计划地发展油脂浸出工业

在我国粮油工业中，油脂浸出工业的发展历史较短，全国现有的300多个浸出油厂大多是在1972年以后筹建的。近十年来，全国粮油加工厂的广大职工和科技人员，在资源材料紧缺、技术力量薄弱、工艺设备不够完善的情况下，迎着前进中的问题，克服了重重困难，使油脂浸出工业稳步地向前发展。

近些年来，由于广大职工和科技人员的努力，我国油脂浸出工业发展的速度较快，技术水平有很大的提高。我们不仅建设和巩固了300多个浸出油厂，而且锻炼了科技人员，培养了一大批技术工人。针对油脂浸出工业发展中出现的问题，经过认真地科学研究，推广应用了许多新技术、新设备，通过对外技术座谈和出国考察，落实推广了一批研试成果。从而使油脂浸出工业设备逐步配套，工艺更加完善。尤其是蛟河、大连和徐市油厂，在老厂的改造中，积极应用国内外的先进技术，认真落实赴日考察成果，取得了可喜的成绩。他们为完善我国的浸出工艺和设备做出了贡献，为老厂技术改造提供了借鉴。另外，经过这些年的实践，油脂浸出工艺的优越性越来越被人们所认识，许多地区的有关领导，支持当地粮食部门发展油脂浸出工艺。现在，我

们可以说，发展油脂浸出工业的条件已经具备。我们要珍惜这些来之不易的条件，使我们的油脂浸出工业进一步稳步地向前发展。

应该肯定，这些年来，我国的油脂浸出工业的发展速度是快的，工作是有成绩的。但也应该看到，就生产能力来说，浸出能力只占全国国营油厂生产能力的15%，远远不能适应“四个现代化”的要求。

党的十一届三中全会以来，由于党在农村的经济政策进一步落实，农业生产形势很好，尤其是油料生产形势更加喜人，食油产量持续增长。1981年产量预计达到34亿斤，比上年增加12亿多斤。与1977年相比，四年增产34亿斤，增长一倍多，人年均6斤9两，超过了1956年人年均6斤的历史最高水平。

油脂形势的历史性变化，为粮油工业提供了充足的原料。目前许多地区的油厂已经改变了过去那种半年生产半年闲的局面，有的甚至感到加工能力不足，尤其是在油菜籽和葵花籽的集中产区，由于产量猛增，亟须增加榨油能力。我们希望这些地区在想方设法解决当前油料加工的同时，要有一个规划，在结合老厂改造，或新建油厂时，要有计划、有步骤地发展预榨浸出。今后新建浸出油厂要遵循科学，要继续严格按照过去提出的建厂方针办事。为了取得较好的经济效果，在一定油料集中产区，新建浸出油厂的规模不宜过小，要尽量不建或少建日处理量20吨以下的浸出油厂（车间）。

2．提高油脂精炼技术，发展油脂制品

根据中央和国务院领导同志的指示精神，粮食部要逐步改变职能单一化，加强经营观念，把经营粮油和发展食品工业结合起来，积极组织各种粮油食品的生产，不仅要搞食品的粗加工，而且要搞精加工，以满足市场需求，丰富人民生活，增加企业收入，逐步减少国家的财政补贴，这是新形势下粮食部门的一项新任务。粮食部门要充分利用自己的优势，发展粮油食品。

粮油工业是食品工业的基础工业，粮食是食品工业的重要原料，生产各种粮油制品，满足食品工业的不同用途，是食品工业发展的需求。但是，目前我国的粮油制品，远远不能满足食品工业发展的需求，尤其是满足不了中、高档食品工业发展的需求。

在粮油工业中，油脂精炼技术是个薄弱的环节，也是我国制油工业与国外先进水

平相比存在的主要差距。长期以来，由于我国对食用油脂的习惯要求不同，油脂精炼技术的发展缓慢。目前大多采用间歇式的油脂精炼工艺和设备，连续式和半连续式的炼油技术应用极少。

由于食用油脂质量差，加上油脂氢化等工序还没有搞上去，我国的油脂制品，在国际市场上不仅没有竞争能力，而且连生产出口食品的起酥油也要进口。目前，国内市场供应的食用油脂，严格来说是属于粗加工的食用油脂，但就这样的食用油脂，在有些地区，由于精炼工艺不完善，设备不配套，造成油品质量不稳定，甚至不符合食用油脂的质量标准，群众有意见。尤其是这几年来，菜籽油和葵花籽油的产量增长速度很快，库存较大。国务院领导同志指示我们，国内多吃菜籽油、葵花籽油，代替创汇高的花生、芝麻、大豆等油品、油料出口，以扩大销售，支持生产。但是，由于我们的油脂精炼技术跟不上，菜籽油气味脱不尽，油品质量较差，致使销售受到影响。因此，迅速改变油脂精炼技术的落后状况，提高油品质量，增加油脂制品，提高出口油的竞争能力，满足市场需求，丰富人民生活，这是摆在我们每个油脂工作者面前的一项紧要任务。

当前，我们要努力抓好以下几项工作。

（1）保证食用油脂的质量，抓紧菜籽油、葵花籽油炼油点的建设，为对人民身体健康负责，我们要重申，今后凡供作食用的油脂，必须符合国家食用油脂的质量标准。对未经精炼或经精炼不符合质量要求的食用油脂一律不准出厂销售；对那些虽有炼油设备，但由于工艺不完善，设备不配套，操作技术不过关，质量不符合要求的，要及时采取措施，认真加以解决，保证食用油脂的质量；对少数缺乏油脂精炼设备的地区，要想方设法增设炼油设备。为了提高经济效益，有利于油脚的综合利用，新建油脂精炼点要适当集中。

为解决油脂精炼能力的不足，扩大菜籽油和葵花籽油的销售，替代出口创汇的花生、芝麻、大豆等油品、油料出口，在当前资金较紧的情况下，今年国家给我们追加了3000万元的基本建设投资，以解决部分省区油料加工、油脂精炼和油脂储存等能力的不足。在这笔追加资金中，有1500万元将用于解决油料、油脂加工能力的不足，其中将建设10个日处理50吨的精炼油厂（车间），希望有筹建任务的地区，抓紧筹建工作的进度，尽快形成生产能力、发挥作用。

（2）要搞好上海油脂二厂的日处理50吨连续精炼项目和北京南苑油厂进口的日处理150吨连续精炼项目。上海油脂二厂的连续精炼项目，是由上海市粮食科研所、粮食部江苏科研所分别设计的带科研性的选定型项目，由于这两个所的共同努力，设计图样已全部完成，目前分别在上海市粮油工业机修厂、江苏宜兴粮机厂和江阴粮机厂试制样机。为加快这一项目的进度，请这几个厂抓紧样机试制，保质保量地按时交付样机；希望上海油脂二厂及时完成基建工程，以便样机及时进厂，组织安装，争取明年年底试生产。我们希望设计、试制、使用单位，从样机进厂、验收、安装、调试、生产试验、组织鉴定，直至完成竣工图，都要团结一致，通力合作，把50吨连续精炼项目尽快搞出成果来。

北京南苑油厂进口的150吨连续碱炼项目，也是大家所关心的，希望南苑油厂和有关单位组织好进口设备的验收、安装、调试和测绘等工作，使国外的先进技术为我所用。我们对上述两个项目寄予很大希望，希望与这两个项目的有关单位，再接再厉，尽快建成投产，为提高我国油脂精炼技术做出贡献。

（3）加快油脂氢化等研试工作，增加油脂制品前面已经说过，严格讲，目前国内市场上供应的食用油脂大都属于初级制品。为满足市场需求，丰富人民生活，将精炼后的油脂经轻度氢化，并按氢化的程度和熔点的高低，制成各种起酥油，满足高级饼干、高级糕点的需求。并在此基础上，发展人造奶油、冰激凌等一系列高档花色食品。

由此可见，随着食品工业的发展，对油脂精炼和油脂深加工提出了新的要求。我们不仅要把油脂精炼搞上去，而且要把油脂氢化搞上去。建议上海、北京、天津等大城市先走一步，在解决油脂精炼的同时，根据市场需求和考虑到将来的发展，增设一定规模的油脂氢化（包括冬化）车间和油脂制品车间，以满足食品工业发展的需求。

为了给筹建油脂氢化车间提供科学依据，希望上海市粮科所加快这项研试工作的进度，尽快取得成果。

同志们，提高油脂精炼技术，是摆在我们面前的一项艰巨而又紧迫的任务，我们希望工作在油脂工业战线上的广大职工和科技人员，拿出像前几年发展油脂浸出的那种劲头，迅速把油脂精炼技术搞上去。

3．狠抓节能工作，提高管理水平

今年以来，党中央和国务院发出了一系列有关节能的文件和指令，指出："目前，我国能源紧张……已成为国家经济中的一个突出问题。"解决能源问题，要争取"开发和节约并重"，近期把节约放在优先地位，对国民经济实行以节能为中心的技术改造和结构改革的方针。我们要认真贯彻执行，把节能工作作为当前油脂工业刻不容缓的一件大事抓紧抓好。

在油脂工业战线上节能的潜力很大，任务也很艰巨。在节能工作中，我们要抓好对溶剂油、煤、汽、水、电的消耗。在大豆一次浸出油厂，上述几项节能项目一般占加工成本的50%～70%。因此，降低消耗，不仅节约了能源，同时也是降低成本的一项重要措施。当前，要抓好以下几方面的节能工作。

（1）进一步降低溶剂消耗。近几年来，各地围绕着降低溶剂消耗、确保安全生产等方面，做了大量的工作，总结了许多宝贵的经验，溶剂消耗逐年下降。例如，1978年全国平均溶剂消耗为14.8千克/吨料（饼），1979年下降到9.1千克/吨料（饼），1980年又下降到8.22千克/吨料（饼）。随着溶剂消耗的逐年降低，不仅事故越来越少，安全生产得到了保障，而且成本不断降低，以大豆直接浸出为例，全国1978年为256.14元/吨油，1979年为247.67元/吨油，1980年为242.95元/吨油。因此，溶剂消耗的逐年下降，反映了我国油脂浸出技术水平和管理水平的不断提高，是广大职工和科技人员辛勤劳动的结果。但是，我们必须看到，溶剂消耗的高低很不平衡，1980年上海市平均溶剂消耗为3.12千克/吨料（饼），而有的省区平均高达20千克/吨料（饼），这种高低悬殊的情况在每个省市区同样存在。尤其是目前我国的平均溶剂消耗与国外的先进水平相比差距仍然很大，我们要再接再厉，迎头赶上。

根据各地的经验，降低溶剂消耗的路子很多。许多浸出油厂，通过采用合理的工艺和设备；加强企业管理，提高操作技术，杜绝溶剂的跑、冒、滴、漏，对降低溶剂消耗起了显著的作用。经过这几年的实践，大豆一次浸出采用DT蒸脱机；预榨浸出采用高料层蒸烘机；混合油汽提采用层碟式汽提塔；处理量较大的浸出油厂，采用液体石蜡回收装置等，这些设备对降低溶剂消耗，提高油、粕质量有显著的效果，建议各地继续因地制宜推广使用。与此同时，各地要根据原料、设备等不同特点，进一步开展技术革新，对那些经过实践考验，有利于降低溶剂消耗的新设备、新工艺，我们都要积极推广应用。对那些溶剂消耗高达15千克/吨料（饼）以上的浸出油厂，建议各地组织技术力量，逐个进行“会诊”，找出存在的问题，研究解决方法，争取在1982年内把溶剂消耗降下来。

（2）重视节煤、节汽。节煤与节汽是节约能源的重要组成部分。在这方面由于过去我们没有像对降低溶剂消耗那样重视，因此消耗普遍较高，高低相差悬殊。据统计，1979年，全国平均每加工1吨油料耗煤148千克，最低的上海市平均耗煤68千克，而有的省区都高达200～300千克。耗煤高的原因除了有些锅炉的热效率低和烧煤浪费大外，主要是由于在生产过程中，我们对热量的利用不合理，蒸汽浪费大，耗用多。以大豆直接浸出为例，每加工1吨大豆平均需要耗用1吨蒸汽，而国外只需300～400千克，差距很大，由于耗煤、耗汽高，不仅浪费了能源，而且增加了生产成本。根据目前耗煤的状况一般占成本的20%～30%。所以，今后我们对节煤节汽的工作，也不能当作无足轻重的小事了。

为了节约用煤，我们要根据经能〔1981〕162号文件通知精神，努力提高锅炉的热效率，降低锅炉排渣的含碳量，降低锅炉排烟温度，充分利用烟道余热；要进行水质处理，达到《低压锅炉水质标准》的规定；对利用间接蒸汽的生产设备，要注意提高冷凝水的回收率。我们要注意合理用汽，节约用汽。建议各地对用汽量较大的油厂，将其主要用汽设备进行一次热能利用情况和热平衡测试，对那些热能利用不合理的要进行调整；要注意蒸汽的重复使用，充分利用含热能较大的二次蒸汽，提高热能的利用率，我们还要认真研究节约蒸汽，提高热能利用率的新设备，新工艺。

（3）注意节约水、电。节约水、电的工作，过去我们也是不够重视的。尤其在用水方面，许多粮油加工厂至今没有确定消耗指标，采取用多少算多少，浪费严重，耗用量大。在用电方面，加工1吨油料的平均耗电量普遍较高，而且高低很不平衡。据统计，1979年全国平均的耗电量为35度/吨料，最低的是12度多，平均为26度/吨料，而有的省份却高达50度/吨料以上。

为了做好节约水电的工作，我们要合理配置电器设备，对在正常使用时负载率低的电动机、变压器要进行调整和更换，清除“大马拉小车”的现象，要严格控制使用电热设备，今后凡是能使用煤、燃气等能源加热的一律不得使用电能加热，并建议设计部门暂不设计使用电能加热的设备。要提高水的循环使用率，做到一水多用。要把水耗提到与溶剂消耗、能耗、电耗一样重要的地位，作为考核工厂的经济技术指标。

为了使节约能源的工作扎扎实实地有成效地开展起来，所有粮油加工厂都要把节能工作作为整顿重点，提高企业管理水平的一项重要内容。在搞好企业整顿，提高企业水平的基础上，根据企业的不同情况，分别建立节能机制或指定专人负责节能工作。为了使能源消耗和管理科学化，要配备必要的能源计量、测试仪和仪表，并采取相应措施管好、用好。要建立健全各种能源消耗（溶剂、煤炭、燃气、电、水等）的原始记录，定期进行结算和分析，在此基础上制定工艺耗能定额和耗能定额管理制度。

为推动粮油加工厂节能工作的开展，明年我们将计划召开节能工作经验交流会，请各省市的粮油工业主管部门在总结交流本地经验的基础上，随时向粮食部粮油工业局推荐节能工作方面的典型材料。

4．重视油料植物蛋白资源的利用

在大豆、花生、葵花籽、棉籽和油菜籽等植物油料中，不仅含有丰富的油脂，而且还含有20%～50%的蛋白质。因此，开展油料植物蛋白资源的利用，具有十分重要的经济意义。尤其是在世界人口急剧增长、食用蛋白比较缺乏的情况下，如何充分利用油料植物蛋白资源，造福人类，已成为一项非常重要的研究课题。20世纪70年代以来，美国、日本等国对油料植物蛋白的开发利用十分重视，发展很快，技术逐渐成熟，工业化生产已具规模。

植物蛋白，尤其是油料植物蛋白，它含有比较齐全而又为人类所必需氨基酸的成分，是一种营养丰富的食品；它又是一种具有保水性、乳化性、弹性和黏结性等机械特性的食品原料，不仅可以单独制成食品，也可以与蔬菜或肉类等配制成各种各样的食品。所以，油料植物蛋白的利用，是食品工业的一个重要组成部分。

这些年来，在油料植物蛋白的利用方面，各地进行了许多尝试，做了不少工作，取得了一定的成绩。但是，由于我们对油料植物蛋白的研究利用历史较短，所以无论在利用率上还是在技术上与国外都有很大差距。为了逐步改变我国人民的食物构成，增加食品中的蛋白质含量，满足食品工业发展的需要，我们要在油料加工过程中，既能取得较多数量的油脂，又能获得较高质量的蛋白质，这是摆在我们面前的又一重要工作。

为了充分利用资源，满足食品工业的发展需要，我们要把油料蛋白的制取、利用，作为油厂的主业，摆到与制油、炼油一样重要位置。

我国的油料品种繁多，油料植物蛋白的资源丰富，在短时期内充分利用这些资源，任务艰巨。为了从实际出发，近几年内，我们要把主要精力放在抓好大豆、花生、向日葵等油料植物蛋白的利用上。为充分利用大豆蛋白资源，建议有关院校、科研单位和粮油加工厂，当前要集中力量进一步攻克大豆低温脱溶这一关，尽快将溶剂消耗降下来，进一步提高经济效益。为保证大豆蛋白制品的质量，在加工低温脱脂豆粕时，要注意原料的选择，加强原料的清理，增设必要的脱皮设备，以保证脱脂豆粕的质量，提高目前有些地区市场供应的人造肉质量。鉴于当前的力量有限，对于棉籽、油菜籽等油料植物蛋白的利用，由于需要进行去毒处理后才能供作食用或药用，根据国内外的经验，其工艺设备比较复杂，成本不易过关，建议先搞一般的去毒方法，作为配制饲料的蛋白来源。但是，为了今后扩大对棉籽、油菜籽蛋白的利用和必要的技术贮备，我们不反对少数单位对提取食用棉籽、油菜籽蛋白的研试工作。

5. 加快步伐，搞好制油设备的选定型工作

为了使制油设备标准化、系列化、通用化，1979年3月，我们在陕西省西安市召开了制油设备选定型工作会议。经研究讨论，确定了57种选定型设备。两年多来，在各地粮食部门领导下，由于承担设计、试制和生产试验单位的重视，以及广大职工和科技人员的努力，制油设备选型定型工作进展顺利。

到目前为止，我们已经完成了设备的设计方案审定和设计任务，制定了设备的生产试验方法。现在大多数设备正在试制，不久就将陆续进行生产试验。在这项工作中，浙江的ZX・10螺旋榨油机、粮食部安陆粮机厂ZX・18螺旋榨油机、广东的花生剥壳机和分级圆筛、广西的油茶籽剥壳机和轧坯机等设备的工作进展较快，有的已经鉴

定，有的样机正在进行生产考核，很快就要鉴定。

总的来说，制油设备选定型工作进展是顺利的，工作是有成绩的。但是，我们在完成样机试制、样机的生产考核、组织鉴定、图样审定以及系列设计等工作的任务还十分繁重，大量的艰苦细致工作还在后面。

为了加快制油设备选定型工作的步伐，我们要求试制单位抓紧试制工作并及时提供样机。对承担试制的湖北省广济县武穴油厂试验点的选定型设备和上海油脂二厂50吨/天连续炼油设备的粮油机械厂，由于这两个点的试验设备比较集中，需要组装以后才能试验，一定要按照规定时间提供样机，以免影响选定型设备的试验；承担样机生产考核的粮油加工厂，要提前做好准备，以便样机到厂后，立即安装进行生产试验；对已经进行生产考核的有关设备，试验单位要及时写出生产试验报告，设计单位和试制单位要根据设备鉴定要求，备齐技术文件，积极组织鉴定，为了减少程序，对一些在鉴定中修改意见不大，条件成熟的设备，可以在设备鉴定的同时进行图样审定；对个别进度较慢的设备，请主管部门过问一下，研究解决存在的问题，以跟上整个制油设备选定型工作的步伐。我们希望承担制油设备选定型项目的所有设计、试制和生产试验单位共同努力，争取1983年上半年完成设备鉴定和图样审定工作。

为了适应当前有些地区建厂的需要，我们打算在全力抓好选定型工作的同时，计划选几个不同类型的工艺设备比较齐全、合理，经济技术指标比较先进的浸出油厂作为基础，继续讨论修改，完成全套技术图样，作为制油设备选定型工作未完成以前的推广项目，以满足当前的急需。为了做好这项工作，我们将与有关省市商量并希望各地积极推荐。

6．统一有关检化验方法和统计单位

大家知道，一个工厂要进行有效的生产管理，就要不断地对经济技术指标和生产工艺参数进行正确的测定。正确而又统一的测定方法，是同行业中进行技术交流的语言，是技术评议中可比性的统一基础。现在，全国的植物油厂，在主要的几项经济技术指标上，测定方法和统计单位还不很一致。例如浸出粕的残油，在取样部位上，有的厂在浸出器的出料口，即用湿粕取样化验；有的厂是在蒸烘机出口，即烘干粕

取样化验。由于取样位置的不同，产生了残油的差异。在残油的化验方法上，抽提的时间有1小时、2小时、4小时之差别，使用仪器也有所不同，这样也影响到化验的数值。

在统计单位上，如溶剂损耗，过去曾用过吨油作为计算基数，现在改用吨料作为计算基数。在以吨料为计算基数中，大部分地区用入浸料计算，即直接浸出的按原料计算，预榨浸出的按入浸饼量计算，但也有的地区预榨浸出是以原料量进行计算的。这样在技术交流中，还要进行一次换标，才能互相比较，很不方便。因此，统一植物油厂的检化验方法和统计单位，是十分重要的工作。

去年，在蛟河、大连召开的考察日本大豆制油技术研试项目的鉴定会上，已与到会的有关代表打过招呼，今年3月，粮食部粮油工业局对省、自治区、直辖市粮食厅（局）下达了文件，希望在本省市内，选择一两个检测经验丰富的厂、所，把一些主要经济技术指标的化验方法写成资料寄给我们。之后，我们收到了几份资料，由于不全，我们没有把它归纳整理。趁这次鉴定会的机会，把这项工作再提出来，希望大家关心支持。根据以往的经验，每做一件工作，单靠号召，不落实到具体的单位和人员身上，这件工作就会落空。为了做好这项工作，我们按项目分工，初步意见是：饼、粕残油的检化验方法请江苏省负责；粕中含溶剂、油中含溶剂以及米糠油、葵花籽油中含蜡量的测定方法请上海市负责；湿粕含溶、混合油浓度的测定方法请山东省负责；油料、油脂的水分测定和含磷量的测定方法请浙江省负责。

上述项目，请承担任务的省市，再具体落实到厂、所的技术人员，接手这项工作的单位和人员，可以向有关的单位索取资料，有关单位寄给我们的资料，我们将分项寄给项目承担单位。请各单位提出倾向性的意见，整理成资料，一式二份，一份寄给我们，一份留在本单位。这次会议，有的省工业处、工业公司没有来人，请这个省的代表回去后向省局汇报。我们希望承担任务的单位，能在明年8月份前，完成任务，争取在三、四季度召集有关人员讨论确定。

关于油厂几项主要经济技术指标的统计单位问题。这里做一个统一的规定，以后进行统计和上报材料，就按下面的规定办：煤耗、电耗、水耗以及原料量的吨数为计算基数；溶剂消耗以入浸料（直接浸出为原料吨数，预榨浸出为入浸饼的吨数）为计算基数。过去预榨浸出用吨原料计算的，请在今年年终报表中改过来。加工成本用吨油计算。

同志们，这些年来，由于广大职工和科技人员的辛勤劳动，油脂工业技术水平有了很大的提高，这是值得庆贺的。但是，当前我们需要做的工作还有很多，任务十分艰巨，希望大家再接再厉，多做贡献，为进一步提高我国的油脂工业技术水平而共同努力！

附录五
做好消化吸收工作，推动油脂工业技术进步
——1987年12月在江苏无锡“全国油脂引进技术消化吸收工作会议”上的主题报告
（1987年12月18日于江苏无锡）

“全国油脂引进技术消化吸收工作会议”，今天在无锡市召开，这是研究油脂引进技术消化吸收，尽快实现国产化的第三次工作会议。对油脂引进技术的消化吸收工作，商业部和部属所去年就进行了酝酿和构思。今年2月，部科技司、粮油工业局、商科院经商议成立了消化吸收领导小组，下设技术小组。3月，在无锡召开了第一次工作会议，明确了消化吸收工作的目标和要求；研究确定了主要的工作内容、消化吸收的对象和设计生产规模；拟定了消化吸收的近期工作计划。

自此之后，消化吸收工作进入了工作轨道。5月初—6月中旬，我们组织了消化吸收调查组，分南北两个小组，分赴南北两大地区对现有引进技术包括工艺和设备，进行了实地考察、调查，提出了消化吸收技术方案讨论稿。8月中旬以油脂专业学会的名义，邀请全国油脂科技界著名的专家和教授，在无锡召开了消化吸收技术方案论证会。这次专家论证会，也可以看作消化吸收的第二次工作会。根据专家的评议和提出的意见，会议对消化吸收技术方案作了修改，会后由各专题小组按论证会的意见进行了整理，现在我们大家看到的《油脂设备消化吸收技术方案》就是专家论证会后的审定稿。对油脂工业引进技术的消化吸收工作，实现油脂工业先进技术的国产化，是我们油脂界的奋斗目标。现在我就消化吸收工作讲些意见，供同志们参考。

（一）十年来油脂工业技术水平有了很大提高

油脂技术的消化吸收工作，是我们油脂界的一件大事，是“七五”之后3年推动油脂工作技术进步的中心工作，整体的消化吸收工作，现在已经是出戏了。其实，油脂

技术消化吸收的小型折子戏，早已用各种形式进行了编导，而且取得了显著的科技成果，并在生产中得到推广应用，取得了巨大的经济效益。以油脂浸出为例，我国20世纪50—60年代不论在生产能力上，还是在技术进步上，几乎处于停滞不前状态，70年代初期，我们在当时油脂供应紧缺，油料增产又无指望的情况下，使浸出法制油有了推广发展的机会，浸出油厂的总数发展到300多个。但是在闭关自守的环境里，仍然是采用落后的罐组和老式的手转浸出器，经济技术指标落后，能源消耗、溶剂消耗都很高，浸出油的质量也很差，可以说无法与国际水平相比。

1973年邓小平同志主持国务院工作后，中断多年的对外技术交流恢复了，“四人帮”倒台后，对外技术交流日趋活跃。1977年商业部赴日考察小组回国后，我局和科技司当即抓了考察成果落实工作，首先是抓了浸出设备的主机设计和浸出工艺条件的改进。选择了大连油脂工业总厂（日处理大豆300吨）、吉林省蛟河植物油厂（日处理大豆50吨）、江苏省常熟徐市油厂（日处理米糠50吨和糠油脱蜡）作为试验点，对原有的平转浸出设备以及浸出工艺进行了改进研制，在研制中采用18个料格、溶剂大喷淋、加大混合油循环、喷淋浸泡滴干、DT蒸烘机、层碟式汽提塔和矿物油吸收等新技术，这些新技术经过较长时间的生产考核，分别于1980年和1981年完成技术鉴定。与此同时，西安油脂科研所吸收了西德鲁奇式蒸烘机的优点，研制出了高料层蒸烘机。

1979年春，我们又组织了油脂设备的选定型工作，选出的定型设备近80台，从油料的预处理、压榨、浸出到油脂精炼无一不包，任务很大，涉及面很广，几乎动员了当时油脂界的全部科技力量。这是党的十一届三中全会之后，我们油脂界响应党中央的号召，为实现油脂技术现代化的一次大进军。这项工作，经历了8.5个年头，于今年7月下旬，以上海油脂二厂的日处理50吨连续碱炼、脱色、脱臭工艺和设备的圆满通过技术鉴定正式结束。在油脂设备的选定型工作中也有不少设备是吸收了国际同类先进设备的技术信息、有关资料或广告图片，依靠我们科技人员的聪明才智，自行设计、制造成功的，除前面提到的成套浸出设备外，比较重要的、技术难度较大的还有：轧坯机、碟式离心机、连续脱色、脱臭等工艺和设备。

这些主机的设计试制及其应用，都达到了预期的目标。另外，在选定型范围之外，各地的大专院校，科研所根据国外的资料进行了各种单项课题的研究，如上海粮油科研所的日处理20吨选择性氢化工艺和设备；无锡轻工业学院的大豆低温脱溶和棉籽浸出去毒（棉酚）工艺和设备（环形浸出器）；西安油脂科研所所的环形浸出器、物理精炼、棉仁直接浸出；浙江省粮科所的综合利用开发技术等。这些科研成果，汇集起来，并在工业生产中推广应用，有力地推动了油脂工业的技术进步，使我国油脂工业的技术水平普遍有了提高，上了一个台阶，一些主要的经济技术指标，如粕残油、溶剂消耗等，已有一批工厂能接近或达到国际先进水平；油脂连续碱炼、脱色、脱臭国产成套设备和工艺的研制成功，标志着我国的油脂精炼技术迈上了新的台阶。

上述成绩的取得是我们油脂界广大科技人员和职工十多年辛勤劳动的结果，现在，我们可以自豪地说，用我们自己的技术，自己的设备装备自己的企业并向世界水平迈进的历史时代已经到来了。

（二）我国油脂工业与国际先进技术的差距

在充分肯定十年来科研和工业技术进步的基础上，我们还应看到，我国油脂工业的技术现状与国际先进水平相比，还有不小差距。近十年来，通过各种对外技术座谈、出国考察、引进设备等，给我们带来了大量的技术信息，使我们有了具体的比较对象。我国油脂技术水平与国际先进水平的差距，在1986年第1期《中国油脂》上刊登的题为《油脂科学技术长远（1986—2000年）发展规划的建议（讨论稿）》已有了详细的论述，在这个规划中有的是属于长远的发展目标，如国外现在发展趋向是大型化、电脑自动控制，这与我们现在工厂星罗棋布、小型分散的现状相比，就不是我们近期追求的目标，而只能随着国民经济的发展，国家整体技术的提高，逐步地有条件地让一些基础较好的油厂先走一步，扩大生产规模，提高自动化程度。而绝大多数工厂，在相当一段时期内，仍将以中小型为主。还有的差距是我们目前必须立即组织力量，通过消化吸收，在技术上赶上去的。如油脂生产中的各种单机的质量和性能、先进的工艺条件，节能技术，仪表控制等。我们这次会议就是组织落实这些近期目标的实现。仍以我们大家熟悉的油脂制取为例，差距主要表现在：预处理设备的落后面貌仍改变不大，不少车间噪声大，粉尘飞扬，除棉籽外的许多油料清理设备是借用或稍加改进的粮食清理机械，专门为油料清理进行研究和设计的设备不多，所以油料清理工序一直处于有可选用的设备，但无满意设备的状况；轧坯机处理量小，压力小，压出的坯片质量不高等，是我们多年来想解决的问题之一；对于榨油机，我们的螺旋榨油机多年来没有改进，需要在结构上、性能上改进，以提高产量，便于操作；在浸出方面，浸出器比20世纪70年代的有了许多改进，结构上也学习了国外许多先进的地方，但这种学习还是局部的，是参照有限的资料，我们自己设计的，再加上制造上的一些问题，在使用中总是还有这样那样的问题；混合油蒸发，都是采用常压蒸发，负压蒸发只有个别工厂在试验之中；在经济技术指标上，平均水平比国外差，我们的平均吨料消耗：溶剂6～7千克，蒸汽500千克左右，电15千瓦时左右。而国外一般吨料消耗是溶剂2千克左右，蒸汽300千克左右，电11千瓦时。就是国内地区之间，工厂之间，各项指标也参差不齐，好的可与国际先进水平相比，差得简直到了叫人难以置信的地步。另外，我们的成套设备配套性能差，单机性能不够完善，有时一套同样的设备，在不同的工厂里，会出现不同的结果。这固然有企业管理和人员素质上的差异，但也说明成套设备性能和质量上的不完善，要靠管理和工人的精心操作来弥补，才能得到较好的效果，一旦企业管理和工人技能跟不上，设备上的缺点就暴露出来了。

在油脂精炼方面，我们与国外的差距就更大一些。现在从点上说，国产连续碱炼，脱色、脱臭设备已有上海、北京、无锡3个规模为日处理50吨和30吨的生产车间，而且都是今年三季度通过技术鉴定的。油脂成套连续精炼设备，我们从无到有，并已在生产中应用，确实是一个很大的成绩，但是在单机性能、质量和成套性能上都需要进一步改进和提高。从面上说，我国的食用植物油，仍然以供应二级油为主，许多工厂的炼油设备是间歇式的，炼耗大，技术水平低。顺便提一下，我国的高级烹调油和色拉油国家标准制定工作，已经基本完成，其中大豆、菜籽两个油品的标准，今年4月已经发布，标准本正在印刷中。花生、棉籽、葵花籽、米糠四个品种，1988年二季度也可发布。我国高级烹调油和色拉油国家标准的制定工作是按国家标准局的有关要求，参照国际先进国家的同类产品标准，结合国内实际，既考虑了向国际标准靠拢，保持标准应有的水平，又要使我们的企业经营努力可以达到，但不迁就落后进行的。过去我们一些用间歇式工艺和设备生产的高档油脂，也曾叫色拉油。现在用新的标准去衡量，他们的产品质量就可能达不到要求，特别是最后脱臭工序，必须做较大的技术改进才能生产出名副其实的产品来。所以努力改变油脂精炼的落后面貌是我们今年的重点工作之一，也是这次消化吸收工作的重点之一。

在油脂制品生产方面，油脂氢化工艺和设备的研究，已在上海通过了技术鉴定，并发挥了较好的经济效益。对于油脂氢化、人造奶油、起酥油的生产，现在不仅有了产品，而且能满足市场的需要。但我们的产品质量还不是很好，品种还不多。在油脂制品生产方面，不仅生产工艺要求高，设备要求精良，而且还有一定的技艺。国外提供给我们的技术一般都属于大路货，企业的生产秘诀对我们是保密的，这就要求我们通过科研和生产实践来不断积累经验，向国际水平靠近。至于人造奶油生产设备，国内处于空白，但鉴于目前引进设备的生产能力已大于产品的市场需要，大型的这类生产设备的消化吸收可以暂缓，什么时候市场出现转机，再行组织力量上马。当然我们也欢迎有力量的单位，自行先走一步，搞一些小型的适销对路的人造奶油设备，以适应小范围市场的需要。

在油料蛋白的利用方面。对油料蛋白的综合开发利用、今后会日益显示出它的重要性，增加我国人民蛋白质的摄入量，发展动物蛋白的生产固然重要，但根据我国的国情，动物蛋白的发展不可能很快，满足人民的蛋白营养需要双管齐下，要在发展动物蛋白质的同时，积极开发植物蛋白利用。过去，我们对植物蛋白的开发利用，做了许多工作，如自己研制了低温脱溶设备、采用水溶法生产花生油和花生蛋白粉，以及植物蛋白的新产品豆奶、膨化蛋白等。与此同时，对饲用蛋白的研究，也做了许多工作。但是，我们对油料蛋白的开发利用还仅仅是起步阶段做的一些工作，与国际先进水平相比差距还很大，如大豆的脱皮、杀酵去腥、各类产品的生产工艺和设备的研制等，都有待我们去攻克。

总之，我国油脂工业的技术落后于国际先进水平。我上面提到的以及这次消化吸收方案中列入的，仅仅是油脂工业发展中最迫切需要攻克的技术问题，是需要动员全行业整体活动，全力以赴，协同作战的项目。在引进的成套设备中，还有一些配套设备，大家一看就觉得它的设计思想很巧妙，使用方便，有利于改进工艺流程的整体效果的，我们没有一一列入。对此，我们希望有能力的单位自立项目，用打短平快的方式，一个一个地拿下来，与整体消化吸收相配合，形成一个全方位的立体作战格局，使我们的油脂工业在较短的时期内，接近或赶上国际先进水平。

（三）树立三个观念，做好消化吸收工作

从1982年开始，我国油脂工业行业已经从联邦德国、瑞典、美国、日本、意大利、比利时、英国等引进了成套浸出设备或浸出主机10套、大豆低温脱溶设备4套、大豆组织蛋白2套、浓缩或分离蛋白3套、芝麻香油3套、油脂精炼设备约30套、人造奶油12套、代可可脂5套，合计约69套。总的来看，引进的这些技术比较先进，绝大部分属于国际20世纪70年代的水平。通过这些技术引进，使一批企业改变了落后面貌，增添了后劲，为食品工业的发展和油脂生产技术的进步起了推动作用。但是，改变油脂工业的落后面貌，不能单纯靠引进，而且，现在引进的技术几乎都是硬件技术。因此，为实现我国油脂工业的现代化，使引进技术在我们这个行业中生根、开花、结果，产生更大的效益，必须走引进技术和自主开发相结合的路子，即搞好引进技术的消化吸收工作，实现先进技术国产化。

要搞好消化吸收工作，全行业必须树立三个观念。

一是要有战略观念，就是要真正把引进技术的消化吸收工作，当作发展油脂工业、发展食品工业和推动本行业技术进步的一个战略步骤来对待。

二是要有全局观念，各有关方面，要从整体利益出发，在行业规划的指导下，统一步调，扬长避短，择优定点，集中力量打歼灭战，防止各行其是，重复布点，互相封锁，自成体系的做法。

三是要有效益观念，消化吸收工作要和“双增双节”运动紧密结合，发扬勤俭节约精神，从满足社会需要和提高经济效益出发，不搞“花架子”；同时，各地区、部门和企业对消化吸收的成果要持欢迎态度，只要过关，就必须采用，不得制造借口再到国外去买。

消化吸收的这三个观念，是国务院对消化吸收工作的指导精神。所以，在我们油脂技术的消化吸收工作中，各地区、各部门、各企业都要自始至终地树立起这三个观念。在前一时期消化吸收工作的筹划与调查工作中，有关的单位基本上遵循了这三

个观念。在组织消化吸收技术小组时，有关的粮食局、公司、科研所都积极配合，指派得力的科技人员参加。在5月调查组分南北两地进行引进点考察时，受到各单位的热情接待和支持，调查组需要查阅、复印的技术资料，也基本上得到了满足，在这次调查考察工作中支持和配合得好的单位有：北京市粮食局、北京市油脂公司及所属房山、南苑、大红门油厂；内蒙古自治区粮油工业公司、包头市粮食局、包头制油厂；辽宁省粮食局、沈阳市粮食局、沈阳第三粮库；天津市油脂公司及静海油厂；河北省固安油厂；黑龙江省粮食局、哈尔滨市粮食局、三江食品公司；吉林省粮食局及前郭旗二油厂；湖北省粮食局、荆门油厂、武汉油厂；江苏省粮食局；江西省粮食局及樟树油厂；上海市粮食局、上海油脂四库、上海油脂二厂以及上海储炼厂。借此机会，我代表部消化吸收领导小组对他们的积极配合和支持表示衷心的感谢。但也有个别的单位以种种理由为借口，采取不配合的态度。对这种做法，我们感到十分遗憾，希望今后不要再发生这些类似情况，因为消化吸收工作不是哪一个部门、哪一个单位或哪一个科研所的事。这项工作的成功，关系到我们油脂行业兴旺发达、技术进步，是我们油脂行业的共同愿望。所以，全行业一定要认真贯彻国务院对搞好消化吸收工作所作的树立三个观念的指导精神，识大体，顾大局，同心协力，共同把消化吸收工作做好。

（四）关于消化吸收工作的步骤和责任制

消化吸收的步骤或者说层次，可分四步进行，第一步是使引进技术投产、达标。现在引进设备的厂家，有的已经投产、有的还在安装中。对安装中的设备，要保质保量，抓紧进行，尽快投产。第二步是对零部件、原材料的国产化；第三步是对需要消化吸收设备进行测绘、研制；第四步是发展创新。现在我们要做的是第二、第三步的工作，合在一起做了，对于消化吸收项目的技术状况，推广价值，技术方案的论证，我们在今年8月第二次消化吸收工作会上完成了，这次会议的任务是要落实消化吸收责任制。首先要确定每个项目的承担单位和归口管理部门，做到工作层层有人抓，并明确各个单位的责任范围；其次是要组织消化吸收的协作组。我们将按项目进行分类，再按主机系统进行组合，各承担单位就是协作组的成员，协作组由项目主机单位牵头（组长），各协作组成员对牵头单位负责，各牵头单位要负责本组的技术问题和工作的协调安排。各协作组牵头单位对商业部油脂技术消化吸收工作领导小组负责。领导小组下设技术小组，技术小组对计划内的消化吸收项目的技术参数，具体实施方面具有咨询、论证、审查、修正以至最终确定的权利。

在完善组织形式的基础上，实行分别签订协议，落实分层承包的办法，也就是由主承担单位代表项目协作小组与商业部签订项目总承包协议书（油脂连续精炼和大豆蛋白综合开发项目，无锡所和西安所已分别与国家计委签订了承包合同），各协作组参加单位，配套设备单位分别与牵头单位签订分项承包协议书，商业部作见证。协议书的内容上对项目的经费使用、完成期限、协作单位的关系与配合要求、主要经济技术指标及试验安装、调试、投产的工作进度及技术参数，都要有具体的要求。

（五）关于做好消化吸收工作的要求和原则

我们这次消化吸收工作，一个突出的问题是任务重、时间紧、经费少。任务重，在消化吸收技术方案中有20条工艺流程、93台单机要测绘、设计、制造、调试、组装试产；时间紧，就是到1990年要完成全部单机样机的制造、调试，与国家计委签订合同的两个攻关项目还必须于1990年完成试生产和技术鉴定，只有3～4年的时间不能说不紧；经费少，商业部向国家计委申请到的经费只有400万元，是以油脂精炼和大豆综合开发利用两个项目申请的。其他项目的经费、只能紧缩这两个项目的开支，抽出一部分资金以及由各地自筹解决。在这种情况下，为了保证消化吸收工作进展顺利，我提出以下四点要求。

1．要突出工作重点，集中力量抓好对行业技术进步影响较大的项目

已与国家计委签订合同的两个攻关项目是我们这次工作的重点必须集中力量、集中资金按合同要求保质保量地完成。已列入这次消化吸收方案的其他项目，有的要测绘、设计、制样机，有的只测绘设计作为技术储备，一旦有了经费，再安排试制。对于经费，要发挥两个积极性，大家要把目光放得远些，不要单纯等待国家拨款，各地方、各企业都要积极争取自己出钱上项目。只有国家、地方、企业一起出钱搞消化吸收，才能使油脂技术的消化吸收的整体工作进展得快一点，时间、经费少的困难也就可以得以缓和。

2．承担单位要把承担的项目，作为本单位的中心工作来对待

要派本单位最得力的干部和科技人员参加这项工作，内部也要明确责任制，不要把项目拿到手后，就当作一般工作，等钱等物，走过去的老路。这里，我们把话说在前头，有困难的要早讲，“吃不了”的不要勉强，以免给整个工作拖后腿，影响全局。拿到了项目就要按合同不折不扣地去完成。

3．各协作组之间要互相配合，通力合作，协作组成员要比作同在一条船上

建立共同的荣誉观。遇到困难和挫折，要合力去克服，不要互相埋怨，推诿扯皮，甚至拆台，影响团结，影响工作。

4．被测绘的单位，要顾全大局，尽早为测绘创造条件并为测绘提供方便，使消化吸收工作迈出良好的第一步

这次参加消化吸收具体工作的单位很多，涉及各单位之间的各种利益。为了做好消化吸收工作，调动各方面的积极性，对消化吸收工作的有关问题提出以下10条原则。

（1）单机先按原样机进行测绘、制造，然后与原样机进行对比试验，技术鉴定验收后再行改进使之国产化。对看样设计的设备，其工艺参数要接近或达到国外同类产品的技术水平。

（2）方案中消化吸收设备所需的原材料，要尽量立足国内解决。个别特殊的国内供应有困难的原材料、元件需要进口的，也要持慎重态度，并要事先与部里打招呼。

（3）本系统不能承担的零部件、仪器、仪表及设备，经部消化吸收领导小组同意后，由承担单位负责与外系统横向联合解决，特别要重视与军工部门的联合。

（4）计划内消化吸收的工艺及设备技术资料完成后，要及时上交部科技司和粮油工业局各一份。为便于宏观控制，今后除了部已定点的制造厂外，各设计单位不能任意转让，若要转让，需经消化吸收领导小组批准同意。图样最后审定工作，由技术小组或其委托单位的有关人员负责。

（5）测绘工作由设计、制造及被测绘单位共同负责，测绘小组要对每台设备制订详细的测绘方案，做到测绘时不损坏一个零部件。如有损坏由商业部负责解决。

（6）消化吸收的成果，由设计、制造及被测绘单位共享，成果分享的比例另行商定。

（7）承担试制任务的企业，必须是技术条件、装备条件、检测手段完备，并具有批量生产的能力，以保证产品的质量。对原来承担过类似设计和制造的单位优先安排，以利专业生产，避免重复布点。

（8）承担制造压力容器的企业，必须持有劳动人事部门颁发的压力容器制造许可证和计量许可证。承担压力容器的设计单位，必须持有劳动人事部门颁发的压力容器设计许可证。

（9）对有些省市的设计、制造单位已经测绘、试制了的设备，可以申请列入部消化吸收计划内，将来由部组织鉴定；地方自立的消化吸收项目，注意不要与部项目重复。

（10）关于测绘费、设计费、试制费用的安排。由于国家拨的攻关费用少，多数项目安排的费用缺额很大，国家给的只是补助，不能满足实际需要。不足部分由各承担单位自行解决。将来设备做好以后，一律采取有偿转让的办法。至于无锡所、西安所承担的两个50吨项目，其设备费用由两个所自行安排并报部消化吸收领导小组备案。

同志们，我们油脂技术消化吸收工作所处的形势对我们十分有利，党的十三大报告把发展科学技术和教育事业放在首要位置。最近，总书记又说："现在看来，经济效益和科技进步更带有根本性，更尖锐。科技进步不解决，经济效益不提高，国家和人民就富不起来。如果在这两个极为重要的问题上没有很高的觉悟，没有紧迫感，不真正下决心抓好，我们会越来越落后。"中央领导对科技的高度重视是我国科技进步的希望和保证。我相信依靠我们自己的科技人才，依靠我们油脂界全体人员的智慧和力量，经过大家的共同努力一定能圆满地完成油脂技术的消化吸收工作，我们一定能在预定的时间内，实现我国油脂工业的现代化。

附录六
抓住机遇，奋力开拓，加速粮油工业的发展
（1992年刊于《粮食与饲料工业》第4期）

1991年，全国粮油工业在各级政府和粮食部门领导的关怀、重视下有了进一步发展。工业总产值比上年增长7.68%，实现利税总额比上年增长8.54%，年末拥有固定资产原值比上年增长17.25%，取得了显著成绩。今年应在总结发展粮油工业经验的基础上，进一步解放思想，转变观念，抓住机遇，奋力开拓，在竞争中使粮油工业工作再上一个台阶。为此，要努力做好以下几方面的工作。

（一）进一步认清形势，转变观念

转变观念，就是要改变我们几十年来形成的产品经济、分配经济观念，由产品分配型向商品经营型转变。在邓小平同志的重要谈话、中央政治局全体会议精神和七届人大五次会议精神的鼓励下，全国出现了改革高潮，我国的经济体制正在大步进入市场经济的轨道。过去，粮油工业的大多数产品是属于保市场的，是按国家计划进行安排的，尤其是成品粮油的生产和供应，基本上都在粮食部门，粮油加工企业生产什么产品，市场就供应什么产品。随着粮油购销同价和逐步放开经营，粮食部门独家经营的局面也将结束；人民生活水平逐步由“温饱型”向“小康型”过渡，粮食部门以经营原粮、经营“老三样”为主的局面即将结束，竞争越来越激烈，粮食部门面临着生产和发展的危机。从粮油放开经营的试点县、市看，粮食部门粮油经营量的大幅度下降，不仅危及粮食商业企业的生产和发展，同时也直接影响粮油工业企业的产品销售。粮油工业如果失去了市场，就失去了生命，形势十分严峻。为此，必须引起我们的高度重视，我们要面对现实，认真对待，研究对策。

第一，要树立市场观念。在深化改革的大潮中，粮油工业要适应改革的潮流，实现思想观念的大转变。要积极组织产品结构的调整，按市场需要，以市场为导向组织生

产，即市场需要什么产品，就组织生产什么产品，不要被过去的条条框框束缚手脚。

第二，要树立竞争策略。现在围绕着农副产品加工方面的竞争越来越激烈，粮油逐步放开经营后，乡镇企业、个体户、农业部门、外贸部门、“三资”企业等办厂的格局是客观存在，不可逆转，竞争将是无情的。在优胜劣汰的客观法则下，我们有的地方在竞争中可能守不住阵地，有的企业可能有被人家“吃掉”的危险。为此，我们一定要树立竞争观念、联合观念，依靠科技进步，增强质量意识，积极开发新产品，在竞争中求生存求发展。要坚持“本业为主，多种经营”的方针，在组织好本企业生产的同时，思想要解放一点，要敢于打破部门界限和行业界限，进行延伸和扩展。有条件的企业，在市场调查的基础上，要敢于和善于跳出单纯搞粮油加工的原有天地。

第三，要有“超前意识”。粮油工业企业研制开发新产品，搞好现有产品的延伸时，在指导思想上要有“超前意识”，既要看到眼前，又要把眼光看得远些，产品既要注意以市场为导向，又要注意引导市场，引导消费，以满足不同层次的消费需要和适应人民生活水平从“温饱型”向“小康型”过渡的需要。

第四，要有科技、质量意识。要进一步树立“科学技术是第一生产力”的观念，依靠科技进步，积极研究开发新产品，改造传统产品，使企业都有自己的拳头产品、名牌产品。要注意产品的包装和消费者的心思，要十分重视产品质量，粮油工业产品要永远经得起市场和消费者的最终检验。

第五，要有营销策略。粮油工业企业要走向市场，产品销售要从过去“保市场”的天地里解放出来，走向争市场、挤市场。要讲究营销艺术，建立销售网络体系，千方百计拓宽市场，要把着眼点放在两个市场，即城乡市场和国内外市场。要在巩固城市“主战场”的同时，把眼睛盯住广阔的农村市场，并积极开拓国际市场。在今后的竞争中，粮油工业企业要有丢失一部分市场的思想准备，又要有挤占、夺回另一部分市场的精神，我们认为，只要有了市场，有了适销对路的产品，企业就能在竞争中立于不败之地。

（二）深化改革，转换企业内部经营机制

转换企业内部经营机制，就是要彻底破除旧体制下阻碍解放生产力和经济发展的弊端，建立独立自主、自负盈亏、结构合理的企业经营机制。为了搞活大中型企业，

国家采取了一系列优惠政策，一些省市也相继推出了“四开放”“五自主”“六条船”等措施，收到了明显的效果，各地粮油工业的主管部门要根据本省、市的实际，在与地方政府有关部门协商一致的基础上，为本地区粮油工业企业选择恰当的经营方式，使企业走向市场、自主经营，真正成为自负盈亏的商品生产者和经营者。要学习和研究重庆商业部门实行“四开放”的经验，摸索实行经营放开、价格放开、用工放开和分配放开的做法和经验，搞活粮油工业企业。

（1）在经营上为适应进一步改革开放和百家经商的形势，粮油工业主管部门和企业领导一定要尽快树立经营思想。我们提倡粮油工业企业在搞好生产的同时，要学会做买卖，学会做生意。现在，我们粮油工业企业身在商业部门，但大多不会做买卖、做生意，要尽快改变这种局面。在经营中，要不断总结和积累经验，由小到大，不断拓宽自己的经营范围和摸索各种各样的经营方式。浙江省萧山市粮油工业企业腾出繁华地段建商场、开饭馆，经营范围不断扩大，经济效益不断提高的做法值得各地借鉴。要积极开展自营业务，不断提高自营业务的比重，在这方面，浙江省的工作做得很有成就。1991年，全省粮油工业实现利润1.086亿元，其中自营业务的利润为8945.12万元，占全部利润的82.34%，比上年增长39.63%。

（2）在价格上由于粮油产品涉及千家万户，是物价稳定、社会稳定的重要物质基础，因此，当前必须严格按照政府规定的价格执行。但是，粮油工业企业有相当一部分产品是不属于上述范围的，开展自营业务的产成品、副产品、综合利用产品以及延伸、扩展产品和新产品的价格，应该是允许随行就市的。另外，还有个优质优价的问题，这里大有文章可做。我们认为，随着改革的深入和市场经济的不断发展，粮油产成品的价格亦将逐步摆脱行政干预，按经济发展规律办事。为了粮油工业企业有一定的发展后劲，为国家做出更多的贡献，我们主张，企业应该有较高的合理利润，为此，今后我们不要再片面地强调“保市场”“微利保本”等，人为地去束缚企业的手脚。

（3）在用工上为调动企业、职工的积极性，各地都在进行企业劳动用工、人事制度的改革，推行全员劳动合同制，粮油工业企业也要积极稳妥地进行试点，推进用工制度的改革，经过试点，逐步做到四个“三”：搬掉“三铁”即“铁交椅”“铁工资”“铁饭碗”；做到“三能”即职工能进能出、干部能上能下、工资能高能低；推行“三制”

即全员合同制、干部聘任制、内部待业制；实行“三岗”即在岗、试岗、待岗。

在进行企业劳动用工和人事制度的改革中，现在各地提法不一致，反映出了一些问题和困难，也存在一些不同的看法。各地粮油工业主管部门应抓一两个企业进行试点，摸索经验，以点带面，逐步推广。在试点中，一要选择各项基础工作较好、企业素质较高的单位进行试点；二要注意做到舆论先行，要按中央的精神在企业中进行广泛深入的宣传和学习，在改革配套、外部环境良好、职工思想认识提高的基础上，进行大胆改革；三是对优化组合下来的待岗人员，企业要认真进行深入细致的思想政治工作和转岗培训，立足于在企业内部消化，可以搞第三产业和其他创收路子，要妥善安排好年老体弱的老职工；四要允许职工合理流动，但对企业的业务骨干和重要岗位人员要注意保持相对稳定。

（4）在分配上深化企业内部分配制度的改革与企业劳动用工、人事制度的改革是相辅相成的。粮油工业企业要积极进行分配制度的改革，实行工效挂钩和岗位技能工资制，体现按劳分配的原则，拉开分配档次。分配要向责任重、贡献大的高技术岗位和一线苦、脏、累、险岗位倾斜。与此同时，要引导和提倡效益工资较高的企业，按照需要与可能，将资金合理用于建立工资储备金、调整工资标准、考核增资、生产性岗位津贴和企业补充养老保险等，做到以丰补歉，正确处理好眼前利益与长远利益的关系。

（三）以市场为导向，继续搞好产品结构调整

这些年来，随着我国国民经济的发展，人民生活水平不断提高和食品工业的发展，粮油工业的精加工、深加工得到迅速发展，品种多、质量高、群众满意，企业有了新的发展，缩短了与国外的差距，取得了显著成绩。

但在发展粮油的精加工、深加工方面，还应注意做好以下几点。

（1）要继续发展精米、精面、精油的生产，尽快提高其在成品粮油中的比重，以适应“温饱型”向“小康型”生活过渡的需要。今后，企业组织生产时，要以市场为导向，做到“市场需要什么产品，企业就生产什么产品”。要尽快改变一些地方群众不愿意吃标准粉、标二米、二级面，而企业还在继续生产，造成积压的局面。今后，精米、精面、精油的生产应以市场的需求为导向和根据企业的生产条件来决定，不再

受其占成品粮油比例的限制。

（2）注意满足不同层次的需要，在发展精加工的同时，对米、面产品也要注意研究开发生产一些糙米、粗面。但这种所谓的“粗”，绝不是重复过去的粗加工，而是要研究开发生产高档次的“粗”，制作出具有功能性、营养性和保健性的制品。与此同时，也不能忽视粗粮和小杂粮的加工生产和合理利用。为解决早籼米的出路问题，有的地方打算在精加工的基础上，对不同大米进行配制，生产出配制大米。我们应注意总结这方面的经验。

（3）要采取有力措施，把深加工提高到一个新水平。这些年来，我们在精加工上做了许多工作，取得了成效。但在深加工上步伐迈得还不够快，我们要结合企业技术改造，尽快把专用粉、专用油搞上去，以满足食品工业进一步发展的需要，取代部分地区食品工业和大宾馆用粉、用油依靠进口的局面。

（4）在发展精、深加工时，要关心农业生产的结构调整。最近农业部门邀请专家召开了“高产、优质、高效研讨会”，提出了一系列政策措施。我们粮食部门，尤其是以粮食、油料为原料的粮油工业企业，不能等闲视之，要十分关注这一变革，积极参与农业生产的结构调整，参与和支持粮油生产基地的建设，以保证粮油工业企业有足够的优质原料。

（5）发展精加工、深加工，必须十分重视成品粮油的小包装。这个问题，现在已到了亟待解决的时候了。发展小包装容器，不能每个厂都去搞。我们的意见是：一个省可以集中搞一两个点，供应一片，这样做有利于提高小包装容器的质量，有利于降低成本。

（6）油脂的精加工，如生产高级烹调油、人造奶油、起酥油等，要适当集中在大中型油厂中生产，以利于副产品的综合利用和获取规模经济效益，不要都去搞小型炼油车间。

（四）积极推进粮油工业的“两个延伸”

关于粮食价格向食品方向延伸，油脂加工向油脂化工产品和植物蛋白方向延伸的问题，商业部将其作为今后粮油工业的发展方向，已列入了“八五”全国粮油工业技术进步规划。但在具体工作中还需注意以下几点。

（1）发展粮油食品，在指导思想上，除了要继续搞好大众化食品外，要有“超前意识”，搞好“两个延伸”，既要看到眼前，又要把眼光看得远些；产品既要注意以市场为导向，又要注意引导市场、引导消费。在规划时，各地要根据自己的实际确定延伸的品种、档次。从全国而言，沿海与内地，大中城市、开发地区与县城、集镇应有所区别。这里需要特别强调的是，大众化食品千万不能丢，因为它不仅城市居民需要，而且广大农村市场也需要，丢了它就是丢了相当一部分市场，千万不可忽视。

（2）积极发展速冻食品，如速冻饺子、包子、馄饨、窝窝头、八宝饭、烧卖、麻团、春卷、各类蔬菜等。在国外的超级市场上，速冻食品丰富多彩，已经普及。这两年我国的大中城市速冻食品发展较快，深受消费者的欢迎，是今后发展的方向。一套速冻装置，既可生产速冻食品、速冻菜，并能保持原有的风味，夏天还可以生产冷饮制品，而且投资不大，上马快，有优势。建议在消费水平较高的大、中城市和经济较发达的地区，粮油工业企业要积极发展速冻食品，使粮食部门在速冻食品的市场上占有一席之地。

（3）在研究粮食转化时，当前要特别重视研究对早籼米和杂交稻的开发利用。粮油工业企业一定要主动与科研院所合作，下大力攻克转化难关。要注意玉米系列食品的开发研究；要重视燕麦、荞麦、赤豆、绿豆、豌豆、蚕豆等各种杂粮、豆类的开发利用，在它们中间有的可以制成人们喜爱的食品，有的可以制成功能食品，有的可以制成各种馅点。

（4）要研究消费者的心理和需求，注意开发功能性、营养性、保健性食品的生产。随着粮油精加工、深加工和粮油食品生产的不断发展，要重视食品添加剂的开发，如烘焙制品品质改良剂、乳化剂、酵母营养剂、食品调味剂、营养强化剂、天然香料、天然色素及防腐、防霉、抗氧化剂等食品改良剂的生产。

（5）要充分利用各地的资源优势，积极开发天然饮料和天然食品，如矿泉水、果汁饮料、蔬菜汁等。现在农业部门推出了无污染“绿色食品”，受到了消费者的关注和喜欢。去年夏天，上海市矿泉水供不应求，占饮料销售量的三分之一，我们应该从中得到启迪。

（6）注意宏观管理，合理布局“两个延伸”，内容丰富，品种繁多，前景广阔。但有些产品，特别是油脂加工的延伸产品，市场有限，技术难度高，投入大，风险大。建议开始时要选择基础条件好、技术力量和经济实力较强、有一定承受风险能力的大中型企业进行延伸，切忌盲目上马、一哄而起。

（7）要重视食品机械的开发，研制食品机械门类较多，需要量大，但目前可供粮油工业“两个延伸”和城镇粮店选用的食品机械为数不多。为此，粮油机械厂要在安排粮机生产的同时，拿出一部分力量投入研究开发食品机械方面来。今后，粮油机械厂也要跳出粮油机械的小天地，渗透到生产食品机械、小包装机械和其他机械产品的行列中去，不要在生产粮油机械上东抄西搬，搞内部竞争。

（五）坚持“本业为主，多种经营”的方针

粮食部门开展“本业为主，多种经营”，是经济和社会发展的客观要求，也是粮食部门在新形势下求生存、求发展，为国家多做贡献的必由之路。去年烟台会议后，各地粮食部门对开展“本业为主，多种经营”的重要性、必要性有了共识，付诸行动取得了成效。尤其可贵的是，一些地区在实践中不断探索，找到了开展多种经营的路子。粮油工业企业开展多种经营要拓宽领域，敢于和善于打破部门和行业界限，走出单纯依靠米、面、油加工的固有天地。

几十年来，粮油工业企业在独家经营和“保市场”思想的影响下，一直围绕着米、面、油加工做文章，门路越走越狭窄，不能适应当前商品经济发展和激烈的市场竞争。为此，我们要有挤、占的精神去拓宽领域。在这方面，台湾地区油脂工业企业的做法很值得我们研究和学习。他们的经营范围已渗透进银行、建筑、房地产、食品饮料等行业，他们不但是生产型的，也是经营型的。在我们商、粮、供三家的工业企业中，供办工业的开拓精神强，门路广，产品有新意，许多企业充满了生机和活力。近几年来，供办工业的产值利税一直保持着迅猛发展的好势头。1991年，商办工业总产值和实现利税分别比上年增长8.21%和16.28%，其中，供办工业的总产值和实现利税分别比上年增长12.3%和26.3%，发展速度为商办工业各行业之首。他们的闯劲和经验值得我们去总结和学习，鼓励有条件的企业积极开拓和发展跨部门、跨行业的产品。总

之，在竞争中，粮油工业企业要打破过去的条条框框，自己解放自己，只要市场有销路，原料有保证，企业有条件、效益好，什么产品都可以搞，什么产业都可以干。

（六）依靠科技进步，加速粮油工业的技术改造

深化改革，扩大开放，以经济建设为中心，科学技术是第一生产力的地位和作用越来越突出，越来越重要。粮油企业的发展也同样必须依靠科技进步，走科技兴业的道路。今后企业进行技术改造、开发新产品、提高产品质量、降低消耗、增强发展后劲都要依靠技术进步。要及时了解科技市场信息，舍得花钱买专利、买技术。现在凡是经济技术指标先进、企业效益好、有发展后劲的企业，都十分重视科技进步，甚至连许多乡镇企业也在开始重视和依靠科技进步，他们已经意识到今后企业的生产和发展要依靠科学技术，有的甚至不惜工本地买技术、聘人才。他们对技术、人才作用的认识比我们强。在商、粮、供三家的工业企业中，供办工业的科技意识比粮办工业强。最近江苏省供销社在南京邀请了11家大专院校举办了科技成果发布会，使到会的企业开阔了视野，转让了不少高新技术，这种精神和做法值得我们粮办工业学习。

当前，市场竞争激烈，一些企业面临着优胜劣汰的挑战。要求企业得以生存和发展，就必须积极采用先进工艺、先进设备，加速企业的技术改造，以利于企业提高产品质量、档次，增加品种，降低消耗，提高经济效益，增强企业发展的后劲。

粮油工业是发挥国营粮食企业主渠道作用的重要物质基础。在面临激烈竞争的形势下，粮油工业企业要坚守粮油工业阵地，不仅是粮食部门继续发挥主体地位和主渠道作用的需要，也是稳定市场、保证供应、稳定社会的需要。为此我们要有紧迫感和责任感。要坚守阵地，必须继续保持大中城市的粮油工业企业和大中型粮油工业骨干企业的优势，巩固县城一级和重要集镇的粮油工业企业，要想方设法筹集资金，突出重点，分期分批地加速对企业的技术改造，使粮油工业企业在质量、品种、技术、消耗、效益等方面领先于其他部门的企业，高出乡镇企业一筹。做到人家有的产品我们都能生产，我们有的产品人家很难生产，只有这样，才能继续保持粮油工业的优势并得到不断发展。

今后，粮油工业的技术改造要继续注意适度规模经营，重点支持具有竞争能力的大中型骨干企业，支持精、深加工及“两个延伸”的项目；支持看准了的跨部门、跨

行业项目。与此同时，各地要关心县城一级和重要粮油企业的改造，比如面粉加工，不仅大中城市的面粉厂能生产高精度的等级粉和食品专用粉，县城一级和重要集镇的面粉厂也要考虑必要的改造，适当延长粉路，使之能生产等级粉，不仅满足县内非农业人口的口粮供应和食品工业用粉的需要，而且要通过开展代农加工、搞兑换、开办“粮食银行”等办法占领广大的农村市场。

为推动粮油工业的技术进步，我们提倡粮油工业企业要做到：对新产品、新技术的开发要舍得花钱，对看准了的技改项目要敢于贷款，敢于负债，以增强企业的发展后劲。

（七）发展横向联合，组建企业集团

发展横向联合、组建企业集团，是转换企业经营机制的一种有效途径。通过发展横向联合，可使企业在资源、资金、设备、技术和人才等方面进行合理交流，发挥各自的优势，促进经济结构和产品结构合理化，形成规模经济效益。粮油工业大多是中小型企业，抗风险能力和市场竞争能力较弱，通过联合可以使优势互补，求得共同发展。在联合的基础上组建企业集团，这也是今后企业生存、发展的必由之路。当前，粮油工业企业在发展横向联合、组建企业集团中要注意以下几点。

一是要进一步提高对发展横向联合、组建企业集团的重要意义的认识，加快步伐。粮油工业企业要以大中型骨干企业为龙头，积极发展面粉加工、大米加工和油脂加工企业的横向联合，在各地组建集团的基础上，待条件成熟时，组建全国性的集团公司。

二是发展联合、组建集团要先从粮食部门内部搞起来，充分发挥粮食部门的整体优势。

三是由省市主管部门将本省市系统内的粮油工业企业组织起来成立集团，归属于省市工业公司领导，以便于统一组织协调，发挥群体优势。有的省市粮食局已经这样做了，效果不错。各地应探索总结自己的经验，使横向联合、组建企业集团的工作有领导地、健康地向前发展。

（八）继续做好引进技术的工作，发展外向型经济

粮油工业企业要按照邓小平同志的重要讲话精神，在引进国外先进设备和发展“三

资”企业上，思想要解放一点。今后，既要加强宏观指导，又要注意灵活一点，千万不能束缚我们自己的手脚，控制了我们自己。实践证明，发展“三资”企业，有利于动态跟踪国外先进技术；有利于利用外资改造老企业；有利于出口创汇；有利于提高企业的科学管理水平；有利于提高企业的综合素质和经济效益；有利于促进企业内部机制的转换和提高企业的竞争能力。利多弊少，应该努力争取。粮油工业发展“三资”企业，也要开阔视野，跳出单纯搞粮油加工的圈子，对有条件有一定实力的企业，不仅可以搞与我们行业有关的“三资”企业，同时也可以搞其他行业的“三资”企业；不仅可以在国内办“三资”企业，也可以到国外去办“三资”企业。此外，我们还可以发展沿海与内地、经济较发达地区与经济较不发达地区之间的合作和合资办厂。这样做，既可利用沿海、经济较发达地区的技术优势和一部分资金，帮助内地、经济较不发达地区共同进步，又能充分利用内地、经济较不发达地区的丰富资源，做到优势互补。

针对粮油工业的实际，当前在利用外资、发展“合资”企业时要注意做到：工作要积极、过细，头脑要冷静。在洽谈中要防止“过急”而受到不应有的损失；对具有我们自己特色、经济技术指标先进、效益好的大型骨干企业，不要搞“合资”。

粮油工业企业不仅要立足于国内市场，同时要走出国门，积极开拓国际市场，争取多出口创汇。去年商办工业出口创汇达13亿多美元，其中供销工业为6亿多美元，商业工业为5亿多美元，粮油工业（含饲料工业）只有2亿多美元。可见粮油工业的外向型经济落后于供销和商办工业，要积极开拓，奋起直追。

为进一步扩大出口，我们要做到：第一，抓住机遇，拓宽市场。要在稳定原有市场的同时，积极开拓挤占新的市场。当前要特别重视独联体、东欧市场、海湾中东市场和拉美市场。第二，搞好工贸关系，多渠道出口。要坚持多渠道出口的原则，在巩固发展原有出口渠道的同时，积极开拓新的渠道。要充分利用商业部几家公司的对外窗口。第三，利用边境贸易扩大出口。现在广西、云南、新疆、黑龙江等省、自治区的边境贸易十分活跃，要积极组织，加强联系与合作，为各地粮油工业企业利用好这些窗口服务。第四，探索多种扩大出口的形式，如在境外合资办厂，设维修点等。第五，要重视粮油机械产品的出口，积极组织成套、单机和零部件的出口供应。第六，要积极开发新产品，确保产品质量，下大力改进出口产品的包装。为促进粮油工业的产品出口，商办工业管理司要积极为出口企业服务，提供信息，牵线搭桥，促进成交。

(九)继续抓好“市场”和“现场”

这几年来，在激烈的竞争中，我们粮油工业企业的市场观念有了加强，积累了许多宝贵的经验。有的增加经销人员，有的提高营销队伍的素质，甚至请总工程师出来搞经销；有的在全国增设销售网点，设代理商；有的积极参与和利用各地的粮油批发市场；有的不惜工本做宣传、做广告；有的放下“架子”，改善经营作风、改进服务态度，以质量高、品种多、服务好来赢得消费者的信誉；有的通过开展代农加工、搞兑换、开办“粮食银行”等办法，拓宽了农村市场；有的讲究营销艺术，重视营销策略，敢于探索和利用乡镇企业和外资企业的营销方式等，推动了促销工作，提高了企业的经济效益，搞活了企业。这些经验值得我们学习和借鉴。

有关“现场”问题。我们认为，企业的“现场”管理状况如何，不仅能反映出该企业总体管理水平的高低，也反映出该企业精神面貌的好坏、企业和职工素质的高低。一个“现场”管理脏、乱、差的企业，不可能有良好的企业精神和企业风貌，也不可能有好的经济效益。就是一时有较好的经济效益，也不可能长期保持下去。为此，必须高度重视，常抓不懈。

这些年，在各级粮油工业主管部门和粮油工业企业的重视下，我国粮油工业的管理水平有了很大提高，上了一个台阶，出现了许多国家二级企业、省市先进企业和文明生产企业，但发展很不平衡，相当一部分企业脏、乱、差的现象没有根本改变。应从抓基础工作着手，经过两三年的努力工作，彻底改变面貌。

强化企业管理，向管理要效益、要质量，已被大多数粮油工业企业所接受。根据国务院的通知决定，结合粮油工业企业的实际，今年要在效益、质量工作上狠下功夫，取得明显效果。

要深入开展企业扭亏增盈工作。近几年来，粮油工业企业在面临种种困难的情况下，通过各种措施提升经济效益，取得了可喜成绩。1991年实现利税比上年增长8.54%；企业亏损面由上年的10.4%降低到8.61%；亏损总额下降12.65%。但发展很不平衡，有的地区企业亏损面达百分之十几，个别的高达百分之二十几。粮油工业主管部门应在认真调查研究的基础上，采取有力措施，制定切实可行的扭亏增盈计划。通过深化企业改革，转换经营机制，向管理要效益，向质量、品种要效益，向节约降耗要效益，向开展多种经营要效益，向技术进步要效益。我们要努力工作，在去年的基础上，今年将企业亏损面、亏损额降低三分之一，实现利税创历史最高水平。

要牢固树立质量意识，把产品质量放在第一位。今年国家对产品质量问题采取了强有力的措施，“中国质量万里行”活动在全社会引起了强烈反响，现在有关部门正在制定《中华人民共和国产品质量法》，加强质量法制管理。粮油工业企业要继续强化质量意识，抓住当前有利时机，发动全体职工在企业内部开展创优活动。对待群众反映的质量问题，要端正态度、认真对待，在主观上找原因，并采取有效措施，及时处理解决。

（十）进一步加强对粮油工业的领导

各级粮食部门的领导尤其是主要负责同志一定要带头转变观念，特别是在激烈的竞争中，粮油工业面临着转机和困难的时候，一定要更加重视、关心、支持和加强对粮油工业的领导，协调好粮食部门内部关系，千方百计为粮油工业的发展创造良好的外部环境和内部环境，做到贸易、实业两手抓，坚持粮食商业和粮办工业两个轮子一起转，以增强粮食部门的生存和发展后劲。

为适应进一步深化改革的需要，管理体制的改革势在必行。现在不少省市粮油工业公司、工业处正在向实体过渡，对此，我们应该抱积极的态度，欢迎这种改革。我们认为，现在的时机十分有利，早过渡比晚过渡好。但机构不管如何改革，粮油工业的体系不能打乱，不能削弱行业管理职能，并要想方设法使其有所加强，这是粮油工业进一步发展的需要，也是我们1万多个粮油工业企业和近70万职工的希望所在。今后行业管理的职能，主要是管方针政策、统筹规划、组织协调、监督服务。粮油工业公司、工业处向实体过渡后，一定要做到一手抓贸易、抓实业，一手抓管理，两者不能偏废，都要做出成绩。向实体过渡，开始时会遇到许多困难，各级粮食部门的领导和各地粮油工业企业要关心、支持和帮助他们克服困难，搞好过渡。

附录七
CCTV7《饭碗怎么端》编导采访问答
（2014年11月28日）

问题一：我们知道，您最有名的一件事，就是将自己曾经力主引进并添加在面粉中的增白剂，又在您的推动下从新标准中去掉了，您为什么要这样做?

答：大家都知道，20世纪80年代至90年代初，我国的粮食供应一直处于偏紧状态。为提高小麦的利用率，小麦加工的出粉率普遍较高，从而使面粉的色泽“黄中带灰”，生产出的食品外观质量较差。随着改革开放的大潮，南方一些厂家率先在面粉中添加过氧化苯甲酰，对面粉增白，生产出了“雪白”的面粉，受到了消费者的青睐。之后，原商业部粮油工业局（我是当时的局长）经过反复调研和专家论证并参照了当时国际上的通用做法，于1986年制定并颁发了小麦粉中允许添加增白剂过氧化苯甲酰的标准，对当时改善面粉的色泽起到了一定的作用。

但随着我国粮食科技的发展，从粮油产品更加安全考虑，在国家粮食局的支持下，我自2002年起与行业内的专家、大型面粉加工企业一起提出了取消在面粉中添加增白剂——过氧化苯甲酰的主张。其理由是：

第一，从面粉生产工艺上看，原先生产的面粉大都是八五粉或九〇粉（即100斤小麦要生产出85斤或90斤面粉），所以麸皮含量高，色泽较差。而现在的情况完全不同了，我国小麦加工的平均出粉率只有73%，加上生产面粉装备的现代化，面粉中麸皮含量已经很少，而且颜色也很白了，可以不需要添加增白剂了。

第二，增白剂——过氧化苯甲酰曾在国外普遍使用。但为了面粉的更加安全，1994年我去挪威访问时，他们已经不准使用了，后来欧盟的所有国家也都取消了。美国的规定是只允许在个别专用粉中添加。国外的变化对我的触动很大，由此，我就开始考虑是否我国也应取消使用面粉增白剂的问题。

第三，过氧化苯甲酰虽能增白，但在漂白的同时，它有损面粉中的部分营养成分，而且这种化学增白剂对身体也没有任何好处。

这一取消增白剂的建议，历经十年时间。为了让百姓吃上更加安全的面粉产品，在卫生部和国家粮食局等七个部委的关心支持下，终于在2011年2月11日联合发出了《自2011年5月1日起，禁止在面粉生产中添加过氧化苯甲酰》的4号公告。这是小麦粉加工行业的一件大事，也是国家粮食局为百姓办的一件实事、一件好事。

问题二：有人说，您这样做是杞人忧天，如今新标准已实施两年多了，再回过头来，您自己又怎么看？

答：我说不上这样做是“杞人忧天”。但我深知，国家粮食安全（包括数量与质量安全）是天大的事。从广义上讲，做好粮食工作也是天大的事。国家将这一重任交给了我们“粮食人”，为确保国家粮食安全，在国家粮食局的带领下，全国数以万计的“粮食人”都在为此积极耕耘，并做出了显著成绩。

我是一个一辈子从事粮油加工并已经退休了十多年的“老粮食人”。我深知“民以食为天，食以安为先”的重要性，深知粮油产品是百姓一日三餐的主食，粮油产品的质量与安全，与百姓的生活和健康息息相关。对此，我始终认为粮油加工企业必须始终把“安全”与“质量”放在第一位，以确保粮油产品让百姓“吃得放心、吃得健康”。

在面粉中禁止添加增白剂的规定已实施两年多，产生了很好的效果。主要表现在三个方面：一是面粉的质量问题大幅下降。过去在国家质量抽查中，面粉的不合格产品时有发生，并几乎都是过氧化苯甲酰添加超标，而现在这种情况没有了。二是面粉品质与安全有了进一步提高。面粉回归了“自然白”“自然香”，更多地保留了面粉中的营养物质，消除了化学添加剂对人体健康的不利影响。三是堵住了原市场上出现的一些不法分子利用增白剂“增白”面粉，以次充好、坑害消费者利益的现象。

对此，我们粮油加工企业的“粮食人”要以此为例，时时刻刻想着广大百姓，多为粮油产品的安全与营养想办法，出主意，要像“杞人忧天”故事里那样“吃不下饭、睡不好觉”，为百姓生产出更加安全与营养的粮油产品，造福人民。

问题三：新标准最终禁止了面粉增白剂的使用，除在国内引起震动外，在国际上是否也引起了关注？为什么？

答：由于是否禁止在面粉生产中添加过氧化苯甲酰的“讨论”长达十年之久，面粉加工企业和不少消费者对其利弊关系已很清楚，加上取消呼声已成当时的主流，所以禁用的规定属于“水到渠成”，谈不上引起国内的震动，而是这一规定深受企业和消费者的欢迎。

现在，中国发生的一些变革，国外媒体都很关注。同样，取消面粉增白剂的规定，自然会引起国际食品界的关注。但据我所知，几乎都是正面的报道和评论。普遍赞扬中国在面粉中禁止使用增白剂的做法，表明了中国政府高度重视食品安全，体现了中国在食品生产中，不仅注重外观好看，而且更加注重食品的质量安全与营养健康。

问题四：如今我国面粉品质与十年前相比，有了哪些变化？与发达国家相比是否还有差距？

答：这里我想先介绍一下，我国粮食加工业的发展情况。

改革开放以来，尤其是进入21世纪以来，为适应我国经济的快速发展和人民生活水平不断提高的需要，我国的粮食加工业发生了翻天覆地的变化。现在，我国粮食加工业的技术、质量与装备等总体技术水平已经接近和达到发达国家的先进水平。粮食加工的产品质量与品种是我国有史以来最好最多的时期，粮食市场上琳琅满目的各种小包装面粉产品，其品质和包装与发达国家没有多大差距。要说有些差距，主要表现在粮食加工业的生产集中度还不够高、粮食的深度加工与综合利用不如发达国家搞得好、专用粉的比例不如发达国家高、以全麦粉为代表的全谷物食品的发展不如发达国家快。这些差距，在行业内已经取得共识，我们正在采取措施，迎头赶上。

下面，我再简要介绍我国面粉品质与十年前相比有哪些变化。

对面粉加工业而言，十年时间是十分短暂的，但中国面粉加工业的发展是很快的，就品质而言，主要有以下几点变化。

第一，根据《中华人民共和国食品安全法》的要求，企业更加重视产品质量，都能严格按照国家质量标准和卫生标准组织生产。严把产品质量关，使面粉产品的合格率大大提高。例如，2000年，国家质量技术监督局对北京、上海等10个省市的67个粮油批发市场、集贸市场、超市抽取的94种小麦粉产品进行了抽查（只针对过氧化苯甲酰一项），结果只有38种合格，其中小包装合格率为55.8%，大包装合格率为27.5%。

2014年5月4日，国家食品药品监督管理总局发布了16号公告，公告中说，全国共抽取小麦粉样品842批次，覆盖全国27个生产省份的604家面粉加工企业，小麦粉抽检合格率为100%。

第二，为防止在面粉生产过程中的再度污染，近些年来，我国面粉加工行业正在推广清洁法生产，使生产出的面粉，其质量与卫生指标都优于国家标准。据河南中鹤集团检测，通过清洁法生产出的“纯净面粉”，面粉中的菌落总数（由通常的5000个/克左右，降低到500个/克以下）含量降低10倍，深受食品厂的欢迎。

第三，专用粉的比例不断提高，十年前，我国专用面粉的数量很少，其产量与整个面粉产量不成比例。近年来发展较快。据国家粮食局统计，2009年全国专用粉产量为552万吨，2012年达938万吨，三年间增长67%，平均每年增长22.3%。

第四，以全粉麦为代表的全谷物食品发展势头良好。据统计，2009年我国全麦粉的产量为51万吨，2012年为104万吨，三年间增长104%，平均每年增长34.7%。

附录八
增产稻米油，提高我国食用油自给率
——关于《建议国家加大支持稻米油产业发展》的报告
（2017年5月25日于北京）

国家粮食局、国家发展和改革委员会：

近些年来，中国粮油学会为推动稻米油产业的发展，提高我国食用植物油的自给率，保障食用油安全，自2009年起，先后在合肥、北京、芜湖和武汉等地，连续四次成功召开了国内、国际稻米油产业发展和稻米油生产科学技术研讨交流会。通过研讨与交流，促进了我国稻米油产业的发展。日前，国际谷物科技协会（ICC）和中国粮油学会在厦门共同举办的“第一届国际谷物科技协会亚太区粮食科技大会”，来自全国从事油脂生产、加工、科研、教育和管理等方面的47位油脂界著名专家（见附件），在交流亚太地区稻米油产业发展的同时，认真学习了国家粮食局印发的全国《粮油加工业“十三五”发展规划》（以下简称《规划》），大家对《规划》中提出的要“积极发展稻米油”，到2020年将“米糠等副产物利用率达到50%以上”表示赞赏，并根据国内外发展稻米油产业的成熟经验，为进一步推动我国稻米油产业的发展，大家一致建议国家加大支持稻米油产业发展的力度。

（一）我国食用植物油自给率较低，对外依存度过高

为促进我国食用植物油产业健康发展，保障供给安全，自2007年起，我国政府及相关部门制定出台了一系列促进油料生产的政策措施，保证了我国油料生产的稳定发展。据资料分析，正常年景，我国油菜籽、大豆、花生、棉籽、葵花籽、芝麻、亚麻籽、油茶籽八大油料的产量稳定在5800万～6000万吨。根据国家粮油信息中心提供的数据，2015年我国八大油料的产量为5724.4万吨，2016年预测为5884.7万吨；经统计分析，我国每年利用国产油料榨油（扣除大豆、花生、葵花籽和芝麻四种油料部分食用

外）生产的食用植物油为1100万~1150万吨，充分体现了我国是一个油料油脂的生产大国。

尽管我国的油料生产发展较为稳定，但其发展速度远跟不上油料油脂消费的快速增长。为满足食用油市场供应和饲养业发展的需要，近年来，我国进口油料油脂的数量一直居高不下。据海关统计，2016年我国进口各类油料的数量合计为8952.9万吨，其中进口大豆为8391.3万吨；进口各类植物油688.4万吨。另据食用油市场综合平衡分析，2015/2016年度，我国食用油的总消费量为3426.5万吨，其中食用消费为3075万吨、工业及其他消费为338万吨，出口量为13.5万吨（含出口油料折油），人均年消费为24.8千克。

从以上数据可以算出，2015/2016年度我国食用油的自给率下降至32.3%（即2016年国产油料榨油生产的食用油量1105.5万吨与年度总消费量3426.5万吨之比），由此表明，我国食用植物油的自给率较低，对外依存度过高。面对如此高的对外依存度，油脂界的专家们对完成《国家粮食安全中长期规划纲要（2008—2020年）》（以下简称《纲要》）中提出的到“2020年我国食用植物油的自给率不低于40%”的目标任务感到十分担忧，迫切希望国家采取有力措施，保证《纲要》目标任务的完成。

（二）充分利用米糠制油，是提高我国食用油自给率的有效举措

根据我国的国情，要提高食用油自给率，专家们认为可以从以下两个方面入手。

（1）继续抓好发展油料的生产，通过农业供给侧结构性改革，调动“种油”农民的生产积极性，恢复和提高大豆的种植面积，增加传统大豆的产量；通过“冬抓休闲地，春抓撂荒地”来扩大油菜籽生产；根据花生宜在比较瘠薄疏松的沙质土壤里生长和葵花能在盐碱地里生长，基本不与粮食争“良田”的特点，积极发展花生和葵花籽的生产；充分利用南方广阔的贫瘠山坡、丘陵和岗地以及西北地区大量的盐碱地和沙荒地积极发展以油茶为代表的木本油料作物等。发展上述大宗油料作物和木本油料作物，是提高我国食用油自给率的基础和关键，但发展要有一个过程，一般来说短期难见成效。

（2）抓好现有资源的充分利用。例如粮油加工中的副产物——米糠、玉米胚芽、

小麦胚芽等，这些都是优质的谷物油料资源，只要充分加以利用，就能为国家增产油脂起到立竿见影的效果。据统计，2014年我国规模以上的大米加工企业9830家，年产米糠1461万吨（超过我国的大豆产量），米糠含油率平均为18%（与大豆相当），如能全部加以利用，按实际出油率15%计算，每年可生产稻米油约220万吨，是不种田的“种田”。按《规划》，到2020年，米糠榨油利用率如能达到50%以上，就能为国家生产稻米油110万～120万吨，可以起到提高我国食用油自给率3个百分点的显著效果。

（三）稻米油是优质食用油

米糠（含米胚）是稻谷的精华，米糠中含有稻谷中的绝大部分营养成分。因此，用米糠制得的稻米油是营养价值很高的食用油。稻米油脂肪酸组成合理，富含人体必需脂肪酸——油酸、亚油酸，其含量分别为42%和38%左右，比例接近1∶1，符合现代营养学和世界卫生组织推荐的1∶1的比例。稻米油中含有丰富的维生素E、谷维素、植物甾醇等多种生物活性物质，其中维生素E的含量为0.1%～0.15%，谷维素的含量高达0.9%～2.1%，植物甾醇含量为1.0%～2%，这些微量成分是功能性营养成分及天然抗氧化剂。稻米油中合理的脂肪酸组成以及富含的多种功能性营养成分，在单一油品中是不多见的。

鉴于稻米油营养价值高，经常食用有利于身体健康，2011年世界卫生组织第113次会议推荐稻米油、玉米油和芝麻油为最佳食用油。由此可见，稻米油是世界公认的营养价值高的优质食用油。在我国积极发展稻米油产业，符合食用油加工行业供给侧结构性改革，有利于为生产出更多更好的“中国好粮油”创造条件，是利国、利民、利企的好事。

（四）我国发展稻米油产业的技术与装备日趋成熟

我国的稻米油生产开始于20世纪50年代，到了20世纪70—80年代，在当时的国家计划委员会的大力支持下，在商业部粮油工业局的具体组织下，在全国范围内开展了以推广米糠和玉米胚芽制油为代表的“增产油脂”工作，取得了很好的成效。但后来因多种原因这项工作没有坚持下去，致使我国目前稻米制油利用率只有15%左右，远低于日本（利用率接近100%）和印度（利用率达70%）等周边国家。

总结我国稻米制油利用率不高的原因，主要有三点：一是我国碾米加工企业点多面广、小型分散，米糠集中难；二是米糠易酸败变质，保鲜保质技术难以解决；三是支持稻米油产业发展的政策措施力度不够大。

随着油脂科技的进步，尤其是进入21世纪以来，我国油脂加工企业和科技工作者针对发展稻米油产业的技术瓶颈，成功研制出了米糠膨化保鲜技术与装备，米糠压榨、浸出、炼油等制油技术与装备日趋成熟。在此基础上总结出了米糠“分散保鲜”“规模榨油”“集中精炼”等成熟工艺及技术开展米糠制油，并已能推广应用。眼前的问题是要研究加大扶持稻米油产业发展的政策措施。

（五）加大政策支持力度，加快稻米油产业发展

（1）建议国家像重视与支持油料生产和木本油料产业发展一样，重视与支持米糠资源的利用，为国家增产油脂，为提高我国食用油自给能力，保障食用油安全做出贡献。

（2）建议国家拨款支持日加工能力在200吨以上的大米加工企业（200 吨大米加工企业每天约能生产米糠15吨），配备米糠膨化保鲜成套装置。据统计，2014年我国大米加工企业9830家，其中日加工能力200吨以上的大米加工企业1950家，约能生产米糠950万吨。为保证米糠及稻米油的质量，需要配备国产米糠膨化保鲜成套装置约1800套，以每套日保鲜米糠20吨的装置，现价40万元计算，合计需要投资7.2亿元。建议国家自今年起至2019年，每年拨款2.4亿元给国家粮食局，由国家粮食局会同各省、自治区、直辖市粮食局负责组织对购置米糠膨化保鲜成套装置的企业实施补贴，确保到2020年米糠制油利用率达50%以上，稻米油产量达120万吨以上。

（3）建议国家实施对稻米油生产企业给予适当补助的政策。鉴于稻米油生产的难度与成本都要高于大宗油脂，为调动企业的积极性，建议国家自今年起至2025年从农业综合开发资金中安排部分资金，给生产出的稻米油每千克2元的补助。

（4）在税收方面，建议对从事稻米油的生产企业，在其米糠资源的利用部分，国家给予相关税收优惠政策，免征企业该项所得税和增值税。

建议国家加大稻米油产业发展的专家名单（47人）

（2017年5月25日）

序号	姓名	所在单位	职称/职务
1	王瑞元	中国粮油学会	教授级高级工程师、首席专家
2	何东平	武汉轻工大学	教授、油脂分会执行会长
3	王兴国	江南大学	教授、油脂分会常务副会长
4	谷克仁	河南工业大学	教授、院长
5	姚专	中粮工程科技有限公司	研究员、董事长
6	刘元法	江南大学	教授、食品学院院长
7	姜绍通	合肥工业大学农产品加工研究院	教授、院长
8	左恩南	湖南省粮食局	高级工程师、原副局长
9	傅敦智	安徽省粮食局	高级工程师、原副局长
10	王强	中国农业科学院农产品加工研究所	研究员、副所长
11	黄凤洪	中国农业科学院油料作物研究所	研究员、副所长
12	刘玉兰	河南工业大学	教授、系主任
13	金青哲	江南大学	教授
14	陈文麟	武汉轻工大学	教授
15	徐学兵	丰益（上海）生物技术研发中心有限公司	教授、总经理
16	陈德炳	中粮工程科技有限公司	研究员、总经理
17	曹万新	西安中粮工程研究设计院有限公司	研究员、总经理
18	相海	中国农机院油脂所	研究员、所长
19	姜元荣	丰益（上海）生物技术研发中心有限公司	研究员、副总经理
20	马传国	河南工业大学	教授
21	刘国琴	华南理工大学	教授
22	汪勇	暨南大学	研究员、教务处处长
23	吴时敏	上海交通大学	教授
24	于殿宇	东北农业大学	教授
25	周丽凤	无锡中粮工程科技有限公司	研究员

续表

序号	姓名	所在单位	职称/职务
26	秦卫国	无锡中粮工程科技有限公司	研究员
27	刘喜亮	西安市坤伯工程技术开发有限责任公司	高级工程师、总经理
28	宫旭洲	山东鲁花集团	执行总裁
29	陈刚	中粮集团中国食品有限公司	副总经理
30	涂长明	益海嘉里金龙鱼粮油食品股份有限公司	油脂总监
31	张榴萍	中储粮油脂镇江基地	高级工程师、总工程师
32	王瑛瑶	福建农林大学	研究员
33	王明星	山东三星集团有限公司	总经理
34	王棣	西王集团有限公司	总裁
35	薛雅琳	国家粮食局科学研究院	研究员、主任
36	王满意	中粮营养健康研究院	高级工程师、院长助理
37	张甲亮	浙江省新市油脂股份有限公司	高级经济师、董事长
38	姚行权	湖北天星粮油股份有限公司	董事长
39	徐斌	迈安德集团有限公司	董事长
40	闫子鹏	河南华泰粮油机械股份有限公司	高级工程师、董事长
41	江汉忠	江苏江阴福鑫机械有限公司	董事长
42	张明	山东凯斯达机械制造有限公司	研究员、董事长
43	袁开金	上海市粮食科学研究所	高级工程师、所长
44	李林开	云南省粮油科学研究院	研究员
45	周海军	中国包装和食品机械有限公司	研究员、副总经理
46	汪学德	郑州四维粮油工程技术有限公司	教授、董事长
47	李普选	郑州远洋油脂工程技术有限公司	高级工程师、董事长